JN077427

いのちとリスクの哲学

病災害の世界をしなやかに生き抜くために

Philosophy of Life and Risk

Toward living resiliently in times with disease and disaster

一ノ瀬正樹
Ichinose Masaki

MYU

凡例

・英数字を漢数字に改めるなど、引用文における表記等には一部変更を加えた。
・引用文中の［　］内は、一ノ瀬による補足や注記である。

まえがき　どんなときもしなやかに生き抜けるはず

宇宙視線の安らぎ

「木星」になぜか心引かれてしまう。あのマーブル状の模様が脳裏を離れない。私が木曜日に生まれた、という事情ももしかしたらあるかもしれないが、私たちの地球が生まれた原因をなしたのが木星であったという知識を得たことも大きい。二〇一一年に雑誌 Nature にて報告された「グランドタックモデル」によると、太陽系形成開始から五百万年頃、木星、次いで土星が形成され、木星は太陽の周りを渦巻いて流れるガスに巻き込まれ、太陽に向かって引っ張られた。次いで土星も木星の後を追ったが、二つの惑星が接近すると軌道共鳴を起こし、木星は動きを止め、やがて引き返していった。こうした木星の動きによって、地球型惑星が現在の形のように形成された。こうした木星の動きの経路が「グランドタック」と呼ばれ、木星形成からグランドタック終了まで五十万年から六十万年程度の時間であったとされている（鳫 2020, pp.178–181）。おそらく、グランドタックの際には、木星内部や地球周辺に「雷」のような現象が強く鳴り響いたであろう。気象神「ユピテル」、つまりは「ジュピター」の名前の通りであったのではなかろうか。（ちなみに、「木曜日」つまり Thursday も雷神「トール」に由来する名である。）

鳫（がん）によると、「グランドタックモデル」は問題はあるものの、「地上と宇宙の望遠鏡による観測、探査機によるその場での探査、スーパーコンピュータによるシミュレーションにより、着実に理解は深まっている」（鳫 2020, p.181）とのことである。そうであるならば、木星はある意味で地球の生みの親であることになるではないか！　あるいは少なくとも、太陽系の中で私たちが最も恩恵を被っている兄貴分にほかならないではないか！　木星がなかったなら、いまのような形の地球はなく、私たちもいまのようには存在しないのである。それでなくとも、太陽系最大の惑星である木星の存在感は大きい。その息をのむような壮大で美しい姿は、「ガリレオ」や「ジュノー」といった木星探査機の働きによって私たちの眼前に迫ってくるようになった。

さらに、木星はもしかしたら私たち地球や人間の「いのち」をいまでも守ってくれているのではないかとも思えてくる。木星は、地球などと比べてきわめて強い潮汐力をもっているので、太陽系に飛び込んでくる多くの天体や隕石が引き寄せられて、木星に衝突してきた（鳫 2020, p.86）。ということは、もし木星がなかったならば、そうした天体や隕石は、もしかしたら地球にまで来て、地球に衝突し、損害を出していたかもしれない。実際、こういう報告もある。「木星は地球の十一倍の直径があり、地球の二・五倍あるという強力な重力を持ちます。この圧倒的な大きさと重力のおかげで、宇宙の広い範囲にまで木星の重力が届きます。そしてその重力が太陽系の外からやってくる彗星の軌道を変え、木星の方へと向けて地球には衝突しないようにしてくれています」[1]。なんということだろう、私たちは、兄なる木星の寡黙ながらも絶大なる加護のもとに、こうして生存していることになるではないか。

私は、少年の頃から、空を眺めていろいろと想像をめぐらせることが好きであった。なかでも、木星について思うことが好みなのである。そして、そのように広大なる宇宙に思いを馳せているとき、想像の中で空間のみならず時間もまた広大なスケールへと膨らみ、自分が生まれるずっと前の宇宙草創のビッグバンのとき、そして何億年後かの未来の宇宙にまで、私の表象は飛翔していく。そうした表象空間の中では、先に挙げた「グランドタック」に要した五十万年から六十万年などといった時間は、ほんの一瞬にすぎない。地球を含む、太陽系そのものでさえ何十億年後かには消滅してしまうだろうが、そうした太陽系の歴史とて宇宙の無限な時間からしたら結局は一瞬でしかないだろう。まして、私の日常で発生するさまざまな出来事など、一瞬の、そのまた閃光のような一瞬でしかなく、「ない」とさえ言ってしまいたくなるほど微小である。

このような見方で物事を捉えることを、私はそのまま「宇宙視線」と呼んでいる。いわば、悠久なる永遠の時間、小賢しい人間の思惑などが決して及びようのない遼遠（りょうえん）さ、そうした無辺の広がりの中でものを捉える態勢のことである。そして、この宇宙視線は、おのずと、形而上学的な視点へと連なっていく。形而上学とは、私たちが経験して確認できるものを超えている事柄について考える学問領域のことだからである。時間とは何か、神は存在するか、自由とは何か、といった問いが形而上学的主題の代表である。実際、時間そのものについて、私たちは原理的に知覚も経験もできない。

また、死者とは何か、死者は存在するのか、といった死、とりわけ一人称的死、にまつわる問いも、形而上学の核心的主題を構成する。私は、宇宙視線を採るとき、私自身の「いのち」そして「死」について思う。私は死んだら無になるのだろうか。そうかもしれない。けれども、である。私の身体を構成していた分子原子は、火葬されたりしても、この宇宙中に拡散し、もしかしたら別の生物の構成要素となったり、環境中に漂ったりしていくのではなかろうか。だとしたら、私は死んだ後も、微小な断片となって宇宙中に極小まで薄い仕方で存在していくのではないか。むろん、心理的な一人称的意識は私の死とともに無となるかもしれない。その意味で、私は死とともに多くのものを消失させる。「いのち」が消える。しかし、全部が消失するわけではないのではないか。私が残したものは、因果的に私の生前とつながりつつ、かすかな仕方で残存し続けるのではないか。死者に対して、名誉回復や死後再審がたまに行われている私たちの社会の事実からして、生者とは決定的に異なりつつも、死者に、何らかのかすかな存在性が帰せられていることは確かなように思えるのである。

もちろん、本人の意識が消えたならば、その人はパーソンとしては消えたので、身体の分子原子が残存しても、もはやきっぱりとその人は亡くなっており存在していないのだ、と言われるだろう。もっともである。けれども、一人称的意識がそれほどまでに決定的な存在根拠になるのか、という疑問がわずかながら湧く。ある人が麻酔を掛けられて意識がなくなったとしても、私たちはその人がいなくなったとは言わない。意識があればパーソンとして存在することに十分かもしれないが、意識がパーソンとして存在することに絶対必要とは、私には思えないのである。いずれにせよ、こうした内省は、宇宙視線が生み出す形而上学的な議論である。

いかがだろうか。読者の方々は、宇宙視線に共感を覚えていただけるだろうか。私自身は、木星について思いを馳せながら宇宙視線を採るとき、つかの間の安らぎを得る。私の生活上の細々とした煩悩、いや私の一生でさえ、まばたきにもならないくらいの取るに足らない微小な瞬間の出来事であり、それどころか私が死んだとしても、地球が消滅したとしても、私は宇宙に残存し続けるのであって、完全消滅はしないと考えられるというのである。私自身にも多少なりともつねに潜在している死の恐怖が、幾ばくかはやわらぐ。しかし、この「幾ばくか」が重要に思える。累積すれば、かなりの安らぎ効果となるのではないだろうか。

人生視線の繊細さ

しかし、ふと周りを見つめると、たちどころに、目前に現れる多くの悩みや気がかりに襲われる。目がかすむ、肩がこる、洗濯物がたまっている。その程度ならまだたやすい。明日の会議の準備をしなければならない、ゲラの校正をしなければならない。まだまだ序の口だ。子どもの教育費をどう工面しようか、人事問題をどう乗り切るか、定年後の生活資金は大丈夫だろうか。少し深刻になってくる。そして、極めつけは「いのち」の問題だ。先ほど思わず甲虫を殺生してしまい、じとーとした後悔が残る。もちろん、自身や家族の健康問題になると、安穏とはしていられない。どこかが痛いとか、食欲がないとか、そうしたことになると、もしかして何か悪い病気かなどと心配になる。愛犬がぐったりしていると、心配で我を忘れてしまう。状況が急変したときなど、慌ててしまい、なんとかこの現状から逃れたいと私たちはパニックに陥ってしまいうる。そこには、宇宙視線を採る余裕などなくなる。悠久の時間の中での死後も保持されるかすかな存在性。そんなものは完全に思考の外である。目の前の差し迫った課題に私たちの注意は集中的に向けられる。私たちは、非常に繊細な仕方で、細かなことにも気がかりの種を見出してしまい、なかなか落ち着く余裕がない。

むろん、私たちの日常にはゆったりする時間や機会はあるし、日々の細かなことに喜びやしあわせを感じる側面は少なからずあるのだが、全体として、心配事や気がかりの充満の中で日々が過ぎていくというのが実感である。まさしくそれが、私たちの日常というものであろう。私はこうしたものの捉え方の態勢を、宇宙視線に対して「人生視線」と呼んでいる。そして、宇宙視線が認識可能な時空を超えた領域を志向する形而上学的な視点と連なっていくのに対して、人生視線は、世界の中に実際に現出する事象に対して私たちが繊細な仕方で見つめていくことなので、認識論的な視点へと結びついていく、と対照づけることができるだろう。

そうした人生視線が最も顕著に前面に出てくるのは、徐々に現れてくる病気もそうだが、突然降りかかってくる災害や事故の場面こそがそれであろう。この十年の間、私たちは少なくとも二度そうしたことを経験した。私が思い描いているのは、東日本大震災・福島第一原発事故と新型コロナウイルス感染症問題である。大きなインパクトをもつ災害・災難で、多くの人々がおののき、右往左往した。そして、どちらも二〇二一年初頭現在で依然として現在進行形である。人生視線に立つ限り、ひとつの問題はそれだけで完結することはなく、どんどんと周囲に影響領域を広げていく。津波震災と福島原発事故の場合では、そのことが如実に現れた。

もちろん、津波震災の場合は直接的な被害が問題であり、そしてそれはあまりに多くの犠牲を生み出したのだが、その後に続いた福島原発事故は、それをも上回るような影響浸透力をもって多方面にさざ波をもたらしてしまった。実際には、津波震災での犠牲の方が物理的には圧倒的に過酷であったにもかかわらず、である。この点に、そもそものボタンの掛け違いがあった。津波震災の多大な犠牲よりも、原発事故による放射線被曝問題により多くの関心が注がれ、除染や食品の線量などについて、そのリスクが微に入り細にわたり追跡された。そうしたひとつのリスクの追跡自体が実は一層重大な別の害やリスクを新たに生み広げていたのだが、それにはほとんど目が向けられなかったのである。いわゆる認知バイアスが発生したのだろうか、私はこうした事態の推移は一種の倒錯だと理解している。非合理性だと捉えている。人生視線の繊細さが、完全に裏目に出ている場面であろう。人生視線は、人生の機微への繊細な眼差しを含み、それが思いやりや優しさとなって結実することもある。[2] けれども、そうした繊細さは、度を過ぎると、負の圧力を押し出してもくる。放射線被曝への人生視線は、そうした負の圧力をマッシブな仕方でもたらしてしまった。

そもそもすでに二〇一一年四月段階で、福島原発事故の放射線飛散量は健康影響をもたらすような量には至らないであろうことが、データ的におよそ分かっていたし、その後の積み重ねられた調査でもそのことは確認された。にもかかわらず、リスク概念に本質的に結びついている量的思考をすっ飛ばして、放射線被曝をするかしないかという「一かゼロか」式の思考に陥る人々が続出し、被災地の救済と復興という本来最も優先されるべき課題に注力するどころか、被災地へのさまざまな差別や、反原発運動の激化、といった本末転倒つまりは優先事項の取り違え、と言うべき事態が発生してしまったのである。私自身、原発事故後かなり初期の頃から、いろいろなめぐり合わせで福島問題に首を突っ込むこととなり、線量は多くないので冷静に対応するべきである、という趣旨の論を展開してきた。しかし、どうもそうした趣旨の発言を気に入らないと感じる人々がおられて、ドクロの写真がずらずらと添付された無題メールが送られてきたりした。いろいろな仕方で、誹謗中傷とさえ言ってもよいような批判を受け、依然としてそうした批判は繰り返されている。実際、一時は精神的にまいってしまった。データを確認して、「いのち」を守るための提言をしただけなのに、なぜ、という思いが募ったものである。

おそらくそうした私への攻撃的な批判の背景には、たぶん反原発の思想のゆえに、福島原発事故が重大な放射線被曝の害をもたらした、というように理解したい方々がいるという事情があるのか、あるいは、福島原発事故による放射線被曝への強い恐怖心のゆえに、それに同調しない見解を生理的に受け付けないといった事情があるのか、どちらかなのではないかと推測される。私も、反原発の思想はひとつの見識であり、考慮に値すると考えている。[3] しかし、それは時間をかけて取り組むべき政治的課題であり、まずは人道の筋として、津波震災や原発事故に巻き込まれた被災地の救済や復興を目指すべきではなかろうか。自動車事故に遭われて呻いている人を前にして、被害者の救済よりも、自動車禁止運動を先に行おうとするようなことが起こったならば、それはヒューマンな行動には思えないのではなかろうか。同じではないが、似たことは、新型コロナ問題にも当てはまる。新型コロナ感染症に罹患する人々の罹患経緯は多様だが、感染症患者がいるとき、するべき優先事項は、治療であり、医療体制への支援であり、感染を広げないことであり、二次的な経済的損害を最小化することなどである。患者の不注意や予防対策が不徹底だったことに対する非難などは、そうした非難に一定の説得性が仮にあるとしても、少なくとも最初にするべきことではないのではなかろうか。

避難弱者・予防原則・被災動物

しかし同時に、放射線被曝に対して特別に大きな恐怖心を抱き、それをともかくも忌避しなければならないと考えた方々がいたし、いまもいる、という事実から目を背けるわけにはいかない。そうした捉え方のゆえに、多くの困難に実際に陥ってしまった方々がいる、という厳正なる事実を直視しなければならない。そうした方々に対して、認知バイアスに絡め取られて、非合理な行動を取っている、と突き放してはいけない[4]。こうしたことは、コロナ問題にも当てはまる。新型コロナウイルス感染を恐怖するあまり、マスクをせずに出歩く人々に攻撃的な態度を示す、いわゆる「自粛警察」と呼ばれる人々が出現した。それはやはり、過剰な反応であり、道徳的になかなか正当化しにくい行動だが、だからといってそうした行動を取らざるをえなくなるまで心理的に追い詰められている人々が存在する、という事実は既存の現実のありようとして受け入れなければならない。私は、研究者の端くれとして、こうした現実や事実を直視して、そうした過剰な反応をしてしまっている方々をもすべて含めて、困難や苦しみの中をしなやかに生き抜いていただけるような道筋、それをせめて示唆したいと希望している。そのように生き抜く力が、私たち人間には元から備わっていると信じているからである。いや、そう前向きに祈りたいからである。本書は、そうした想いを少しでも表すべく、書かれた。

私は、福島問題や放射線被曝問題については、二〇一三年初頭に『放射能問題に立ち向かう哲学』を発表したが、それ以後も続けてその問題に関わってきた。そのように継続してきた思考をここでまとめて発表したい。すなわち本書は、依然として不気味な様相のもとでくすぶり続けている東日本大震災・福島第一原発事故の問題性に焦点を合わせて、しかし同時に、本書集約中のさなかで大きな問題として立ちはだかってきた新型コロナ問題にもいささかの注意を払いながら、この数年のあいだ哲学研究者の視点から思考してきた、私の足跡をまとめたものである。ついては、この「まえがき」の場で三つの点をあらかじめ述べておきたい。それは、本書の内容を論じるときにいつも念頭に浮かんできていたことであり、本書の特徴にもなる点である。

第一に、いわゆる「双葉病院の悲劇」に代表される避難弱者の問題を中心に、震災関連死と呼ばれるテーマを本書は繰り返し論じることになる。すでに示したように、福島原発事故による放射性物質拡散の量は、不幸中の幸い、放射線障害のような健康影響が出るほどのものではなかった。しかし、放射性物質が事故によって漏れてしまったという事実が惹起した影響は、なにも放射線障害のような放射線そのものによる健康影響に限らない。放射性物質拡散という事態によって発生した心理的な恐怖感は甚大なものであったと思われる。かくして、逃げなければ、ということになる。こうして、高齢者などの避難弱者が避難の過酷さの中に巻き込まれ、「いのち」をなくしていってしまった。それ以外でも、避難生活の中で亡くなった方々は、福島に限って言えば、津波震災の直接死を大きく上回る数になってしまった。私には、いまさら詮なきこととは分かりつつも、これらの死はもしかしたら避けられたのではないか、という思いがとても強い。これは、本書の主たるモティベーションである。それゆえ、繰り返しをいとわず、何度も言及することになる。むろん、将来の同様な事故に対する教訓となることを期待してのことである。

第二に、「予防原則」という考え方に、くどいくらい繰り返し言及して検討することになる。予防原則とは、誤解を恐れず一言で言ってしまえば（詳細は本書本文にて）、「ほんの少しでも危ないと思われることは行うな」、という原理であり、それはいま述べた震災関連死を背面から促してしまった見解であると思われる。私はこれを知った最初から、研究者として、原則と呼ぶにはあまりに歪んだ考え方であると直観したにもかかわらず、この予防原則の考え方が「ともかく避難」という行動や意思決定を社会的に促してしまったという事態が気になって仕方がなかった。たぶん、このことはコロナ問題にも当てはまる。新型コロナウイルス感染症が気になって仕方ない人々は、予防原則的な思考に導かれて、ともかくも自粛、ともかくもテレワークやオンライン授業、というように思うであろうが、そしてそれは一見自然のようにも思われるが、しかし飲食業や観光業に従事する人々などの視点からすると、別な考え方が発せられるであろう。予防原則は、こうした悩ましさについてどう対応できるだろうか。この点への気にかかりが、本書のもうひとつのモティベーションである。それゆえ本書は、予防原則についても、繰り返し繰り返し、視点を変えながら検討を加え、そして第6章にてかなり哲学的な視点から徹底的な解剖を行う。繰り返しが煩わしく感じる読者もおられるかもしれないが、なにとぞご容赦願いたい。[5]

第三に、本書は動物の問題についても主題的な検討を行う。まずは、福島原発事故に関わる被災動物の問題である。災害や事故の際に人間が主題になるのはやむをえないのかもしれないが、それにしても、被災動物の問題の実態があまりにも等閑に付されすぎている。これは、ぜひ是正されなければならない。それゆえ、本書は、こうした問題を主題的に扱っていくが、同時に、そこからおのずと発生する動物倫理一般の問題にも踏み込むことになった。動物倫理は、現在の哲学倫理、とりわけ応用倫理の文脈では、生命倫理と環境倫理とを架橋する、中心的かつホットな領域である。しかし、日本ではそこまでの了解はなされていないように思われる。本書は、そうした現状に対する私なりのレスポンスにもなっている。第4章を見ていただきたい。

知は力なり

では、こうした困難に包まれた現実において、私たちはどのように「しなやかに生き抜く」ことができるのだろうか。答えは容易ではない。しかし、すでに私がヒントだと感じていることは示唆してある。人生視線に立脚し現実を正面から受けとめつつ、そこに宇宙視線の風情をいくらか取り入れること、これである。もちろん、「木星のことを思えば生き抜ける」などと頓珍漢なことを言おうとしているのではない。では、どういうことか。それは、「労を惜しまず知識を探査して、合理的な判断をしていこう」という提言である。いろいろな事情で、そうした労力を払うのが難しい方々に対しては、そのような労力を払える方々がぜひ助力や導きをしていただくようお願いしたい。ではなぜ、知識の探査が宇宙視線につながるのか。それは、知識というのは、その本性からして、ある種の永遠性を引き受ける傾きのもとにあるからである。実際たとえば、本書第3章でも論じるが、因果関係の知識には「反事実的条件文」が深く関わっている。「実際には c が起こり e が起こったのだけれど、もし c が起こらなかったならば、e は起こらなかっただろう、と言えるならば、c は e の原因と考えられうる」という思考法のことである。そして、反事実的条件文の評価というのは、永遠性あるいは少なくとも普遍性を持ち込まなければできないものであると思われる。なぜなら、現実に生じていない仮想に基づく思考なので、現実を構成する時間空間の制限をいわば本質的に逃れていくことになるからである。

たとえば、「セシウム137は、β崩壊をしたのち、バリウム137となりガンマ線を放射する」とか、「人体に四千ベクレルほど常在するカリウム40は、ベータ線を出してカルシウム40となったり、ガンマ線を出してアルゴン40となったりして、それにより私たちは年間〇・一七ミリシーベルト程度の内部被曝をつねにしている」といった知識を取り上げてみよう。真にそれが永遠の過去から永遠の未来にわたって成り立つと確実に言えるのか、そうした普遍性を担保する外挿の操作はどこまで妥当か、といった哲学的疑問はたしかに提起しうる。けれども、こうした知識の普遍性を基に私たちの社会や科学的知識のネットワークが成立しているという、私たちにとっての事実は曲げられない。そして、こうした知識を確認するとき、私たちは、たとえ一時だとしても、目前のことに注意を払う人生視線からわずかなりとも離れて、この世界の永遠で悠久な仕組みに思いが至りうる。少なくとも、思いが至りうる素地が生まれる。私は、これこそが、人生視線のただ中に暮らす私たちにとって、宇宙視線の風情の一片を垣間見る契機なのではないかと感じている。

そして、普遍的な知識を確認すること、それは物事を多様な視点から眺めるという姿勢を促す。あるいは、そういう余裕をもたらす、と言うべきか。実際、そうした多様な視点からの検証によって知識の普遍性が申し立てられてきているからである。セシウムやカリウムの放射線について確認するのに、どれほどの多角的検証を重ねてきたか、想像してほしい。そうした検証には多くの反事実的条件文も関わっていたことだろう。こうして、普遍性に彩られた知識を探査することで、私たちは宇宙視線にほんの少しだけ入り込み、一時の恐怖感だけに支配されてしまうのではなく、冷静かつ合理的な意思決定をする足場を築いていけるのではなかろうか。たとえ、そうした普遍性や合理性が、私たちにとっての、そして現在の時点での、普遍性や合理性にすぎないとしても、である。

もともと、宇宙視線と人生視線とは、完全には互いに排反なものではなかった。木星について思うとき、私たちは、木星のガス層に自分が突入していったらどうなってしまうだろう、といった反事実的条件文的でありつつ自分を混入させた想像を込みで思う。それは、宇宙視線の中に入り込んでいる人生視線である。木星探査機の「ガリレオ」や「ジュノー」も、現実にある、時空の制約を受けた機械であり、人生視線の掌中に収まる対象であろう。そして逆に、上に述べたように、人生視線の中にも、知識という様態を通じて、宇宙視線との結びつきが構造的にひそかに仕組まれているのである。こうして、宇宙視線と人生視線とは、互いに入り組み、入り交じり、それを繰り返していく。二つの視線の間を振り子のようにゆらぎ振幅するある種のダイナミズムが現出している。私たちの事実は、驚くべきほど多くの視線が交差し、それが積み重なって複雑なのである。事ほどさように、私たち自身について考えるときは、数学や物理のように「シンプル・イズ・ベスト」とはいかない。複雑性をそのままそれとして受け入れる度量が求められている。

フランシス・ベーコンの箴言として著名な「知は力なり」という言葉を、本書の核心を突くメッセージとして、この「まえがき」の場で記しておきたい。知識を得ようと努めてみること、それこそが、完璧とは言えないとしても、私たちがどんなときでもしなやかに生き抜いていく力を得るひとつの道程なのではなかろうか。そして究極的には、宇宙の無限性に思いを致し、自身の無力さと微小さを誠実に自覚して、瞬間瞬間の世界に安らい、潔く普遍性を受け入れていくこと、それが少なくとも私には見定めるべき道標として映るのである。「高潔」という言葉でそれを表すことができようか。

簡単に本書の構成について一言しておこう。

第1章「いのちは大切、いのちは切なし」は、本書全体のコンセプトを総括的にまとめた議論を展開する。「いのちは大切」を絶対の命題として捉えることの欺瞞性を指摘し、いのちは切ないからこそ、大切だと捉えられるのだとする、「いのち」観を提示する。

第2章「被害とリスク」は、福島原発事故に沿って、被害概念とリスク概念、ひいては合理性概念について論じる。さしあたり、まずは人生視線・認識論的アプローチに則って、福島問題について考察していく。最後に、合理性概念のダイナミズムについて論じる。

第3章「震災関連死の原因」は、表題通り、震災関連死の原因について反事実的条件分析の手法に則って分析して、避難行動の実相について検討する。「予防可能度」という概念を導入し、震災関連死の原因指定についての適切性の度合いを考えていく。

第4章「被災動物、避難弱者、そして動物倫理」は、避難弱者との連関のもと、被災動物について検討しつつ、アニマル主義とパーソン主義の検討を行う。最後に、鳥獣害の問題を主題化していくことによって、動物倫理一般が抱える問題性を明らかにしていく。

第5章「合理性のほころび」は、第2章の議論に続いて、合理性概念についてさらに掘り下げていく。合理性概念と幸福概念の結びつきについて検討した上で、合理性についての受容可能性の度合いや、科学技術と合理性の関連について論じる。

第6章「予防原則・条件文・因果性」は、予防原則の徹底的な検討を、リスク概念を見据えつつ条件文や因果性と絡めて行う。直説法条件文と反事実的条件文の対比、因果的な判断・推論・物語の区別などを提起し、放射線被曝問題とコロナ問題との連関を論じる。

補章「高校新科目「公共」についての哲学的覚え書き」は、二〇二二年度から日本の高等学校に必修科目として導入される新科目「公共」について、哲学的視点から検討する。その際、「いのち」や死の問題、生殖の問題などについて、教育という観点から再考していく。

それでは、本論に進んでいこう。

本書が、人生視線の中で悩みつつ日々を暮らす皆さんに、一瞬であれ、宇宙視線の風情をもたらしうることを心より願っている。

目次

第1章　いのちは大切、いのちは切なし

1　恐怖心

「五年生存率」という言葉を知ったのはいつのことだったか。二十代はじめの頃だったか。最初、なんて希望のない言い方なのか、と感じた。がん治療などがとりあえず成功したことの指標として使われる概念であるが、若年の私には、「せいぜい五年生きれば万々歳で、その後は知らない」と言っているみたいで、なぜこんな冷たく、夢のない、むしろ恐怖感を起こさせるような言い方が指標として成立しているのか、と思われたのである。けれども、自分自身、齢を重ねるにつれて、見方が徐々に変わってきた。人間のいのちには限りがあるということ、五年というのは、状況によってはかなり貴重な時間になりうること、そうしたことの真理性を経験的に実感してきたのである。周囲の人々、すなわち、肉親、恩師、同級生、そして年少者も含めて、さらには愛犬も、ちらほら亡くなってきたこともあるし、自分自身の体力的限界も感じるようになってきたからである。いまから振り返ってみると、二十代の頃の自分は、いのちに限りがあることを真実には自覚できていなかったのだと思う。むろん、分かってはいるのだけれど、肌身にしみていない、という状態である。

では、「五年生存率」という言葉に対して私が感じた恐怖心の源泉は何なのだろうか。当時は明示的に自覚はしていなかったが、やはり、終わりが来ること、死ぬこと、それを直視することが怖かっ

たのだ。自分の死であれ、身近な人の死であれ、そういう事態がやがて到来するという、経験的に不可避な予測から、怖くて目を背けていたかったのである。しかし、こういう恐怖心のゆえに、たとえば自分が当事者になったとき、五年生存率が高い方法を真剣に考慮せずに、そうした検討の場から逃亡し、気休めのような処置しかしなかったとしたら、それは実に不合理な態度であると言わなければならない。なぜなら、その場合、経験的に言って、五年よりもずっと早くに、いのちを失ってしまう蓋然性が高いからである。だからこそ、五年生存率が問題化しているわけだからである。

本章では、いま触れた、私がかつて感じていたような死への恐怖心（いまも感じていなくはないが、年齢とともにだいぶ軽減されてきた）という情動がもたらす、不合理性の様相に光を当てて、その理解可能性について考察を記しておきたい。恐怖心がかえって恐怖の対象たる「死」をもたらす導因となってしまうパラドクシカルな事態、そしてその逆に、恐怖心をもって対処すべきなのにそれをしないことによって、みすみす「死」を導いてしまうという側面、その両極に若干の視線を向けることによって、果たして恐怖心による行動の合理性・不合理性について、どう考えたらよいのか、最初の描出をはじめてみたいのである。

本書では、まず検討の素材として、二〇一一年三月十一日の東日本大震災におもな手がかりを求めたい。震災十年後に生きる私たちにとって依然としてリアリティのある主題であるし、私自身にとっても、津波震災と福島原発事故の後で、放射能問題に対してある程度踏み込んで発言・発信をしたことによって、共感も一部いただいたが、他方で多くの批判、場合によっては誹謗中傷と言ってよいような反応をされたものでもあり、よって、その総括の一過程にもしたいという希望があるからである。

こうした動機のもと、この第1章にて焦点を合わせたい問いは、「いのちは大切」というスローガンによって人々を説得する、という対話的方法論は、果たしてどのような効果をもち、どのような合理性をもちうるか、というものである。なぜこのような問いを立てるかというと、むろん、先に触れた死への恐怖と表裏一体のものとして、「いのちを大切に思う」という感覚があるのであり、死への恐怖の意義や効果を浮かび上がらせるための、有力な問題設定になりうると考えられるからである。しかし、それ以外にも、放射能問題に即しても、このスローガンに焦点を合わせる理由がある。その理由とは、放射能問題および、そこからなぜか連続的に論じられることになってしまった原発の是非の問題に関して、事故後かなり初期から、「いのち」と「電気」、「いのち」と「経済」などを対比させて、「いのちの大切さに比べれば、たかが電気、たかがお金、ではないか」という言説が一部流通して、それを耳にした途端、私自身、そのあまりにあからさまな欺瞞性に、そして、にもかかわらず、それにあたかも説得性を感じてしまう方々が一部存在することに、大きな衝撃を受けたという、そういう事情である。しかし、誤解を避けるために最初から断言しておくが、むろん、「いのちは大切」である。実際、これに異論をはさむ人は少ないだろう。では、どういう意味で私が欺瞞性を感じたか。それを明らかにしていくことが、いわば、本章の目的である。

2　放射能問題

以下、「いのちは大切」の欺瞞性のありかを放射能問題に即して明確に描くために、論点を確認しながら、順を追って議論を進めていきたい。最初に、一見自明に思われるが、やはり確認しておくべきことは、以下の議論は、あくまで「死そして被害は回避したい」という価値観に異を唱えない、私たちの大多数の方々を念頭に置いたものであって、したがって、自殺念慮や自傷傾向のあるような人々、他者を殺害したり他者を害したりすることに何の抵抗感も抱かない（ある種の「殺人者精神病的」な）[1]人々については、別な角度、おそらく何らかの精神病理あるいは脳科学的見地から検討あるいは配慮していく必要性を確固として認めつつも、さしあたりこの第1章の考察対象から除外しているという点である。自殺を求めている人々からすれば、「いのち」は元から終わらせたいものなのであり、そのことで、何らかの苦しみから逃れようとしているわけである。そういう人々にとって、「いのちは大切」という価値観は、欺瞞性云々以前に、そもそも共有されてはいない。こうした論点は、死は無害であるとするエピクロスの考え方ともつながるものであり、哲学的に大いに検討の余地はあるが、別立てできちんと論ずべき主題であり、ここでは扱わない。[2]

第二に、そして最も基本的な了解だが、ここでいう「放射能問題」とは、三・一一の津波震災と福島原発事故の後に、「放射能」「放射線」「放射性物質」といった用語をめぐって発生した混乱全体を指している、という点を確認しておきたい。そういう意味では、事故後一部で急に生じた反原発運動や、被災地差別、研究者間での誹謗中傷などさえも、放射能問題として包含している。したがって、たしかに先の福島原発事故に関しては、（一九九九年のＪＣＯ臨界事故のときのような）高線量の放射線被曝による急性の症状を被った方々は皆無なのだが、たとえそうでも、福島原発事故に起因する「放射能問題」は重大な問題として現実に発生したと捉えなければならない。実際、福島県に関して、たとえば、避難後の高齢者死亡率は、震災前に比べて、少なくとも二・七倍になったのである。この死亡者の増大を看過してよいはずはないだろう（Nomura *et al.* 2013）[3]。むろん、ほかにも、被災地の産業に与えた負の影響はあまりに甚大すぎて、途方に暮れるばかりである（とはいえ、二〇二一年時点では、トリチウムを含む処理水の扱いと、それをめぐる行政と漁業従事者の対立という難問を別にすれば、福島の産業もかなり復興を果たしている）。

第三に確認すべきは、放射能問題と、原発の是非との関係についてである。この点はやや丁寧な議論を必要とするので、一歩ずつ論じていこう。まず、前段で言及した放射能問題を改めて掘り下げ、これ以上の問題の深刻化を阻止し、将来同様な災害や事故が発生した場合の教訓とするには、ここで言う放射能問題がいかなる原因によって発生したのかを、大まかに確認しておく必要がある。繰り返すが、私の言う放射能問題に関して最大の核心は、福島原発事故による放射性物質拡散という事態を起点として、すでに発生し、あるいは発生しつつある、すべての実害のことであって、決して放射線被曝による害だけに限定されてはいない。というよりむしろ、「放射線被曝による害」というのは、被曝が不幸中の幸いにも低線量で済んだがゆえに、二〇二一年時点では、明確な形では確認されておらず、したがって、放射能問題として捉えられる害、なかでもその核心をなすのは「避難行動や避難生活における関連死や体調悪化や経済的問題など」であると述べてよいだろう。むろん、今後長期にわたって調べた場合、放射線被曝による害が確認される可能性はたしかにあるが、たとえそうでも、ただいま現在顕在化している害と、たとえば二十年後に発生するかもしれない害とでは、その緊急度、焦点を合わせるべき度合い、という点で、現在顕在化している害の方が圧倒的に重大案件であろう。実際に人が死んでいるからである。

データを見ておこう。まず東日本大震災での岩手、宮城、福島の被災三県の被害状況は、次のようである。

津波震災による直接死・行方不明者（二〇一九年十二月時点、警察庁によるデータ[4]）

岩手　四六七五人

宮城　九五四三人

福島　一六一四人

全体での行方不明者　二五二九人

負傷者数[5]

六一五二人

これに対して、津波震災後の、避難行動や避難の長期化などに伴ういわゆる「震災関連死」は次のようである。

震災関連死（二〇一九年九月時点、復興庁によるデータ）[6]

岩手　四六九人

宮城　九二八人

福島　二二八六人

これを見れば分かるように、福島県では震災関連死が二二〇〇人を超え、津波震災の直接死一六一四人をはるかに上回ってしまっている。しかも、いまだ避難を続けている方々も少なくなく、二〇二〇年四月九日時点の復興庁による「自県外への避難者数」のデータでは、

岩手県から一三六七人

宮城県から一三三五人

福島県から七八八六人

となっている。依然として避難生活を続けている方々が、福島県に関してはとりわけ多数おられる。加えて、新型コロナウイルス感染問題が襲い掛かってきたわけである。部外者であれ、自県外に避難されている方々の困難は想像に難くない。

3　震災関連被害

では、このような震災関連被害の原因は何か。この問題については第3章で詳しく検討するが、ここで多少の布石を打っておこう。一般的に言って、事実に反した前件をもつ条件文、すなわち「反事実的条件文（counterfactual conditionals）」を作り、それを検討することによって、特定の因果関係の受容可能性が浮かび上がる。刑法で言う「なかりせばテスト（but for test）」と同じことである。その手法に沿うと、

CF1　もし東日本大震災が起こらなかったならば、三・一一後のあれほどの放射能問題は発生しなかっただろう

と述べることに一定の受容可能性があることが分かる。ということは、つまり、放射能問題の原因は東日本大震災だ、という理解に受容可能性があるということである。こうした手法は、哲学の文脈では、アメリカの哲学者デイヴィッド・ルイスによって提起された「因果関係の反事実的条件分析」に対応している。ただし、こうした分析手法はいろいろな問題を抱えている。なかでも、ルイス自身が問題として取り上げている「因果的先取（causal preemption）」などはかなり重い問題である。すなわち、仮に事象AがCを引き起こしたのだとしても、もしAが起こらなかったならば、別な事象BがCを引

き起こしたであろう、ということが認められる場合、「もしAが起こらなかったならば、Cは起こらなかっただろう」という反事実的条件文が成立せず、よってAとCの因果関係が抽出できなくなってしまう、といった問題である。車Aが人Cを轢き殺したが、車Aのすぐうしろに車Bが通行していて、仮に車AがCを轢かなかったとしても、車BがCを轢き殺していたであろう場合などが、その例となる。その場合、反事実的条件分析をそのまま適用すると、Cの死の原因は車AがCを轢いたことではなくなる、といった不条理が帰結しうる。理論的な明確化が求められるところだが、いまは措こう。いずれにせよ、因果関係の反事実的条件分析が、私たちの因果関係理解の骨子の部分を捉えていることは承認できるとしておきたい。その上で、CF1を見ると、至極当然の主張だと認められる。だとしたら、すでに述べたように、さしあたり、放射能問題の原因は東日本大震災であると確言できる。

けれども、このような因果関係を確認したからといって、私たちが得る教訓はあまりない。単に、メガ地震が起きたならば、大惨事が生じうるという、自明な予測でしかないからだ。教訓となりうる因果関係の理解とは、私たちが自分たちの行為の範囲内で原因をコントロールできる関係性である。その意味で、CF1は、東日本大震災の発生はコントロール可能性がゼロとは言えないにしても、ほぼ不可抗的であるゆえに、あまり有意義な理解とはならない。では、次のCF2はどうだろうか。

CF2　もし福島第一原子力発電所の事故が発生しなかったならば、三・一一後のあれほどの放射能問題は発生しなかっただろうこの反事実的条件文も、大変に受容度が高い。福島原発事故こそが、放射能問題の源泉だ、というのは、これもまた自明な因果関係理解であるように思われるのである。そして、電源の確保、津波への備え、避難訓練の実施など、するべきこと、コントロールすべきことが、なおざりにされてきたことの結末が、あの事故だったと考えられる以上、私たちにとっての教訓となりうる因果関係理解でもある。むろん、文脈をこの事故だけに限ってみた場合、さらに根本的に、そもそも原子力発電の利用を控えることも、教訓として導ける帰結となりうるだろう。ただ、CF2には、ひとつ問題がある。コントロール可能といっても、実際に東日本大震災が発生したあの時点において、果たしてコントロール可能だったのか、という点である。たしかに、過去に遡及して、いま触れたような備えをずっと以前からしておくべきだったという教訓は導けるし、そしてその意味で、今後の津波震災に対する原発の管理という点での重大な前例になりうるが、そうはいっても、あの震災が起きた時点で考えると、もはやコントロール可能性は失われていたと考えるしかない。電源確保の対策は、あの津波を被った後は、もはや実行不能だったのである。そして、私が放射能問題として主題化しているのは、すでに原発事故が発生したということを既発の出来事として捉えて、その後に発生した実害のことを意味しているのである。三・一一の津波震災の時点で、もし原発事故が発生しなかったなら、といっても詮なきことである。それはまるで、太平洋戦争後の復興を模索しているときに、「もし戦争が起こらなかったならば」という嘆息を漏らすことに似ている。戦争の是非と、戦後の復興対策とは、事柄として別物である。すでに発生した事実の前で、いま私たちは呻吟(しんぎん)しているのである。その事実がなかったならば、という嘆息は理解できるが、それは目前の問題には無効である。

では、あの津波震災を被った後であってもコントロール可能であって、しかも、客観的かつデータ的に受容可能な、反事実的条件文による因果関係理解はないだろうか。次のCF3がその有力な候補となりうる。

CF3　もし福島第一原子力発電所の事故の後であのような規模の避難を誘導しなければ、三・一一後のあれほどの放射能問題は発生しなかっただろう

さて、このCF3はどうだろうか。註3で触れた「双葉病院の悲劇」、すなわち、高齢の自立歩行のできないような方々を観光バスに乗せて何時間も避難のため移動して、バス内で亡くなる方々を出してしまった悲劇、などに関しては、CF3は間違いなく完璧に受容可能な主張として成立している。高齢者を何時間も車で移動させるといったことをしなければ、あれほどの悲劇は生じなかった。むろん、高齢者なのだから、通常の暮らしを続けても、死に至る傾向性は自然な現象として高いだろうが、あのように直ちに亡くなることはなかったであろう。JCO臨界事故のような、高線量の被曝をする状態ではまったくなかったので、仮に施設に数日留まったとしても、放射線被曝による急性の死亡はまずなかったであろうからである。

しかし、では、そのほかの、震災関連死をしてしまった方々、そしてそのほかの実害（高脂血症、肥満、うつ、経済的困窮、家庭内不和、産業の停滞など）を受けてしまった方々の、その被害について、CF3は妥当な理解となるだろうか。この点を考えるには、まずもって、避難行動を取らずに、被災地

に留まった場合、どのくらいの放射線被曝をしてしまうことになるのか、ということが最重要のポイントになる。

4　被曝線量

このことについては、強制避難を行った福島第一原発直近の大熊町や双葉町などについては、実際に人が留まらなかったので、そもそも実効線量についてのデータがない。しかし、それ以外の地域、なかでも浪江町や飯舘村などの福島第一原発に比較的近い場所については、実際に多くの人々が事故後も留まったのでデータが存在する。二〇一七年に公刊された日本学術会議の報告書『子どもの放射線被ばくの影響と今後の課題』に「川俣町（山木屋地区）、浪江町、飯舘村住民の事故後四ヶ月間の外部被ばく線量の分布」のデータが記載されているので（p.22）、それを次頁の図1に示しておこう。九五パーセント以上の方々が五ミリシーベルト以下の被曝線量で、九九パーセント以上の方々が十ミリシーベルト以下の被曝線量である。調査母体となった地域は第一原発にほど近い比較的線量の高い場所なので、福島県のそのほかの地域ではもっと被曝線量は低いだろうと考えられる。むろん、以上は四ヶ月間の積算線量なので、年間で考えたらもっと多くなる。ただ、自然減衰（拡散や地面定着による濃度希釈化）もあるので、単純にこれを三倍した線量よりはずっと少なくなるはずである。まして、十年も経った現在、被曝線量はほぼ平時に戻っている。実際、福島市のホームページに「令和元年個人外部被ばく積算線量計（ガラスバッジ）による測定結果」が掲載されており、それを見ると、対象者：

二七万七五七一人中、二六八二人の方が三ヶ月間測定を行った（測定者の内訳：十五歳以下一一五八人、十六歳以上一五二四人）とあり、測定結果の平均値は全年齢：〇・〇二ミリシーベルト、十五歳以下：〇・〇一ミリシーベルト、十六歳以上：〇・〇三ミリシーベルトと報告されている。そして測定者二六八二人のうち、年間一ミリシーベルト未満の方は二六七六人で九九・七八パーセントとなっている、と記されている。[7]また、同じ福島市のホームページに、平成二十三年から平成三十年までの十五歳以下の個人被曝線量の推移グラフも掲載されているので、引用しておく（図2）。明らかに、年数を経るにつれて減衰し、平常に戻ってきていることが見て取れる。

　また、福島県民の内部被曝については、物理学者の早野龍五や医師の坪倉正治らによってホールボディカウンターによる詳細かつ正確な測定結果が発表されていて、事故初期の放射性ヨウ素による若干の初期被曝はあったにせよ、[8]二〇一三年四月時点においてすでに、ほぼゼロであったことが判明し

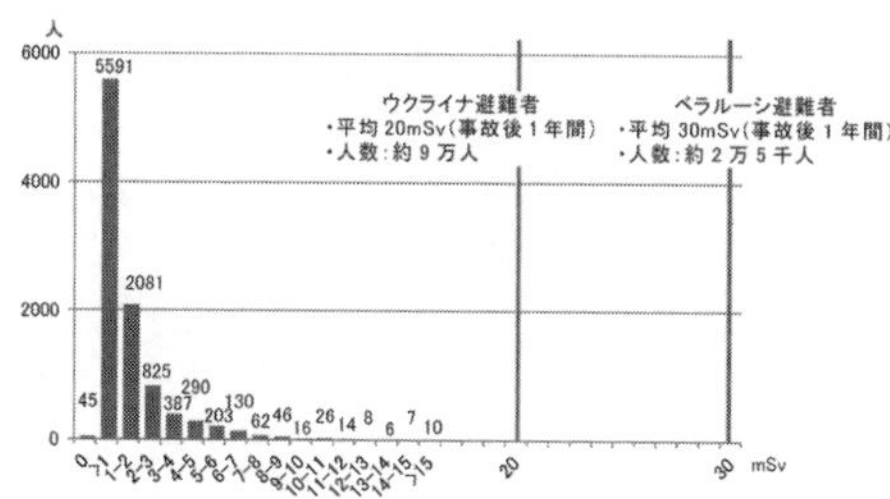

図１　川俣町（山木屋地区）、浪江町、飯舘村住民の事故後四ヶ月間の外部被曝線量の分布。

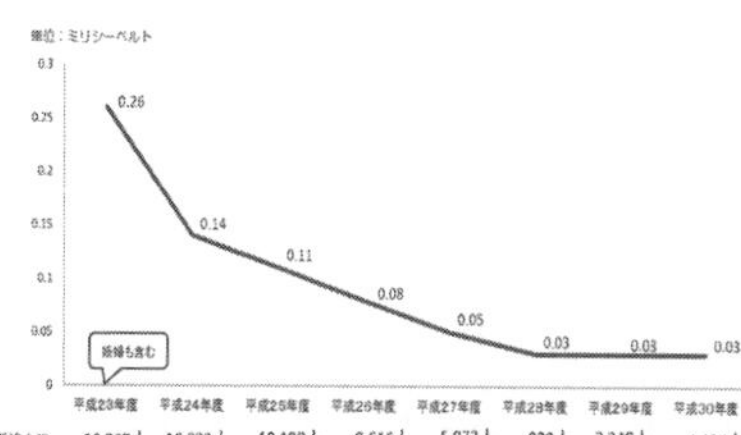

図２　三ヶ月間追加被曝線量平均値年次推移（十五歳以下）。

ている。たとえば、「二〇一二年の秋に実施した三春町の小中学生の「全員」の検診で、放射性セシウム検出者数はゼロ人であった」（Hayano *et al.* 2013, p.161）。あとは、こうした被曝線量をどう評価するか、ということである。

一般に、放射線防護の際に依拠されるＩＣＲＰの見解に従えば、積算で百ミリシーベルトの被曝によりがん死確率が〇・五パーセント上昇し、それ以下の被曝では、影響が小さすぎて被曝によるがん死というのを特定できないが、防護のための仮説として、被曝の影響がゼロから百ミリシーベルトまで線形的に現れると想定する（ＬＮＴ仮説）。ただしこの仮説によって「微量の個々の線量からの実効線量に基づいてがん死数の計算をすることは避けるべきである」（ICRP Publications 103, p.13）。先に確認したデータに基づけば、ほとんどの福島県民の方々の、福島第一原発事故によって被った追加的被曝線量は、せいぜい多くて積算五ミリシーベルト程度である。だとすると、世界の標準的な見解を受け入れるならば、がん死確率の上昇はない、と言って差し支えない。これは、子どもであれ妊婦であれ、被害が出るような線量ではない。[9]

あえてＬＮＴ仮説に従って、しかもＩＣＲＰの言う、低線量被曝に関してＬＮＴ仮説に基づいてがん死数を計算することを避けよ、という但し書きにも反して、福島原発事故によるがん死数の上昇を推定した場合、「三人から二四五人の被曝死」が見込まれると考えられている（Hoeve and Jacobson 2012, Discussion and Conclusions）。つまり、福島原発事故による放射線被曝を避けたことによって（避難したことによって）、「三人から二四五人の被曝死」が避けられたと推定されうる、ということである。これは、しかし、冷静に考えて、驚くべきことである。なぜならば、避難行動によって「三人から二四五人の被曝死」が避けられたかもしれないとしても、避難行動における震災関連死がすでに二二〇〇人以上現実に発生してしまっているからである。そして、繰り返し言えば、これはあくまでＬＮＴ仮説をがん死数の計算にあえて適用した場合の推定数であって、世界の標準的な見方に従えば、こうした適用は意味がないので、ほとんど実態的裏付けのない推定数である。さらに付け加えれば、放射線被曝は、一挙にするか、だらだらと微量ずつするかによって、大きく異なる。後者のように、微量ずつだらだらと被曝する場合、一挙に被曝する場合に比べて、人体の受ける影響は少ない。これを「線量率効果」という。ＩＣＲＰの一九九〇年勧告から、ＬＮＴ仮説に対して「線量・線量率効果係数」が導入され、低線量率の被曝による人体への影響は、さしあたり、高線量率の被曝の二分の一にする、とされている（一ノ瀬 2013a, pp.92–94）。現在の福島県における放射線被曝は、あるとしても、それはまさしく、微量ずつだらだらと被るものにほかならない。だとしたら、なおさら、被災地に留まることによる、放射線被曝に由来する健康影響はきわめて少ないと合理的に結論できる。そしてそれとコントラストをなす事態として、避難関連被害の甚大さが浮かび上がるのである。

こうした帰結は、被災地外に居住する人でも、十分に納得できる。意図に反して自宅を離れざるをえず、仮設住宅（住宅としての設備は仮設なので当然十全ではなく、プライバシー保持も十分とは言えない）に長期にわたって暮らすことを余儀なくされ、当座は補償金が得られるにせよ、その後の生活の見込みがもちがたく、しかも、生活様式の激変により健康を損ないがちになるなど、考えてみれば心身にわたる害を被ることが不可避であると想像できる。自主避難の場合は、補償金さえ確実でなく、雇用の問題、教育問題、さらには夫婦関係の問題まで発生しかねない。そういう状態で安寧な生活を送ることは、人間本性に照らして、容易なことではない。だとしたら、多少の放射線被曝をしようが、避難などせずに、留まっていた方がよかったかもしれない。そうした悔いが浮かび上がったとしても不思議ではないし、データ上は、たしかに留まっていた方が被害は少なかったことが明白なのである。まして、避難によって回避できたかもしれない被害は可能的なものであるのに対して、震災関連被害は現実化した既発のものである。その重みの違いは、歴然である。冒頭に記した「五年生存率」を想起してほしい。いま直ちに亡くなってしまう・亡くなってしまったことに比して、五年生存できることとは、やはり価値が認められる。事故直後に一時的に避難することは別にして、（一時避難してもすぐに帰還して）避難せずに留まる、という選択肢は、いま思い返せば（後知恵だが）、死やそのほかの被害を少なくとも実際よりも少なくできたという意味で、合理的なものであったはずである。「なぜ」避難せずに留まるという選択を国を挙げて支援できなかったのか。「なぜ」、そうしないことの結果として、多くの死者・被害者を発生させてしまったのか。深い悔やみがじりじりと浮かび上がる。私の考えでは、この「なぜ」の問いにこそ、放射能問題の核心がある。

5　過剰危険視

いずれにせよ、こうした考察によって、ＣＦ3もまた受容度が高い因果関係理解であることが分かってくる。コントロール可能な原因として、三・一一の放射能問題に関する被害全体を惹起したのは、あのような相当な規模の避難行動だったのではないか、と思われてくるのである。けれども、そう単純に断定はできない。なぜなら、CF3の受容度は、たぶん、CF1やCF2の受容度に比べて、やや小さいと言わなければならないからである。CF1とCF2の因果関係理解には、コントロール可能性、ひいては責任帰属可能性という点を脇に置けば、ほぼ完全な受容度があると言ってよい。東日本大震災が発生しなかったら、そして福島原発事故が発生しなかったら、こんな大混乱は起こらなかったことは間違いないからである。しかるに、CF3は様相がやや異なる。前段で見たように、もし誰も避難せず、すなわち、常時より若干多いある程度の放射線被曝をしつつ、自宅待機という方策を採用していた場合、すでに現実化した震災関連被害と同様な被害にまで至ることはないとしても、長期的には、可能性として、被曝による若干の直接的被害（がんによる死）が発生するかもしれないからである。ほぼそうしたことはないと断言してよい線量だが、可能性はゼロではない(!?)。言い換えれば、CF1とCF2に関しては、そうした条件文が成立する確率は一に近いが、CF3に関しては、一よりは小さい、ということである。福島県において放射線被曝をしつつ暮らすことで問題が発生しないとは断言できない、だから、「いのちは大切」である以上、まずは避難すべきだ、という議論が提起される場がこうして生まれるのである。しかも、三・一一の本体をなす津波震災に関して、すぐに避難せずに逃げ遅れて何万人もの人々が亡くなったという、具体的な隣接事象があるので、「いのちは大切」、「何よりも避難」、というスローガンが提唱されるようになったのである。けれども、結果から遡って考えてみれば、これが私の言う「放射能問題」を引き起こしてしまった、最初のつまづきの元だったのである。

いくつか述べることがある。前に記したように、「いのちは大切」を否定する人は、まずいない。

そして、冷静に考えて、「いのちは大切」というスローガンを実践するというのはどういうことかというと、死者を発生させない、ということだと思われる。しかるに、避難を促し、それどころか、不安をもつのは当然だなどと強調して、避難の継続を推奨し、避難した被災者の方々が健康面・経済面・精神面・教育面・夫婦関係面など諸々の場面で筆舌に尽くしがたい困難に陥った。結果どうなったか。二二〇〇人を超える震災関連死が発生してしまったのである。果たしてこれは「いのちは大切」というスローガンに見合った事態なのだろうか。

この場合、そうした関連死も含めて、原発事故が原因だ、それ以外の原因はない、と強弁はできない。すでに検討したように、CF3の受容度は、一ではないにせよ、相当に高いからである。実際、避難生活で将来を悲観して自殺してしまった事案が発生した、ということの原因を津波震災や原発事故に求めるとしたら（もちろんそれらが原因であることに間違いはないのだが）、なにゆえ政府が津波震災の恐れがある場所に住宅や発電施設の建設許可をしたことに原因を求めないのか。なにゆえ核分裂や核融合の現象の応用を開発したアインシュタインやオッペンハイマーに原因を求めないのか。なにゆえ放射性物質を発見したキュリー夫妻に原因を求めないのか。なにゆえ放射性物質を存在せしめたビックバンの現象に原因を求めないのか。理路整然とした説明はできないのではないか。そうした候補も、すべて、理論的には、反事実的条件分析に沿う限り、震災関連死の原因としての身分を等価にもっているのである。因果の系列は綿々と続いており、どれほど過去に遡ろうと、「なかりせばテスト」を適用することによって、当該出来事の原因としての資格を有することが導き出される。実際、先に言及したルイスなどは「死亡の原因は誕生である」という因果関係にさえ言及して検討している（Lewis

2004, p.101)。原因結果の関係は連鎖的であり、したがって、特定の原因を、しかも責任帰属が可能な形で、優位的に取り出すには、何らかの基準が必要なのである。震災関連死にオッペンハイマーやキュリー夫妻などをもち出すことが馬鹿げていると思う人々は、因果関係というものの性質を知らないか、それとも、特定の結論ありきで事態を眺めているかの、いずれかであり、冷静な思考を求めたい。

第３章で詳述するが、多様な原因として指定が可能な候補の中から特定のどれかを選ぶ基準として、私は、とりあえず、できるだけ結果現象に時空的に近く、しかもコントロール可能性をもつ事象、という基準を提起しているのである。そうした基準を採用するならば、二二〇〇人を超える震災関連死の原因は、原発事故だというよりむしろ、あのような規模の避難行動だ、とするＣＦ３の因果理解が最も適切なものとして浮かび上がるだろう。換言すれば、避難を無理に行わずに、注意しながら、自宅に留まり、冷静に対応する、という選択の方が、これまでのデータからして、圧倒的に被害は少なかったと強力に推定されるのである。

いくつか異論が想像できる。まず、事故発生直後には、情報がなかったのだから、急遽避難しようとしたことに判断ミスはなかったのではないか、と言われるかもしれない。私はこの点に関して全面的に同意する。事故直後に避難行動を取られた方々に不合理性は一切ない。私も、同じ行動を取ったはずである。私がここで焦点を合わせているのは、事故後一定程度時間が経過して、被曝線量が判明した段階で、状況的に帰宅可能な避難者は帰還した方が、被害はより少なくできたのではないか、今後の被害も抑えることができるのではないか、という点なのである。逆に言えば、先に確認したような、被曝線量データが判明してもなお、「いのちは大切」なのだから、不安に思うのが当然だとか、福島は危険だなどと言い続けた人々が、多くの避難者に影響を与えて、可能な帰還をためらわせ、その結果、震災関連被害を増えるがままに放置することになってしまったと、そのように言える面がたしかにあるのである。現状のデータに釣り合わないような、過剰な危険視を発信した結果、人々が亡くなり、困難の中に留まることになってしまった。放射能問題として同定できる、重大な被害をもたらしてしまったのである。なぜ、このような、みずから依拠する「いのちは大切」というスローガンに、みずから反する行為を、延々とし続ける人々が現れてしまったのだろうか。

6 リスク

要因はいろいろに分析できる。まず、多くの被災者にとって、多くの部外者が過剰危険視の情報を発信したことによって、心理学で言うところの「曖昧さ耐性」が低い状態に導かれてしまった、換言すれば、「曖昧さへの非寛容」という事態に導かれてしまった、ということが挙げられるのではなかろうか。CF3は、CF1やCF2に比べると、完璧に成立するとは言えず、やや不確実性が混入している。つまり、避難せずに留まった場合、震災関連災害は被らなくても、被曝によってがん死するかもしれない、という恐れは、避難した場合の震災関連被害よりははるかに小さな可能性だとしても(ほぼゼロではあるが)、なくはない。その不確実性に対して、「いのちは大切」として不安感を過度に煽ると、人々は放射線被曝の危険性だけに注意が向き(それよりはるかに危険性の高い、避難した場合の困難はさておいてしまって)、避難しなければ、避難し続けなければ、と思い込むよう多数の人が誘導されてしまったのではないか。一面の危険性だけに注意が集中すると、「その面の危険性もあるが、逆に、あの面の危険性もある」、という曖昧な状態、すなわちグレーゾーンにあるという状態が耐えられなくなってしまう。人は、ときとして、こうした「曖昧さへの非寛容」状態に陥る（友野・鹿内 2012）。

後にも触れるが、そもそも私たちの日常は危険性に充ち満ちている。自宅のイスに座っていても、いつ大地震が起きて家が倒壊するかもしれないし、テロの誤爆があるかもしれない。ガス漏れが起こるかもしれないし、ダンプが突っ込んでくるかもしれない。絶対安全などという状態はこの世には存在しない。もともと、私たちの現実は、安全性に関して、いつでも曖昧な状態なのである。しかし、普段はこうしたことに意識を集中することはない。馬鹿げているように思われるからである。しかるに、何か事故や事件が一旦発生すると、人々はそれに注目し、にわかにその特定の危険性だけがクローズアップされがちなのである。実はほかにも危険性が潜在していることは忘れてしまう、あるいは意識の外に追いやってしまうのだろうか。そして、その特定の危険性に曝露されているという状態、もしかしたら害されるかもしれないというどっちつかずの状態に耐えられず、それから逃れることだけが大切なことだと思わされてしまう。こうした事態の要因は、私たちが「リスク」という概念を実はよく分かっていないということにあると思われる。「リスク」には多様な定義や理解があるが、今日においてリスクの標準的な定義とされているのは、次のような「害の期待値（expected value of harm）」のことである（Möller 2012, pp.58–65）。

リスク（risk）＝有害事象の生起確率×有害性の度合い（probability × harm）

ここから、二つのことが確認される。一つには、一般にリスクは「危険性」と訳されるが、この定義に従えば非常に著しく確率の低い有害事象に関しても「リスク」と言うわけだから、必ずしもリスクは「危険性」と同一ではないことが分かる。先に述べたように、いま私の家にダンプが突っ込んできて殺されてしまうことは、ダンプの通るような道路に面していない家に住んでいる場合、ほぼ起こらない。けれども、絶対起こらないわけではない。だから、そういうリスクは厳然と存在する。しかし、狭い道路の奥に位置する家にいて、ダンプに突っ込まれる危険性がある、とは普通言わないだろう。

第二に確認されるのは、第一の点と連続していることだが、リスクというのは、確率や有害性の度合いという量的尺度を本質的に含む概念だ、という点である。だから、リスクはあるなしで語ってはいけない。「どのくらい」リスクがあるか、という量的語りをしなければならないのである。この点で、先に言及した、「害が発生する可能性はゼロではない、よって、「いのちは大切」なのだから、その可能性に対処すべきだ」といった考え方は、実は端的に誤りなのである。どのくらいリスクがあるかという量的思考をスキップしてしまっているからである。先ほどのダンプの例を使えば、こうした「いのちは大切」論の不合理さが分かる。「ダンプが突っ込んでくる可能性はゼロではない、よって、「いのちは大切」なので、ここから避難すべきである」。これは、その家がどこにあるかに応じて、説得力が変化する。しかし、先ほどのような、狭い道路の奥に位置する家の場合、ばかげた勧奨であることは明白である。むしろ、そうした勧奨を受けた人は、大変に迷惑だろう。相手にしなければいいのだが、しつこく「危険性がある」と言い続けられたら、やはりストレスフルこの上ない。ならば、たしかに可能性はゼロではないのだから、勧奨に素直に従って避難すれば解決になるだろうか。これもケースバイケースだが、そもそもどこに避難するのか、避難に要する労力や費用などのコストはどうするのか、具体的に考えなければならない。多くの場合、ほぼ間違いなく、そうした準備の方が、そして実際に避難する方が、ダンプに突っ込まれるリスクに比して、はるかに困難で有害だろう。

7　事前と事後

私は、形式的に同じ構造の事象が放射能問題として発生してしまったのだ、と理解している。突き詰めて言えば、こうした混乱が引き起こされてしまった根底には、「確率」と「放射線」という二つのものに関する、根本的な誤解があったのではないかと私は診断している。まず「確率」について言えば、しばしば次のように言われることがある。たとえば放射線被曝によってがん死するかしないかどちらか一方なので、がん死してしまった場合、これこれの線量でがん死する確率がいくつだった、という考え方は意味がない。明日の晴れる確率は七〇パーセントだと言われても、実際に雨が降ったなら、七〇パーセントという数値には何の意味もない。事実は、生じるか生じないかのいずれかなのであって、そうした自然界の現実性を前にして、確率は無効である、と。一見説得力がありそうな見解である。けれども、こうした見解は、確率というものが使用される文脈を混同している。確率は、大抵の場合、これから生じるかもしれない未来の出来事や事象や発見（過去の事象に対する発見も含む）に対して適用され、実際にその出来事が発生・非発生しつつあるにつれて変化し、実際に発生・非発生したときに一かゼロになる。つまり、これから生じること・発見されることの事前的な予測や意思決定の際に確率を使用する、そしてその確率は事後的には一かゼロになる、というのが基本形なのである。

たとえば、明日の正午までに東京から大阪まで移動しなければならないとき、しかも天候がよいとき、午前九時発の新幹線に乗る。それで大丈夫だという判断のゆえにである。大抵は問題ないだろう。しかし、万一、自然災害や車両故障などで遅れることもあるかもしれない。実際に遅れてしまった場合、先の「大丈夫だという判断」は誤っていたことになるだろうか。そうは言えないだろう。判断は誤っていなかったが、大変に小さな生起確率だった事象があいにく現実化してしまったのである。このように、私たちは、日常的に（そして無自覚的に）確率を適用し、それに則って行動している。いまの大阪行きのケースで、小さな確率の現象生起を心配して、一週間前から大阪に入る人はいないだろう。あるいは、賞味期限がとうに切れてカビがうっすらと生えている食品と、いま買ってきたばかりの新鮮な食品とがあって、前者を食べても絶対に中毒するとは限らない（中毒の確率は一ではない）からといって、わざわざカビの生えたものを食べる人がいるだろうか。その際、人は間違いなく確率を適用して、行為を選択しているのである。仮に友人がカビの生えた方を（気づかずに）食べて、結果なんともなかったとしても、新鮮な方を食べるという自分の判断が誤っていた、確率は無意味だ、とは言えないだろう。判断が正しかったという点は、仮に新鮮な方を食べたのに、なぜか腹を壊してしまったとしても、成り立つだろう。それに対して、事前の判断は、すべて事後の結果に基づいて評価される、としたなら、事前の判断をどのような基準に則って下せばよいことになるのだろうか。カビが生えているものよりも、新鮮なものを選ぶ、という判断は、結果的に腹を壊してしまった場合、間違っていたことになるのだろうか。そうだとしたら、どうやって判断したらよいのか分からないことになってしまうだろう。しかし、実際は、私たちは、多くの場合、暗黙的にせよ確率的思考をしながら行動を選択しているのである。確率は、このように、事前的な判断の際に効力を実際に発揮している。それに対して、事後的に確率は一かゼロになってしまうのだから、意味がない、というのは論理の倒錯である。

おそらく、事前と事後を混同してしまうのは、先に言及した「曖昧さへの非寛容」といった心的傾向が関係していると思われる。確率や統計というのは、ほとんどの場合、「必ず」という副詞からかけ離れた思考様式である。喫煙は肺がんのリスクを高めるからと言って、喫煙する人が必ず肺がんになる、ということではない。「うちのじいさんは九十五になるけど、野良仕事の合間にタバコ吸ってるよ」、などと言って喫煙と肺がんのリスク評価に反論する人をたまに見かけるが、確率や統計が「必ず」を含まないことを考慮すれば、そうした反論は驚くべきほど無効である。しかし、量的多寡はあれ、この「どっちつかず」という状態に、どうしてもなじめない人々がいるのである。事ほどさように、「確率」は問題を惹起する。第5章で論じるのでここでは詳述しないが、たとえば、「ベイズの定理」を人は適用するのが苦手である。「事前確率」という概念がなかなか考慮できないからである。また、確率統計の最も基礎的な問題性をあらわにする事象として、「シンプソンのパラドックス」が知られている。部分部分において、特定事象群の確率の大小関係が一致していたとしても、すべてを合算したときに、その大小関係が逆転してしまうという、なんとも直観に反する事態が確率には発生しうるのである（一ノ瀬 2011a, 第2章・第3章）。

しかし、放射能問題に関して言えば、第6章でも詳しく触れるが、確率評価の困難性が重大な被害をもたらした要因として、さしあたり、心理学で言ういわゆる「利用可能性ヒューリスティックス（availability heuristics）」を挙げなければならないだろう。これは、字義通り、人は、身近に生々しくあって利用可能な・知覚しやすい事象は、そうでないものと比較して、発生する確率が実際のデータや頻度よりも一層高いと思ってしまうという傾向性のことである。要するに、人は、恐怖によって、確率評価を見誤り、結果としてなくて済んだはずの被害を被ってしまいがちなのである。しばしば挙げられる事例は、二〇〇一年九月十一日の米国における同時多発テロ後、多くの米国人が移動の際に飛行機から自動車の利用に移行した。というものである。自動車への通常以上の依存は約一年間続いた。その結果、通常時と比べて、一五九五人の追加的交通事故死者が発生した（ガードナー 2009, pp.10–11）。「亡くなった人の家族以外は、ほとんど誰もこの事実に気づかなかった。その家族さえ、何が起きていたのかを本当に理解したわけではなかった。夫や、妻、父、母、子供を亡くしたのは、現代世界で生活する上での残念な犠牲として受け入れられているありきたりの交通事故のせいだと考え、いまもそう考えている。そうではなかった。彼らの愛する者たちを奪ったのは恐怖だった」（ガードナー 2009, p.11）。

それ以外でも、「自然災害に対する保険を購入するかどうかは、最近の経験に著しく影響される。直近の過去に洪水が発生していなかったならば、洪水の発生した平地に暮らす人々が保険を購入する気持ちになる度合いははるかに少なくなる」(Sunstein 2002, p.33)。こういった事例は、決して珍しくない。このことは、たとえば、飛行機の事故は、自動車事故に比べて、非常に確率が低い、と言われても、そしてそのことを理解しても、発生してしまう。先取りして言えば、私は、第2章において、この種の事象は「分かっていても、その理解に則った行動を取らない」、という点で、真には、ヒューリスティックスのような認知バイアスと捉えるべきではなく、「自己欺瞞」として分析していくべきだ、と論じるつもりである。確率概念に執拗にまとわりつく困難性は、このように、まことに根深い。

8　放射線の遍在

次に、放射線についての根本的な誤解について短く言及しよう。しかし、この点については、すでに原発事故後、人口に膾炙しているので、余計なことに感じられるかもしれない。とはいえ、それでも、依然として素朴な誤解をしている方々も皆無ではないので、あえて簡単に触れておきたい。まず、福島原発事故によって放射性物質が拡散され、私たちは、とりわけ近隣の方々は、放射線被曝を受けることになってしまった。このことは厳然とした事実である。ただ、このことについて、まるで事故以前は透明で清浄な空気と環境に暮らしていたのに、事故後には汚染された環境の中、自分の身体を放射線の矢が突き抜けていく、といったパラノイア的な表象をしてしまう方々をしばしば見かけるが、それは端的な誤りであり、どうかそのような恐怖のシナリオを作らないでほしい。放射性物質というのは、ビックバンによってこの宇宙が発生した(そうした宇宙論が正当だとして)そのときから、この宇宙の隅々まで遍在しており、それどころか、私たちの「いのち」の源と言うべき太陽それ自体、まさしく放射線を周囲に大々的に放っている恒星なのだということ、このことをよくよく理解していただきたい。むろん、地球に太陽からの放射線が届くとき、成層圏によって多くの放射線は遮られるが、それでも宇宙線として地上に四六時中降り注いでいる。私たちは、この地球に生存する以上、ガンマ線、パイ中間子、ミュー中間子、中性子、ニュートリノなどの、直接地上に届く二次宇宙線を被曝しているのであり、それは「一平方メートル当たり一分間に一万個近く降っている」（舘野 2001, pp.50–51）。高山に登ったり、飛行機に乗ったりなどすれば、平地にいるより多くの放射線を被曝する。

また、地面からも放射線被曝を受ける。温泉の石灰華（せっかいか）や花崗岩（かこうがん）や明礬頁岩（みょうばんけつがん）など、あるいはそうしたものを使った建材なども、ガンマ線を放出している。場所や地形にもよるが、琵琶湖周辺から若狭湾にかけての花崗岩地帯など、最も高い線量の地域では、年間〇・七ミリシーベルトの被曝を地面から受ける。現在の福島県の多くの場所に暮らすよりも多い被曝線量である。イランのラムサール、ブラジルのガラパリ、インドのケララ州では、年間十ミリシーベルトを超える被曝をしている。だからといって、そこに住む人々に特別な悪影響は報告されていない。あるいはたとえば、日本の国会議事堂は総花崗岩造りであり、その近くまで行くと毎時〇・二九マイクロシーベルトの放射線量が計測されるという。[10] 福島県のホームページによると、二〇二〇年七月時点で、たとえば、福島県郡山市で毎時〇・〇七から〇・〇八マイクロシーベルト、南相馬市で毎時〇・〇六から〇・〇七九マイクロシーベルト、福島市で毎時〇・一三から〇・一四マイクロシーベルトなのだから、[11] 国会議事堂周辺の方が、福島県の多くの都市よりも高い放射線量なのである。

あるいは、念のため、福島とほかの地域との比較についてもデータを確認しておこう。二〇一七年九月五日読売新聞福島版の二十九面にて報じられたニュース、すなわち、南相馬市に暮らす場合の外部被曝量は、富山県南砺市、広島県福山市、岐阜県多治見市の県外三市と比較して、違いはないというニュースが役に立つ。二週間の測定データに基づいて、南相馬市立総合病院に勤める坪倉正治医師が分析した結果、二〇一七年一年間の外部被曝線量の平均値は、南相馬市が〇・八二ミリシーベルト、南砺市が〇・八一ミリシーベルト、福山市が〇・七九ミリシーベルト、多治見市が〇・七二ミリシーベルトであるということが判明したという。健康への影響は心配しなくてよい、と結論づけられている。これは朗報である。そもそも、上掲の線量値では健康影響が生じないことは、私たちが日常生活の中で受けるであろう放射線被曝との相対的比較によって、いわば論理的に理解することができる。

飛行機による東京・ニューヨーク往復による被曝は実効線量で約二百マイクロシーベルト、胸部X線検査は実効線量で一挙に約六十マイクロシーベルト、胸部CTスキャンは実効線量で一挙に約七千マイクロシーベルトである（むろん医療被曝についてはそれ自体としての問題性はあるが）。現在の福島での追加的被曝は年間で一ミリシーベルトほどで、しかも少量ずつの被曝なので、先に触れた線量率効果により、一挙にする被曝よりも健康影響は格段に少ない。その意味で、医療被曝は比較するときわめて高い線量の被曝になっているのである。ただ、そうした医療処置も含めて、我が国が世界に冠たる長寿を誇っているという事実をどう考えるか、ということだろう。理性的に考えて、医療被曝にマイナスの影響があるとしても、もしかしたらそれを上回るプラスの影響がある、という可能性は否定できない。実際、もし現状の福島県での（一挙にではなく）だらだらと浴びる被曝線量で健康影響が出るのなら、年に何度も欧米などへフライトする飛行機乗務員などさらに重篤な健康影響を受けていなければならないだろう。死に至らなければならないくらいである。けれど、事実は必ずしもそうはなっていない。ということは、現状の福島県での生活には何の支障もないということが、ほぼ論理的に帰結する。（なお、放射線は、医療だけでなく、農業や食品業などで産業的にも活用されている。第3章註3を参照。）

また、私たちが食物として摂るものの中にも、炭素14やカリウム40などの放射性物質が含まれており、カリウム40による放射性物質の量は、体重六十キログラムの人でおよそ三六〇〇ベクレルだという（舘野 2001, p.65）。また、自然な放射線とはやや異なるが、一九五〇年代・六〇年代に盛んに行われた地上での核実験によって放射線フォールアウトが発生し、その時代に暮らした、現在六十代以上の方々は、セシウムやプルトニウムによる放射線被曝を受けた。さらに、火力発電所で発生する石炭灰（フライアッシュ）にも、ウランやトリウムなどの放射性物質が意外に多く含まれている。日本で使われている石炭の場合は、最大でグラム当たり〇・一九一ベクレルで、微量だが、欧州で使用されている石炭の場合は、グラム当たり十ベクレルもあり、それなりの量がある（以上、日常の放射線被曝については、一ノ瀬 2013a, pp.190–192 も参照）。

いずれにせよ、私たちは、デフォルトとして、原発事故があろうがなかろうが、放射線被曝をしてきたし、しているのである。ただ、量が多くなりすぎると、私たちの健康に害が発生するということである。一九九九年のＪＣＯ臨界事故を想起してほしい。二十シーベルトという途方もない高線量被曝をされた方が亡くなってしまったのである。こうした量的多寡に応じて状況が変わるというのは、多くの物質に当てはまるところの、経験的に自明な事実であろう。塩、水、酸素、あるいは車の排気ガスや多くの毒物でさえ、量が少なければ無害だが、一定量を超えると有害となる。放射線もまったく同様で、放射線だから危険ということはない。実際、もし放射線だから危険ということになっているならば、私たちはいつもとんでもない危険に曝されていることになり、ここまで生存し、生き残ってきたという事実と整合しない。放射線についての判断は、すべて「程度」すなわち「量」の問題なのである。「放射線安全論」などと称して、放射線の問題は量的問題であるという見解を揶揄する人がしばしば見られるが、放射線安全論などという見解を主張する専門家は皆無だし、もしそんなことを主張する人がいたら、事実に反し、いかなる説得性ももちえない。

これに対して、自然放射線と人工放射線は異なる、カリウムはセシウムなどとは核種が異なる、といった見解が事故後のはじめに出された。もちろん、そうした相違は、線源の社会的受け取り方、放射性物質の物理的組成、という点では字義的に正しい。けれども、「放射線被曝」という点では、相違を導くことはできない。ガンマ線は宇宙どこでもガンマ線であって、自然放射線だから人工放射線だからといって、相違はない。熱が、熱としては、溶岩の熱とガスコンロの熱と相違ないのと同様である。ただし、なぜ水素分子は、陽子は、クォークは、レプトンは、宇宙どこでも同じなのか、という疑問は哲学的には正当である。しかし、ここでそうした根源的問いについて探求するのは、主題からあまりにそれすぎてしまうだろう。

もうひとつ、放射線による、私たちの健康影響についても、簡単におさらいしておこう。現在の知見では、放射線が人体に当たると、「直接作用」および「間接作用」を及ぼすと理解されている。「直接作用」とは、人体を構成する原子中の電子をはじき飛ばしたり（電離）、外側の軌道に移したり（励起）して、DNAを損傷させることである。それに対して、「間接作用」とは、直接作用によってはじき飛ばされた電子が体内の水や酸素分子と反応して「活性酸素」が生まれ、それが細胞に損傷を与えることである。このうち、直接作用とがん発生との連関は必ずしも明確にはなっていないとされるので、放射線の人体への影響の核心は間接作用による活性酸素の発生であると言ってよいだろう（土居ほか 2007, pp.79–80）。もっとも、私たちの体内では、呼吸や食事などによっても常時活性酸素が発生しており、それに対して抗酸化作用やアポトーシス（細胞の自殺）といった防衛機能も備わっている。ただ、活性酸素発生量が多ければ、あるいは防衛機能が万全でなければ、がん発生の可能性が高まるわけである。それゆえ、論理的に言って、放射線被曝それ自体が危険と主張するならば、歩くことも、食べることも、一律かつ同様に危険と見なすことにならなければならない。活性酸素が同じく発生するからである。私の常識的理解では、こうした主張は「危険」という言葉の乱用であり、端的に支離滅裂である。

9　議論の混乱

以上を踏まえることによって、重大な二つの点が引き出されてくる。一つは、放射線被曝がすなわち被害であるから、「いのちは大切」である以上、被曝を避けるよう行動すべきであり、追加的被曝をさせた政府や電力会社に責任を問うべきだ、というい わゆる「脱被曝」運動が徹頭徹尾ナンセンスであるだけでなく、それ自体大変に有害である、という点である。その理由は明らかである。福島原発事故があろうがなかろうが、私たちは常時放射線被曝、そして追加的被曝を、しているからである。放射線被曝は私たちの生存環境におけるデフォルトである。一定量以上の被曝が有害なのであって、放射線被曝そのものが有害なわけではない。有害だとしてしまうことは、「害」という概念を空虚化してしまうだけでなく、不必要な不安や恐怖を生み、私たちの生活に重大な負の影響を与える。とりわけ、被災地の産物を忌避する傾向を助長する点、その結果被災地差別を無自覚的にだとしても促してしまう点、決して看過することはできない。現状の福島県の放射線量は、福島第一原発直近地域を別にすれば、決して高くないし、産物が含む放射性物質量も多くない。それらはすべてデータによって立証されている。

さらに言えば、被曝が有害だというのは、被曝によって健康影響を被ることが、「いのちは大切」というスローガンに反するからだ、という把握が根底にあるからであると思われる。しかるに、前節最後で確認したことを繰り返すが、放射線被曝による健康影響の核心は活性酸素の発生にある。そして、活性酸素の発生というのは、放射線被曝に限らず、呼吸、運動、食事などにおいても常時生じている現象である。これに対して、被曝は有害である、なぜなら活性酸素を発生させ、「いのちは大切」というスローガンに反するからだ、という論証方法を採るとしたら、やはり「害」という概念が空虚化する。なぜなら、活性酸素は四六時中私たちの身体に発生しているので、私たちは常時危険な状態にあり、害を被っているということになってしまうからである。定義的にいつでもつねに害を被っているならば、それをわざわざ「有害」として記述しても、単に全体の常態を含意するだけであり、有意義な現象記述をしたことにならないからである。全部を覆う述語は、述定しても情報をもたらさない。このことはつまり、量的条件なしで、放射線被曝は有害である、と述べることがナンセンスであることを帰結させる。ナンセンスなだけではない。量に関わりなく被曝は有害だという主張は、もしそれを字義通りに受け取る人がいた場合、先に述べたように、被災地産物拒否などの差別的態度を助長するのであり、そうした主張それ自体が実際的に有害なのである。

二番目に引き出される重大な点は、「放射線被曝の問題」と「原発の是非の問題」との独立性という論点である。ここに来てようやく、第2節で挙げた、第三の確認すべき点に戻ることができたのである。原子力発電所を今後どうするかという問題は、日本にとって、そして人類にとって、避けて通ることのできない重要な課題であり、政治、経済、安全保障、ひいては人類保存という観点からある程度の時間をかけて慎重かつ総合的に意思決定していかなければならない。しかし、私は明言したいが、この問題と、いまも依然として日本が、そして福島県が直面している「放射能問題」とは直接の関係はまったくない。そもそもの発端が福島原発事故にあるのだとしても、問題としてそして困難として顕在化している事態は、原発を廃止しようが維持しようが、それとはすでに独立である。いま私たちが面している放射能問題、そしてそれに抗して向かうべき先とは、仮設住宅などに避難をして、あるいはしていたがゆえに困難に陥っている方々の復興、被災地産業の復興、そしてまさしく「放射能問題」と「原発の是非」との混同によって発生している混乱と、それによって多くの人が被っている物心両面の被害の救済である。それが解決すべき「放射能問題」なのである。原発の廃止をいま決定したところで、放射能問題は解決されない。にもかかわらず、原子力発電所の危険性を訴え、科学技術の不確実性をことさらいま糾弾することは、放射能問題とは無関係なだけでなく、少なくともただいま現在の優先事項という視点からすると、かえって現在の放射能問題に立ち向かうに当たっての阻害要因にさえなりうる。物事には順序がある。原発の是非の問題はじっくりと取り組むべき重い課題であるし、そうならざるをえない。それは腰を落ち着けて論ずべきであって、いまは被災地復興の方が圧倒的にプライオリティが高い。避難された被災者に関して、まさしく「いのち」がただいま現在危機に面している場合が多々あるからである。

そのように私が言い切る根拠は、明白である。「原発の是非」がなぜ問題になるかというと、それが危険だからという認識があるからだが、なぜ危険かというと、事故が発生した場合、放射性物質が拡散され多くの人々に放射線被曝をさせてしまったり、また放射性廃棄物（いわゆる核のゴミ）の処理が困難で、そこからの放射線放出の恐れに対する危惧があるからである。むろん、その逆に、そうした危惧にもかかわらず、原発によって確保される安定的電源とか、地球温暖化阻止への貢献とか、エネルギー安全保障に関する利益といった便益が天秤に掛けられ、「是非」という形で問題化されているわけである。[12] 要するに、原発の是非が主題化される根底的な動機として、放射線被曝に対する懸念があるわけである。それがなく便益だけならば、反対運動など起こらない。そしてそのことが、二〇一一年の福島原発事故による放射性物質拡散と放射線被曝という個別の問題へと重ねられていったのである。そして、その後、その福島原発事故における福島県全般の放射線被曝線量が（福島原発直近地域を除いて）、不幸中の幸いなことに、懸念されていたほど深刻なものではないことがデータによって繰り返し地道に確認されてきた。しかるに、ここで論点の錯覚が起こってしまったのである。

私がかつて用いたたとえを繰り返して改めて説明してみよう。校内暴力事件が起こって、暴力を受けた生徒が医務室に連れてこられて、それを診た校医が、けがは一週間もすれば直るような軽微なものだ、と診断したとき、その校医は果たして校内暴力を容認したことになるのか、批判したことになるのか。どちらでもないだろう。というより、校医の診断は、校内暴力の評価とは独立であって、けがの程度を診るというみずからの責務に関わっているだけである（一ノ瀬 2013a, p.13）。さらに、このシナリオに加えて、その校医が、その生徒は、けがは軽微なものであったけれども、暴力を受けたトラウマに苦しめられていると診断し、心療内科的な治療が必要だ、と判断したともしてみよう。こうした状況のとき、問題の核心は何か。冷静に言って、暴力を受けた生徒の心身両面での回復であろう。つまり、暴力を加えた生徒にしかるべき更正をさせながら、暴力を受けた生徒をケアすること、それが当面の問題の解決の道なのである。このとき、暴力を受けた生徒の回復のためのケアはそっちのけで、何よりも校内暴力の将来的撲滅こそがいまの緊急かつ最重要の課題だと主張して、議会での法制度充実に奔走したり、世論に訴えたりすることは、的を射た活動と言えるだろうか。たしかにそうした活動は有意義だし、やるべき価値がある。けれども、何度も言うが、物事には順番がある。こういう場合には、暴力を受けた生徒をケアすることを優先すべきであり、校内暴力撲滅の活動に割くエネルギーは、できれば生徒へのケアにまずは向けられるべきではなかろうか。そうでないと、もしかしたら、そうした撲滅活動が生徒へのケアに対する阻害要因にもなってしまいうるのである。これが私の、一市民としての、理解である。

これと同じ議論の構造が、三・一一の際の福島原発事故と放射能問題に当てはまる。たしかに、放射能問題の源は原発事故なのだが、先にCF2とCF3で確認したように、放射能問題の内実は、原発事故による放射線被曝そのものというより、原発事故に対する対処仕方によって帰結した諸々の困難性である。前節のたとえに引きつけて言えば、いま優先的に考慮すべきは、原発事故の将来的撲滅ではなく（それ自体の検討価値は私も十分に認めるが）、福島第一原子力発電所それ自体の事故収束を全力で目指すと同時に、避難して苦境に陥っている被災者に対してケアをすることである。実際、事故十年後の、現状の福島県の多くの地域の放射線量に鑑みれば、福島第一原発そのものは別にして、もはや、原発事故による放射性物質拡散の問題はすでに峠を越したといってよく、それにもかかわらず、放射線被曝ひいては原発の是非の問題を主題化することは、かえって問題の核心を隠蔽してしまう負の影響をもたらしてしまうだろう。

さらには、すでに確認したように、冷静に考えるならば、原発があろうとなかろうと、原発事故が起ころうと起こらなかろうと、つまり、福島原発事故が発生する以前からずっと、私たちは放射線被曝をし続けてきたのである。原発事故によって初めて放射線被曝という事態に直面したわけではない。それゆえ、放射線被曝の問題と原発の是非の問題とは切り離して考えなければならない。加えて、さらに重要なことは、原発の危険性、科学技術としての不確実性を訴えて、原発廃止運動を推進したとしても、仮設住宅などに避難している・していた方々の救済や復興には一向に寄与しないという点であり、このことは決定的に重要である。避難されている方々が苦しんでいる、高脂血症、肥満、うつ病、そして経済的不安、家族内の亀裂、生きる目標の喪失感、誤解され差別されることへの懸念など、被害の根幹をなしている事柄は、原発反対のデモをして解決されるようなものではない。両者は無関係である。原発反対運動のデモなどをしても、被災地の避難されている多くの方々からしてみれば、かえって空々しく感じられるだろう。デモに割く労力を、もっと違うところで発揮してほしいと思うのは当然である。いずれにせよ、先の放射能問題を前にして、原発の是非を主題化していくことは、事態を混乱させるだけで、被災地の多くの方々の困難から注意をそらし、放置してしまうことにかえって寄与してしまっているのである。

10 当事者意識

なぜ、このような自明な構造が理解されず、福島原発事故後、多くの人々が、おそらくは正義感から、「いのちは大切」というスローガンを掲げ、原発の危険性を訴え、結果として事態の混乱、あるいは悪化を招いてしまったのだろうか。私は、二つの要因を言挙げしておきたい。ひとつは、放射線についての単純な無理解であり、もうひとつは、当事者意識の欠如である。放射線についての無理解については、すでに多くのことを述べてきたので、言うまでもないだろう。放射線被曝は、量が多ければ危険この上ないが、低線量ならば慌てることはない。まして、不幸中の幸いなことに、現状の福島の多くの場所の線量は十分に低く、害が発生しようがない。こうしたデータがそろってきても、なお、現状の放射線被曝を危険視し、不安に思うのは当然だなどと発言するのは、放射線被曝が量の問題だということを理解していないか、理解しつつも何か意図があってそれを無視しているかの、いずれかである。なるほどたしかに、原発事故は場合によっては大変に危険な状況を発生させうる。しかし、だからといって、どんな原発事故も同等に危険である、ということにはならない。原発事故と言っても、ケースバイケースである。量的思考がここには決定的に求められているのである。そして、先にも触れたし、後でも触れるが、過剰危険視は、かえってそれ自体が有害なのである。

これに対して、そうはいっても放射性物質が漏れ出して、健康影響が出る可能性はゼロでないのだから、最悪のシナリオを想定して、被曝を回避しようとすることこそ、「いのちの大切さ」を慮った人道的な方策なのではないか、という異論が寄せられるかもしれない。いわゆる「予防原則」という考え方に沿った思考である。「予防原則」とは、要点だけを言えば、科学的に危険性・有害性が実証されていない行動・技術でも、深刻で不可逆な被害の恐れがあるならば、それを回避する、あるいは予防対策を採るべきである、という考え方である。君子危うきに近寄らず、を政策指針として一般的に定式化したものである。これはたしかに直観的に説得力がある。ごおごおと燃えさかっている家屋の中に飛び込んで家族の写真を取ってこようとする人がいたら、誰しも、きわめて危険なので止めるだろう。私たちは、きわめて危険な行為に関しては、予防的行動を取る。しかし、「きわめて危険」ということと、「被害の恐れがある」ということは、果たして同じか。究極的に言えば、両者を同じ事態として扱って一般的原則とするのが予防原則である。これについては、第2章で少し触れた後、第6章にて詳しく検討するが、少しだけ議論の頭出しをしておく。この予防原則は、文字通りに受け取った場合、大変に支離滅裂で自己破壊的な原則である。たとえば、道を歩くことさえ、可能性としては、何らかの事故により深刻で不可逆な被害（私の死）を招く恐れは皆無ではないので、それをしてはならないことになり、私は買い物にも行けず、通勤もできず、かえって座して死を待つといった馬鹿げたことになりかねない。けれども、こうした自明な帰結にもかかわらず、少なからぬ人々が、この予防原則に訴えて、放射能問題に対峙しようとし、そういう議論を展開している。不可解なことである。それはなぜだろうか。

答えはおそらく簡単である。予防原則を一般的な原則としては受け取らず、道を歩くなどといった日常的行為には適用せず、別の特定の事象にだけ適用するものだと捉えるからであろう。そのようにする根拠は「深刻で不可逆な被害」という表現にあるのではないか。そして、それを福島原発事故と放射能問題にだけ集中的に適用しようとしているのではないか。つまり、道を歩くことには「深刻で不可逆な被害」の恐れはないが、原発事故にはそれがある、というのだろう。しかし、「深刻で不可逆な被害」の恐れがあるかどうかを、どのような基準で区別するのだろうか。道を歩いて、見えない穴に落ちて死んだり、車にぶつけられて死んだりすることは、「深刻で不可逆な被害」なのではないのか。少なくとも、「私の死」は不可逆ではないのか。そういう個別のことを問題にしているのではなく、社会全体に関することを問題にしている、ということなのか。しかしそれなら、毎年三千人以上の死者を出す自動車の利用はどうなのか。それは「深刻で不可逆な被害」であって、したがって社会政策として自動車利用は禁止すべきなのではないか。しかも、多少理屈っぽいことを言えば、「熱力学第二法則」を文字通りに理解する限り、森羅万象は不可逆である。だとしたら、予防原則は何を言っていることになるのか。予防原則を遵守しようとしたら、何も行動することができなくなってしまう。そういう帰結を命じる予防原則はそれ自体危険である。よって、予防原則に従えば、予防原則の適用は禁じられなければならない（Sunstein 2007, pp.125–129）。

原発事故がどのくらい危険かは、専門家でない私には自信をもって答えられない。ただ、原子爆弾が落とされたのと同様な事態になってしまうかどうかについては、私の常識が及ぶ限りで考えて、多少懐疑的である。なぜなら、原子爆弾は、きわめて高度な技術に支えられてはじめて可能な人為的な武器であって、だからこそ、多くの国が、技術開発を競ったり、本当に完成できたのかどうか実験したりしてきたのである。よって、何か原発に事故があったとしても、核爆発はそんなに簡単には発生しないのではないか。しかし、この点は措こう。たしかに原発事故は恐ろしい帰結を生みうるとは言える。ＪＣＯ臨界事故では死者が出たのである。しかし、福島第一原発事故という個別の出来事に限って考えたらどうだろうか。事故後十年が経ち、放射線量のデータがそろってきたいま、それを「深刻で不可逆な被害」と言うべきだろうか。琵琶湖周辺の年間被曝量とせいぜい同程度の線量の、福島県内の多くの地域に暮らす方々について、そこには「深刻で不可逆な被害」の恐れがあるので、一刻も早く避難すべきである、という言い方が正当性をもつだろうか。私は、金輪際、そうした正当性はもちえないと明言したい。理論的に言って、当然そういう結論になるしかない。

11　善意の提言

では、なぜ、予防原則を適用して、福島の放射線被曝を危険視する発言を繰り返す人がいまでもいるのだろうか。それは、福島の放射線被曝の危険性と、原子力発電所それ自体の一般的な危険性を、もののみごとに混同しているからにほかならない。これはまことに困ったことなのである。しかも、それは「いのちは大切」というスローガンに支えられた、善意からする提言なのだから、一層困ってしまう。なぜこのようになってしまうのか。私の理解では、福島の被災者が受けている困難性、私の言う「放射能問題」を、実感として想像する視点をもてないからなのではあるまいか。すなわち、当事者意識の欠如である。福島の被災地の問題は、放射線被曝だけではない。避難生活に起因する多種多様なことがある。しかし、外部の視点からすると、そうした多種多様なことは重大ではなく、関心ももたれにくい些細なことなので報道もあまりされず、原発事故による放射性物質拡散という非日常的なことだけが注視される。報道機関としても、それを報道することが経営上よいからである。こうして「利用可能性ヒューリスティックス」も発生し、外部の人々は、放射能問題として発生している困難性の全体を当事者の視点から見る意識、それをもつ機会を逸してしまう。そして、原発の危険性と、現状の福島の放射線被曝の危険性とを誤って重ね合わせ、過剰危険視を維持してしまう。考えたくないことだが、こうした事態を利用して、特定のイデオロギーを浸透させようとしている人もいるかもしれない。あるいは逆に、特定のイデオロギーがあるからこそ、原発の危険性と、現状の福島の放射線被曝の危険性との混同が発生してしまうのかもしれない。

私は、以上に展開したような、「原発の是非の問題」と「放射能問題」との区別を、第2章で、「形而上学的アプローチ」と「認識論的アプローチ」として論じる。「形而上学的アプローチ」とは、人間の幸福を、統整的な意味での「永遠のいのち」という理念へと焦点する形で目指しながら、長期的な視野で問題に向かう態度のことである。「原発の是非の問題」を論じるとき、人はおのずと「形而上学的アプローチ」に傾斜している（とはいえ、ここで言う形而上学的アプローチは、原発の私たち

・現人類への危険性を軸にしている点で、「まえがき」で触れた、形而上学に結びつく見方である「宇宙視線」としては純度が低く、「人生視線」を引きずっている)。これに対して、「認識論的アプローチ」とは、ただいま現在の苦境を、データ解析や確率的推定などの経験科学的手法を用いて、短期的な視点から解決していこうとする態度のことである(「まえがきで触れた「人生視線」に対応する」)。第2章でも触れるが、私の言う「放射能問題」を問題として意識するとき、人は「認識論的アプローチ」を採っている。この両者のアプローチは、状況によっては互いに対立するのであり、そして、現状では、「認識論的アプローチ」に優先性がある、というのが私の理解である。

言い換えれば、原理原則を論じる場面と、緊急的対処を講じる場面との相違である。緊急的対処を講ずべき場合に、原理原則の議論をすることは、たとえそうした原理原則が高邁(こうまい)で尊い理想を目指すものだとしても、かえって「いのちは大切」というスローガンに反することになりえる。ひとつのたとえを出して説明してみよう。「クローン人間」の作製には、いろいろと倫理的問題が提起されている。人格の尊厳や、遺伝的親が一人しかいないという子どものアイデンティティの問題、などである(一ノ瀬 2011a, pp.115–121)。しかし、もし実際にクローン人間技術が適用されてしまって、目の前に、オギャーオギャーと泣く赤ん坊がいたらどうするか。種々の理由でクローン人間製作に反対する人は、原理的にクローン人間製作に反対だからといって、目の前の赤ん坊を放置したり差別したりしてよいだろうか。そんなことをしたら、かえって人間の尊厳を冒すのではないか。私が懸念しているのは、「形而上学的アプローチ」のみを適用して、福島原発事故後の諸問題に対して「原発の是非」を前面に主題化するということは、クローン人間の赤ん坊を、自分の原理原則に適わないものだからといって、放置したり差別したりするのと同様な帰結（避難によって苦境に陥っている人々の本当の問題性に目を向けない態度）を生んでいるのではないか、という点なのである。私の懸念が杞憂であることを願う。

善意からの提言ということで、もう一点加えておこう。事故後一定の年数が経ち、さすがに、放射線被曝ではなく、避難行動によって、多くの犠牲者を生んでしまったということは広く認知されるようになってきた。東日本大震災の後で発生した熊本地震や、近年毎年のように発生する大雨災害の際の避難でも、避難生活の弊害が発生し、問題として意識されるようになったことも大きいだろう。したがって、さすがに、放射線被曝問題に対して、まずは避難、ただちに避難、などと主張する方々は少なくなった。その代わり、すでに避難行動を取られた方々のことを考慮して、避難するか留まるかは各人の生き様の問題なので、軽々にどうすべきかを他人が言うべきでない、といった言い方をする方々も多くなってきた。これもまた、福島の方々の多面性・多様性を重視した、そして「いのちは大切」というスローガンに適った、善意の提言として行われているのである。けれども、私の見るところ、こうした言い方は一見善意の提言のように見えて、実は、やはり現地の人々に潜在的に「恐怖」を与える結果になっていると理解している。なぜなら、各人の生き様で選んでください、と無条件的に言うことで、避難して病気になったり自殺してしまったりすることと同様に深刻な困難や被害が、留まって受ける放射線被曝によっても発生してしまうことを、暗に含意しているように聞こえてしまうからである。避難しようとしまいと同様に深刻な困難を伴うので、「他人は何も言えません、自身で決してください」、と突き放しているように聞こえるのである。私も、各人の生き様で選んでくださいということに異存はまったくない。人権思想に基づく法治国家に暮らす以上、当然のことである。けれども、留まることによる放射線被曝の被害が現状ではほとんどない、ということをしっかりと前提条件として付け加えた上で言うのでなければ、「善意の提言」は、かえって物心両面の被害の拡大に寄与してしまうのである。ひいては、福島の産物忌避や差別を、意に反して、そして事実に反して、助長してしまうことになってしまうのである。

12　欺瞞

けれども、ここまで論じてきて、私自身はたと立ち止まる。私の議論はどういう帰結を示唆しているのだろうか。被災地に留まった方々については、さらに安心して復興できるよう、そして避難行動による実害を受けている方々については、帰宅して、一刻も早く元の暮らしを取り戻せるよう、日本国として支援する、というような提言を示唆することになるのだろうか。しかし、事前と事後を区別した私自身の見方からして、この提言は欺瞞的であると自己批判しなければならない。この辺りが、放射能問題という、私たちが被ってしまった困難性の、その混乱具合の所以なのだと、実感しているし、自分自身、研究者として正直、ある種の無力感、何もできないという背徳感を感じてしまわざるをえないのである。どういうことか。

まずもって太字でいくども強調すべきは、東日本大震災の地震津波で亡くなられた被災者だけでなく、双葉病院の方々を悲劇的象徴とする、震災関連死をされた方々もまた、すでにこの世を去られてしまわれたという、この重い明確な事実である。そうした犠牲者の方々はもう戻らない。いくらしたり顔で、そして後付けの事後的理屈で、福島の放射線量は懸念されたほど高くない、被災地に留まっても、あるいはご自宅に帰宅されても、少なくとも放射線被曝による被害は心配ない、などと言っても、何の甲斐もないし、かえって亡くなられた方々に対して不敬になりかねない。亡くなられた方々の想いを、そのときの気持ちを、まずは思いやるべきではないのか。避難所や仮設住宅で、将来を悲観したり、精神的に不調となったりして、自死してしまわれた方々の、それに至る事前の心持ちは、ぎりぎりのものだったはずであり、それに対して、放射線量からして、あわてて無理に避難する必要はなかった、などという事後的な評価を述べるのは失礼きわまりない。この失礼さを汲み取れない言説は、いかに事後的な評価として正しくとも、ほぼ無効だし、道徳的にも是認しがたい。

さらには、震災後そして原発事故後十年が経過した現在、避難された方々の状況も、事故直後とは相当に様変わりしている。福島県外に避難して、すでにその地に定着し、新しい生活に踏み出している方々も大勢いる。そうした方々にとって、福島県の元の自宅の放射線量がどうのこうのといった情報は、関心の中心にはないだろう。帰宅して元の生活に戻った方がいいなどといった提言は余計なお世話である。加えてもうひとつ重要なポイントを指摘するならば、一旦避難をした場所の多くは、実際のところ、すぐに帰宅できるような状態ではない。地震で壊れ、人が住まなくなった家屋は当然傷み、ネズミやイノシシなどの動物の侵入もなすがままである。農地は荒れたり、あるいは、除染や家の修理などで出たがれきやゴミをいわば放置する仮置き場と化してしまったりしている。また、ばらばらに避難した地域は、人々の絆や、伝統や歴史を背負ったコミュニティが切り裂かれてしまっている。こうした現状を見つめたとき、放射線量は恐れたほど高くないから、帰宅した方がいい、といった提言は絵空事にしか聞こえないだろう。

むろん、放射線量についての客観的な情報は絶対不可欠だし、長期的には、そうした基礎データこそが復興の礎になることは、被災地の方々も当然理解されている。福島のかなりの広さの土地が、整備さえすれば人が十分に住めるのに、いまのままずっと放置されてしまったならば、日本全体にとっても莫大な損失である。いわば、理由のない国土の喪失になってしまうからである。そういう意味で、放射線量のデータを知ろうとせず、直観にのみ基づいて、福島は危険なので避難すべきであるとか、子どもたちを保養に行かせるべきだ、などといった無責任かつ独善的な言動は、当事者の方々にとって有害かつ不快だろうし、日本全体にとっても迷惑な言説である。けれども、そうはいっても、現実問題として、すぐに帰宅などということは、多くの場合相当に困難なのである。帰宅した方がいい、という言説にも同様に欺瞞性、あるいは当事者視点を欠いた偽善性さえもが、漂わざるをえないのである。この両面の欺瞞性に鋭敏でなければ、たぶん、当事者以外の人が何を言っても空虚である。なんとしたらよいのか。

さらに、もっとセンシティブなこともある。私たち人類は、「放射能」という言葉に大変に感受性が高く、恐怖心を感じやすい傾向にある。広島、長崎のことがあるのだろう。そこから、放射能・放射線というものに対して、ほかのものとは別格な恐怖を感じやすい。たとえば、「プルトニウム」というと、地上最強の危険物であるという認識をもちやすいのである。たしかに、放射能・放射線はきわめて危険である。人の死をも引き起こす。しかし、何度も述べたように、危険性はすべて「量」の問題であり、その点では、放射性物質以外の物質と相違はない。「プルトニウム」とて、経口摂取の場合はきわめて危険だが、アルファ線を出す放射性物質であり、しかも水には溶けないので、地中深くに埋めてしまえば、あまり悪さはしない。少なくとも、物理的にはそう言える。しかし、私たちがもつイメージは違う。広島と長崎の原爆投下の話を何度も聞かされ、その逆に、放射性物質が通常イメージされるほどには極端に危険なわけではなく、危険性は量に依存する、という理屈を実証する話や例証はあまり耳にすることはない。つまり、後者は報道されることもなく、教わることもあまりないのである。

となると、先に触れた「利用可能性ヒューリスティックス」と呼んでよいようなバイアスが働きがちとなるのは避けられない。かくして、突然、余計な放射線を被曝させられたという「不快感」と「不条理感」、健康影響に対する「不安感」、関係当局からの情報が二転三転したことに由来する「不信感」など、私が「不の感覚」と総称した心理的様態が発生するに至ったわけである（一ノ瀬 2013a, 第 2 章）。これは既発の様態であり、いまさらキャンセルできない。一度抱いてしまった「不の感覚」は、理屈でどう述べられても、あるいは理性的に客観的状態が把握できたとしても、そう簡単に払拭することはできない。とりわけ、子どもの放射線に対する感受性の高さについての言説が流布していて、その理由で福島県外に避難した家族は、いまだ漠然とした不安感や「不の感覚」をぬぐいきれず、直観のレベルで、帰宅を回避しようとしている。というか、もはや帰宅のタイミングを越えてしまっている。つまり、福島原発事故は、物理現象としては、放射線被曝量は不幸中の幸いにも低く抑えられ、その健康影響は客観的にほぼ心配ないのだが、心理的には「不の感覚」をもたらし、場合によっては、人々をして避難、そして福島産物への忌避感を継続せしめ、それがゆえに、放射線障害とは別の実害を生み出している・生み出しうる、という事態を現出させたのである。これが私の言うところの「放射能問題」にほかならない。

冷静に考えて、突然自宅から別の場所に移転し、新たな生活を始めることに困難が伴うのは明白である。雇用問題、教育問題、ひいては貧困という、とてつもない難題が待ち受ける可能性が高まる。いま世界で発生している多くの問題、すなわち、飢餓、伝染病、戦争、犯罪、雇用不安定といった、ほぼすべての問題は貧困と連動している。現在盛んに喧伝されているＳＤＧｓ(持続可能な開発目標)の十七の目標のうち、第一の目標が「貧困をなくそう」である。避難生活、とりわけ母子避難をして、しかも震災離婚をして母子家庭になってしまった場合（そういうケースは案外多い）、長期的に見て貧困問題に直面する確率が高いと、現状の日本社会の構造に照らして推定できる。それは、文字通り「いのちの危険」に曝されることにほかならない。「いのちは大切」だとして、子どもを伴って避難したのに、それがゆえに「いのちの危険」を呼び込んでしまうのである。そのことに突き進む可能性に気づかず、「いのちは大切」と思い詰めて、ひたすら放射線への「不の感覚」に突き動かされるのだとしたら、これほど悲劇的なことはない。しかるに、私の議論や言説では、とうていそうした動きを抑止できないとしたら、研究者としてどうしたらよいのか。自分の議論の一貫性さえ維持できれば、それで自己満足していられるのか。脂汗がにじむ。みずからの欺瞞性に身が縮む思いである。

13　現状

しかし、倫理の究極の目的は何なのだろう。「私たちの幸福」ではないのか。たしかに、「幸福」以上に倫理的に価値あるもの、「正義」とか「高潔」とか「協調」とか「友情」とか「寛容」とか、そうしたものを挙げることはできるかもしれない。けれども、なぜそうした価値が称揚されるのかと問うと、やはり、そうした価値を体現することが精神的・人格的な豊かさをもたらし、私たちに満足感を生み出すからではないか。つまりは幸福感を生み出すからではないか。だとしたら、やはり「幸福」が実際的には目指されているのである。私は、そういう意味で、大まかなくくりで言うところの功利主義（私自身は「大福主義」という名称を好んでいる）の普遍性を、つまりは直観主義や義務論をも包含する倫理学説としての基底性を、認めることにためらいはない。[13] いずれにせよ、そうであるならば、「私たちの幸福」に結果的に寄与すると高い蓋然性をもって推定される行動を、たとえ一時的には負の評価を与えられたり、直ちには実を結ばず、自身の欺瞞性を感じざるをえないとしても、遂行していくしか道はない。「不の感覚」の、不必要な部分を、繰り返し言説を重ねることで払拭していくこと、それが、ささやかながらも私のできるミッションである。

私のこうした方向性を、いくらか具体的に裏付けるため、福島県の相馬病院に勤務する内科医・越智小枝の現地レポートを引用しておきたい。越智は、「福島浜通りの現状：敵は放射線ではない」というウェブ公開レポートにおいて、次のように記し始める。[14]

この三年間で、福島県ではさまざまな健康被害が生じています。そのほぼすべてが、放射線による被害ではありません。さらに言えば、その多くは事故の後にでも防ぎ得た被害なのです。

そうした被害の内実として、越智は三つの点を挙げる。第一は、「避難区域設定」による被害である。越智は、避難区域に設定された地域の人々の避難行動を振り返り、次のように報告する。

その結果何が起きたでしょうか。待機的避難区域の住民のうち、移動手段があり家を離れることのできる方はほとんどが避難されました。更に多くの流通業者は社員が五十キロメートル圏内へ入る事を禁止しました。その結果、災害弱者、すなわち移動手段や情報入手手段のない高齢者や患者を抱えて動けない病院が食料や医療資源の供給もなく取り残される結果となったのです。「実際にご自宅で衰弱死されている方も結構いたね」。当時南相馬に留まって被災地の検死に当たった医師がおっしゃっていることです。「毎日食べ物の事しか考えられなかった。仕方ないのでラー油だけなめていましたよ」。子どもたちの為に相馬市に留まった教師の方からそのようなお話しも聞きました。

第二は、避難生活による健康被害である。越智は言う。

このように取り残された方々だけでなく、避難された方もまた、健康被害に苦しんでいます。長期療養施設の避難により、避難された入所者の死亡率が三・九倍にまで上昇した、という報告もあります。これは急な環境の変化や搬送という負荷が寿命を縮めた可能性や、一度に大量の患者さんの申し送りをした結果、必ずしも患者さんの状態について十分な情報が伝えられなかった可能性もあります。療養施設だけでなく、健康な高齢者にも同様のことがいえます。相馬市で二〇一二年に行った仮設住宅の健康診断では、高齢者の歩行不安定性（開眼片足立ちテストで十五秒未満）の危険が、仮設住宅では自宅に住まれている方々に比べ五倍以上も高い事が示されました。

どうにもやるせない。

第三は、甲状腺スクリーニングによる被害である。

「ようやく風評被害が落ち着いたところでスクリーニングを行ったことで、『やっぱり福島は危険なんじゃないか』と言われるようになってしまった」と、スクリーニングの存在そのものが風評被害を助長した、という意見もありましたし、子供が「A2」（注・検査結果で小さなしこり、嚢胞（のうほう）がある）と言われたときの心理的負担を話される方もいました」。「不安になった親御さんが「お子さんは癌です、だけど小さいから待ちましょう」という方針に納得できず、早めに手術を受けさせたがる、ということも多かったとのことです。

要するに、普通は行わないスクリーニング検査を行うことで、そうした検査をしなければ見つからない甲状腺がんが偶然見つかる可能性が増え、手術しなければならない、という思いを親御さんに抱かせた、という意味での被害のことである。一般に「スクリーニング効果」と呼ばれている現象である。なぜ、それが被害か、むしろ厳密な検査によって異常が見つけられるのだから益なのではないか、「いのちは大切」というスローガンに適うことなのではないか、と感じる人もいるかもしれない。しかし、そうは言えない、というところが、「いのちは大切」という思想の落とし穴を示唆しているのである。

14　福島の人々

すでに述べたように、放射線被曝の健康影響というのは、究極的には、活性酸素の悪影響に行き着く。しかるに、活性酸素による影響は、私たちの身体において四六時中発生している。疲労しているとき、ストレスがあるときなど、それなりに体を傷めていると考えられる。むろん、大抵は、抗酸化作用やアポトーシスにより、修復されるのだが、ときとして、がんなどの病変へと結びつきうるわけである。言い方を変えれば、私たちの体は、つねに病気へと傾向づけられているのである。それが、生体というものの常態なのだ。このとき、病変可能性をいちいち発見して、病気になる可能性がある、と指摘することにどういう意味があるのだろうか。たしかに、病気の前段階を指摘したり、早期の段階を発見したりすれば、対応はできるだろう。しかし、詳しい検査をしなければ発見されなかったような微細な変化の、そのすべてが、重大事に至るとは考えられない。実際、これまでだったら、異常なしで済んでいたような身体状態なのである。

そもそも、人間の生体というのは複雑系であり、個々人で多様な相違があり、刻々と変化もしている。「完全な健康体」という概念に厳密な生理学的定義を与えることは不可能である。各人が、他人とどこか違うところがあって生まれてきたし、実際違うのである。その人が死んだ後、振り返れば、そうした違いが死をもたらしたと言えたとしても、それをいちいち病気だとしていたらきりがない。どのみち、死ぬときは死ぬ。「完全な健康体」という見果てぬ夢を追いかけながら、健康や病気のことだけを気にした生活は、それ自体病理に分類されるべきである（心気症？）。冒頭で触れたように、「五年生存率」というのは、五年過ぎた後で亡くなることがありうるとしても、やはり有意義なのである。

現状では、本来見つからなかったような微細な甲状腺がんの初期状態が、そのまま放置された場合、どのようになるかについてははっきり分かっていない。換言すれば、重大事に至るとは必ずしも確定していない。[15] しかし、甲状腺がんの初期だと言われれば、放置しておいていいのかと不安になるのは人情である（もし甲状腺がんが悪さをしないものであるならば、なぜがんと称するのか、という疑問が当然出るが、病理学的にがんと呼ぶしかないそうである）。けれども手術すればよいのかというと、手術には負荷が伴うし、合併症や傷跡の残る恐れもある。だったら、かえって、検査しない方がよいのではないか、とも思えてくるのである。しかし、検査できます、と言われると検査した方がよいように思えてきてしまう。こうして、心の葛藤や不安という弊害・被害がもたらされるのである。

細かく検査すればよい、厳密に調べればよい、とは限らないのは、なにも甲状腺がん検査だけに限らない。過剰診断や過剰投薬と同様、それ自体有害になりうるのである。たとえば、近年「脳ドック」が行われるようになってきたが、それによって、これまでだったら見つからないような病変もどきが発見されるようになってきた。一般社団法人の「日本脳ドック学会」の「脳ドックのガイドライン」によれば、脳ドックの問題点として、「個々の施設で脳ドックの目的が異なる、検査の精度が必ずしも十分でない、発見される異常の意義・対処法が確立されていない、また、医療経済上の効果が不明である」と指摘されている。一例を挙げれば、脳ドックによって、「びまん性白質病変（leukoaraiosis）」が発見されることがあるが、「現時点では脳血管性病変とする積極的根拠はないが、高度な変化は何らかの病的意義をもつことが推測されるため、経過観察を行う」とされている。[16] けれども、医学の専門家でもない人が、脳ドックを受けて、びまん性白質病変があると診断されれば、何か病気なのかなと思い、不安になるのは必定である。脳ドックを受けなければ、こんなことも指摘されず、そのまま通常の生活を送れたのに、脳ドックを受けたばかりに、かえって不安な日常を送ることになってしまう。なんでも厳密ならばよい、ということではないことがここから窺えるのではないだろうか。

以上のように敷衍できるような趣旨の報告を記した後、越智は、「放射能以上に恐ろしいのは、実はまき散らされている「善意」なのではないでしょうか」、と述べる。福島の放射線は怖いと言う方、そして避難区域の設定、避難指示、甲状腺スクリーニング、そのどこにも「悪意」は存在しない。しかし、それが被害を現にもたらしているのである。越智は、サミュエル・ジョンソン以来定着したことわざ、「地獄への道は善意で敷き詰められている（The road to hell is paved with good intentions.）」を引用し、善意が被害に転じていく、なんとも皮肉な道程について示唆している。このことは、本章第11節で私が「善意の提言」について述べたことと対応している。

こうしたことは、なにも、福島の放射線を過剰危険視する方々に対してのみ当てはまるわけではない。「福島の放射線量は恐れられていたほど高くないので、帰還した方がよい」という言い方をする方々にもまたいくばくながら当てはまる。こうした言い方も、もちろん、善意でなされており、過剰危険視・過剰避難による震災関連死に心を痛め、それをいまからでも少しでも食い止めたい、という慮りから来ていることは間違いない。放射線量の客観的値に照らして、こうした言い方は相当程度的を射ている。けれども、すでに述べたように、こうした方向の示唆にも、欺瞞の影が忍び寄る。帰還したくても、心理的抵抗感のゆえに、あるいは自宅の物理的状況のゆえに、できない多くの方々がいる。また、「放射線量はさほど高くないので帰宅してよい」という発言は、すでに避難をされて、それによるさまざまな被害を被った方々にとっては、きつい言い方であろう。しかし、ではどうしたらよいのだろうか。

答えは容易には見つからない。ただ、かえって、福島に暮らす方々自身の中に、答え、あるいは、道筋、がほのかに生まれつつあるのかもしれない。先ほど紹介したレポートの著者の越智は、その後も相馬中央病院に勤務し続け、「「科学への盲信」から脱し自立し始めた被災地」と題した小文を「JB Press」二〇一五年一月十五日版に寄せている。そこで越智は、現に福島に暮らしている方々の中には、放射線被曝が危険なのかそうでないのか、避難することが有害なのかそうでないのか、といったことについての「知識」に基づく対処には限界があることを痛感しつつ、自分の価値観で選択しポジティブに暮らす人々が出始めている、と語る。「現在相馬市で普通に暮らしている人の中にも、「震災以来、魚は産地に限らず一匹も食べない」「洗濯物は外に干さない」と言う方がいらっしゃいます。その方々は必ずしも知識がないわけではなく、むしろ多くの科学論文を読んでいたりもします。不完全な情報を自分の価値観に照らし合わせて論理的に解釈した結果、不安に思いつつも相双で生きることを選ばれている〔…〕一方で、震災の後にも猪鍋を囲み、山菜やきのこを食べ続けている人々もいらっしゃいます。そのような方々も、決して放射線を無視しているのではなく、きちんと線量を測定していたりもします。放射線というリスクと食文化を失うというリスクを天秤に掛け、自分の価値観から前者を取った方々」です、と論じ及んでいる。[17]

私は、これは「科学への盲信」の限界なのではなく、第7節で指摘したように、一かゼロでは量れないグレーゾーンに対する確率的評価に関する困難性のひとつの現れなのではないかと理解した。実証的データと、それに付値される統計的確率とを、十全に把握し、ほかのリスクとの比較を適切にした場合、ある種の「知識」に基づく意思決定は可能だと、とりわけ現状の福島での放射線量に照らすならば十分に可能だと、私は思う。けれども、なんにせよ、ポジティブに暮らし始めるというスタンスを取る方々が福島に現れつつある、というリポートとしては大変に有意義だろう。そのほか、たとえば、一般社団法人「ふくしま学びのネットワーク」の前川直哉は、神戸灘校の東北訪問合宿について言及したエッセイを『福島民報』二〇一五年一月二十五日「民報サロン」欄に寄せ、その訪問の目的は「カッコいい大人たち」の活動を知ることだと記している。このように述べる。「福島には、厳しい状況の中、自分たちの力で少しでも前に進もうと努力を続ける方がたくさんおられます〔…〕土湯温泉と天栄村を訪れ、原発事故後に減少した観光客を再び誘致するため土湯の新たな魅力を創造する取組みや、独自の放射性物質対策を継続し、安心で美味しいコメ作りを行っておられる天栄米栽培研究会のお話を伺いました」。一例にすぎないが、前向きに暮らし、力強く復興に向かおうとしている福島の方々の息吹が伝わってくる。「案ずるより産むが易し」と言ったら語弊があるだろうか。ともかく、手探りしながら、そして注意を払いながらでも、前に行ってしまうこと。私は、たぶん、答えはこの辺にありそうな気がしている。

では、こうした「前に行ってしまうこと」が、二〇二〇年のコロナ騒動にも当てはまるだろうか。自身の価値観による判断で、自粛したりしなかったり、マスクを着用したりしなかったり、そうした多様性にも当てはまるだろうか。難しい問題だが、ここは放射能問題とコロナ騒動の異同を意識する必要があるのではないかと思う。たしかに、放射能問題とコロナ騒動には、核心となる物質が目に見えない、いわゆる差別問題をともにもたらした（福島差別、東京差別）、恐怖ゆえの過剰反応をもたらした（大阪葬列デモ、自粛警察）、量的思考の本質性（放射線被曝線量、致死率）といった点で共通点は見て取れる。しかし、コロナウイルス感染は、福島原発事故での放射線被曝とは異なり、実際に直接の死者をもたらしている。さらに、コロナ騒動は行動自粛により多くの人々に経済的困窮をもたらし、感染者が社会的制裁さえ受けるという事態にまで立ち至った。けれども、考えてみれば、経済的困窮をもたらしたり、当事者や関係者が社会的制裁を受けたり、というのは福島原発事故による放射能問題も同様ではなかろうか。避難行動が貧困に結びつきうること、電力会社が社会的バッシングを受けたこと、そうした面に注目するならば、放射能問題とコロナ騒動はやはり似ている。コロナ騒動においては、実は日本での致死率はかなり低く二〇二一年一月五日時点での死者数は三七〇〇人を超えるくらいになんとか収まっている。インフルエンザや交通事故など、そのほかの要因による死亡と比べても決して多くはない。おそらく、インフルエンザに対する警戒と同様な警戒をしながら、つまり手洗いやマスク着用や換気やソーシャル・ディスタンシングに注意するといった対応を適宜取りながら、「前に行く」という方策でよいのではないかと、そうする以外にないのではないかと私にも思われる。

15　さらなる欺瞞

繰り返しになるが、結局は、倫理の最終ゴールは、私たちの幸福である。この場合の「私たち」は、それを述べたり思考したりする一人称の自分自身を基軸としつつも、多くの他者（人間に限定されない）、ひいては将来誕生し生活する他者たちをも包含する。だとしたら、短期間のうちに多くの人を苦しめ、害をもたらし、追い詰めるような振る舞いは、倫理に反する。このことは、そうした振る舞いの原因となった意図が、大いなる「善意」あるいは「人間愛」だとしても、許容されない。「地獄への道は善意で敷き詰められている」のであるなら、その「善意」は、心苦しくはあるが、倫理的に糾弾されなければならない。私は、福島の方で、すでに避難をして、相応の困難を被ってしまった方々、しかも、条件的に帰宅も困難な方々を前にして、「福島の放射線量は恐れられたほど高くないので、帰宅した方がよい」と帰宅推奨発言をするのは、酷なことだと確信している。それは、たとえ「善意」からだとしても、そうした方々を傷つけうる、一種の欺瞞である。ただ、こうした帰宅推奨発言は、帰宅したいのだけれど放射線被害の懸念ゆえに帰宅をためらっている人々、被災地に留まったけれど放射線被害を懸念している人々に対しては、客観的データに基づけられた、勇気づける発言となりうる。また、被災地以外の人々で、被災地の産物の放射能に懸念を抱いている方々に対して、そうした被災地産物忌避が根拠のないものであることを少しずつ説得する役にも立つだろう。そういう意味で、帰宅推奨発言は、善意からでありながらも欺瞞的に働く側面を含みつつも、全体として長い目で見た場合は、注意深く慎重に言葉を選んで行うならば、倫理的にぎりぎり許容できるし、むしろ現状では、そうすることが全体としての幸福には寄与すると、私自身は希望しているし、そう理解している。

では、反対に、「福島は危険なので、「いのち」を大切にして、避難すべきだし、せめて子どもを保養に行かせるべきだ」という避難推奨発言はどうだろうか。先に論じたように、「避難するも、留まるも、帰宅するも、各人の人生観の問題なので、ご自分の生き様に照らして選択してください」と無条件的に述べる発言も、結局は福島に暮らすことの危険性を暗に前提した発言となるので、趣旨としては避難推奨発言と同様である。しかるに、すでに繰り返し確認したように、こうした避難推奨発言を裏付けるようなデータはまったくない。したがって、こうした発言は、端的に誤っていると言うべきである。誤っていないと感じるのは、原子力発電所の一般的危険性と、現在の福島での放射線被曝の危険性とを、単純に混同しているからだ、ということはすでに触れた。いや、避難推奨発言は単に誤っているだけではない。これを信じ込む方々を生み、無理な避難・保養行動に誘導して、結果的に孤立や貧困へと人々を追いやっている、という意味で有害である。とはいえたしかに、避難すれば、福島原発事故由来の放射線は避けられるだろう。そのことが何より大事だと、心底確固たる人生観としてすでに思っていて、気持ちの変化可能性がない、という人に関しては、避難推奨発言は自身のスタンスを裏付けて、後押しする考え方として歓迎されるはずである。ただ、私は、長い目で見た場合、こうしたスタンスは幸福に結びつく可能性が小さいのではないかと訝っているのだが。もっとも、そうした懸念は、孤立や貧困が苦にならない、あるいはそうした孤立や貧困を乗り越えるだけの精神力と財力を有している方々には当てはまらないだろう。避難をして、避難地にすでに定着し、ポジティブな形で新しい生活に踏み出している方々も少なからずおられ、そうした方々にとっては、避難推奨発言は、無害あるいは歓迎すべきもののはずである。この点は見逃せない。これを見逃すことは、まさしく事前と事後の混同になる。すでに避難し、それでよし、という事後的状態はそれとして受け止めるべきであり、そうした方々に帰宅推奨発言を押しつけるべきではない。

　けれども、私の見るところ、避難推奨発言には、帰宅推奨発言にもまして、さらなる欺瞞の種が宿されている。それは、まさしく本書の主題である「いのちは大切」という思想に関わる。世に、反論できない、絶対の、金科玉条の命題と思われているものがあるように思われる。「戦争はいけない」、「人を殺してはいけない」、「子どもは宝」、「基本的人権は尊重されるべき」などなどである。「いのちは大切」もまた、そういう命題のひとつにほかならない。いや、ひとつと言うより、反論不可能命題の代表、と言った方がよいだろう。実際、反論不可能と考えられるように、これらの命題に表現されている思想は、事実として人々が受け入れて従っているし、規範としても従うべきものである、と理解されているように思う。しかしながら、私はあえて、こうした理解が、事実的にも規範的にもまったくの虚構・誤謬であることを、ここで指摘したい。というか、このことは実は自明なのだが、なぜか触れる人が少ないのである。反論できない金科玉条の命題への恐れゆえ、なのかもしれない。けれども、すでにして泥にまみれた（？）一介の哲学屋である私には、そうした恐れは無用である。

16　大いなる切なさ

さしあたり、思いつくところで、四つのポイントを挙げたい。いずれも、「いのちは大切」という命題が、一見反論不可能のように思えるにもかかわらず、実は、普通の人々が、その命題を事実的にも受け入れていないし、規範的に従うべきだとも、必ずしも思っていないことを示す論点である。

第一に、たとえば、雪山遭難などの場合、捜索隊がかり出されても、夜になって吹雪が激しくなったときなど、捜索を切り上げるし、二次災害を防ぐために切り上げるべきだとも考えられているが、それは、遭難した人々の観点からして、果たして「いのちは大切」という思想に適うのか、という疑問を提起したい。これが遭難者たちの「いのち」を、理由はどうあれ、大切にしない行為であることは火を見るより明らかである。にもかかわらず、私たちは、捜索の切り上げを当然なことと見なし、当局関係者だったなら、誰もが同じ決断をすると考える。それはなぜか。

簡単である。「いのちは大切」というのは、実は絶対的に反論不可能な命題ではなく、状況に応じて、競合する「いのちの大切さ」の比較考量の中で、適宜使い分けられている相対的な命題だからである。すなわち、「いのちは大切」は、事実としても規範としても、つねに普遍的に成り立っているのではない、のである。「いのち」の比較考量をするというのは、一見、道徳的直観に反するように思えるが、実際は、人間が歴史の中で実行してきた選択である。治承四年の頼朝挙兵の際の、畠山重忠（はたけやましげただ）と戦った老将、三浦義明（みうらよしあき）の振る舞いを想起せよ。齢九十に近い義明は、自分の「いのちの大切さ」と、ほかの一族郎党の「いのちの大切さ」とを比較考量し、みずからが前線に残り「いのち」を落とす最期まで戦い敵を引き留め、その間にほかの一族を安房に逃がすことを選択した。そこまで決死の比較考量ではないとしても、生命保険で、年齢に応じて掛け金が変動するのも、やはり私たちが事実として「いのちの大切さ」の比較考量をしている証左である。

このことを見ぬふりをして、「いのちは大切」を金科玉条のようにもち出すのは、明らかなる欺瞞である。のみならず、全体として犠牲を増やしてしまいかねない、有害な物言いなのである。遭難した人の「いのちは大切」なのだから、救出するまで、あくまで捜索隊の捜索を継続させる、という方針のことを考えてほしい。それで、本当に「いのちは大切」という思想に適った振る舞いになるのだろうか。これはつまり、「いのちは大切」というのは、誰もが表面的には肯定し受け入れているのだけれども、実際に適用するときには、厳しい比較考量を経なければならないこともありうる、ぎりぎりの思想なのだ、ということである。いのちと経済とを対比させて、被災者や未来の子どもたちのいのちの方が大切だ、などと放言すれば、ことが解決されると思うのは、明らかな自己欺瞞である。インフラの未整備、電力不足、そして貧困。これらがどれだけの人々のいのちを奪ってきたか、理解できない人がいるとは信じられない。しかし、もし本気で「いのちは大切」と訴えさえすれば問題が解決されると思っているとするならば、思考が浅薄すぎると断罪しなければならない。

そもそも「大切」とはどういう意味か。手元にある三省堂『新明解 国語辞典』第四版（金田一京助編 1996）で「大切」を引いてみると、「使いすぎたり、粗末に扱ったりしないように気をつける様子」

(p.762) とある。そのほかの辞書を引いても、同様な意義が説明してある。ということは、どういうことか。普通に理解するならば、「大切」というのは、裏を返せば、丁寧に扱わなかったり、粗末に扱った場合には、はかなく壊れてしまうもの、あっけなく消えてしまうもの、という含意が伴っている概念だと考えるのが妥当だろう。むしろ、永遠不変で、確固たるものに対しては、「大切」という述語は当てはまらないのである。ならば、「いのちは大切」と私たちが思うとき、いのちがはかないものであること、無常であること、言い方を変えれば、いのちは大いに切ないものであること、それを実は抱懐しているのだと言うべきではないか。言葉の連想にすぎないかもしれないが、「いのちは大切」という表現を聞くとき、少なくとも私には、「いのちは大いに切なし」という意義が連結されて浮かび上がってくるのである。そう、「いのちは切ない」のである、だから「いのちは大切」なのである。「いのちは大切」という思想の核には、私たちの「いのち」がはかなく有限なものであること、大いに切ないものであること、そういう、圧倒的に抗い難い真理があり、だからこそひるがえって、「いのちは大切」という思想の反論不可能性が立ち上がってくるのではなかろうか。

このように考えてみると、「いのちは大切」は絶対的な、カテゴリカルな命題ではなく、「どのくらい」「どのように」気をつけるのかという、量的および質的考慮、換言すれば「程度への考慮」が入り込む宿命にあることが見て取れる。この点を念頭に置いて、改めて「いのちは大切」という思想を振り返ってみると、その内実そして実際的適用の場面では、量的な取捨選択が実は入り込んでいること、しかも、事実として入り込んでいるだけでなく、そうすべきだという意味での規範的な意味でも、入り込んでいることが了解されてくる。このことを例解するものとして、そして「いのちは大切」をカテゴリカルに主張する思想の欺瞞性を示す二つ目のポイントとして、ここで「トリアージ（triage）」に言及したい。「トリアージ」とは、救急災害医療などで現在国際的に適用されている指針のことである。私が調べた限り、神奈川県ホームページでの以下の説明が分かりやすかったので、引用する。

トリアージとは、医療資源（医療スタッフや医薬品等）が制約される中で、一人でも多くの傷病者に対して最善の治療を行うため、傷病者の緊急度に応じて、搬送や治療の優先順位を決めることをいいます〔…〕限られた医療資源を最大限に活用しながら治療を行うため、医療機関等では、診療前にまずトリアージが行なわれます。災害時の混乱の中で、トリアージを行わず通常と同じように受付け順で治療を行った場合、重症者が長時間放置されるということが出てきますし、また、最重症者から治療を始めた場合には、その治療だけで貴重な医療資源が使い尽くされてしまい、確実に救命可能なほかの重症者の治療ができなくなるといったことも考えられます。こうした問題を解決するために、トリアージ（搬送優先順位、治療優先順位の決定）が必要となります。救命の可能性が非常に低い者よりも、可能性の高い者から順に救護、搬送、治療にあたるべきであるという考え方です。[18]

一般に、色分けしたタグを患者に貼って、優先順位を表示する。「直ちに治療しないと死に至る患者」、「数時間治療を遅らせても悪化しない患者」、「最後に治療しても予後に影響のない患者」、「生存の可能性のない患者」という四区分が普通であり、この順序で、治療を優先する。生命倫理学者のジョン・

ハリスは、「いずれにせよ死んでしまう者」、「いずれにせよ生存する者」、「治療によって生死が分かれる者」という三区分で説明し、「トリアージ」においては、「ケアは、このうちの最後のグループにのみ与えられる」(Harris 1999, p.373, note 1) と記述している。

いずれにせよ、ここで私が注目したいのは、トリアージを採用するということは、もはや瀕死の状態にあり、医療処置を与えても死が避けられないと判断された患者は、緊急災害医療などにおいては、放置されるという、この点である。これは、放置される当の患者からしたら、「いのちは大切」というスローガンを遵守されていない状態だと言えるはずである。[19] しかし、総体的な方針として、「いのちは大切」を守ろうとするがゆえに、トリアージが、事実として採用されてきたし、(自治体のホームページに掲載されるくらいなのだから)規範的にも妥当だとされているのである。これはつまり、「いのちは大切」という思想は、実際には、状況に応じた取捨選択を包含しているということにほかならない。やはり、「いのちは切ない」、「死はいつもそばにあり、結局は死から免れない」からこそ、「いのちは大切」なのである。

17　最大の欺瞞

私が挙げたい三つ目のポイントは、シンプルである。「いのちは大切」という命題に皆が同意しながら、私たちは、動物実験を容認し、多くの方々は肉食をしている。これは「いのちは大切」という思想とどのように折り合うというのだろうか。実は私は、「いのちは大切」という思想の欺瞞性の最大のものは、この点だと考えている。動物実験や肉食は、まず事実として行われている。では、規範的にはどうだろうか。おそらく、「動物実験をすべきである」とか「肉食をすべきである」などと、積極的に述べることは多くの人々もいささかためらうだろう。動物実験の、最も過激な事例の有様、肉食に至る屠殺の現場、それらを認識しながら、そのような積極的な規範は言い立てにくいはずである。しかし、「動物実験は許容されるべきである」、「肉食は許容されるべきである」といった消極的な規範ならば、多くの人が受け入れるだろう。その意味では、動物実験や肉食は規範的にも成り立っているのである。けれども、明らかなことだが、動物を害したり、動物のいのちを失わせたりする動物実験や屠殺は、「いのちは大切」という思想に反している。私は、肉食をしている人が「いのちは大切」という思想をカテゴリカルに述べるとしたら、その人の見識を疑わざるをえない。福島の被災者に対して、「いのちは大切」を根拠にして避難推奨発言をする方々で、肉食をしている方々は少なからずいるのではないか。しかし、申し訳ないが、少なくとも私は、そうした方々の発言には金輪際説得力を感じない。自分自身、嘘をついているのではないかと、内省を求めたい。

　こうした言い方に対しては、動物は自分で権利主張できないのだから、私たちと同じように道徳的な考慮をする必要はないのではないか、という反論がありうるだろう。しかし、これは「マージナル・ケース問題」という議論に突き当たる。自分で権利主張できない存在者に道徳的考慮が必要ないのだったら、人間の乳児や重度の認知症患者にも道徳的考慮は必要ないことになるではないか。こう言われて、ある種の人々は、いやそもそも人間と動物は違う、と述べるに至る。しかし、こうなると、シンガー流の「種差別（speciesism）」批判の壁に突き当たり、議論は行き詰まる（Singer 2002, p.6 などを参照。

また本書補章の註7も参照)。いずれにせよ、動物実験や肉食を、厳密な意味で、規範的に正当化するのは、私たちが直観的に思うほど簡単ではない(この点、詳細は一ノ瀬2019a,第7章を参照されたい)。[20]

さて、「いのちは大切」思想の欺瞞性を示す四つ目のポイントを記そう。これもシンプルな論点である。この世界には、日々、貧困、飢餓、戦争、などによって生命の危機に瀕している多くの人々、とりわけ多くの子どもたちが存在する。そして、私たち一人一人は、自分なりの仕方で、自分に可能な限りの範囲で、そうした人々になにがしかの救いの手を伸ばすことが物理的に可能である。アフリカの飢餓地域に食料を持って行くことは、私たちの多くの者にとって、自由にできるし、能力的にも実行可能である。けれども、私たちの多くは、それをしていない。事実として、していない。そして、規範的にも、そうした行為をしていないことは、道徳的に非難されるべきではない、あるいはしないことを許容すべきである、と理解している。自分の多くの財産と時間をなげうってそこまでするのは無理だ、とたぶん思うからであろう。

しかし、虚心坦懐に考えよう。この点に照らして、私たちはいのちを大切にしていると自信をもって言えるだろうか。言えないどころか、理論的に、不作為の間接的殺人行為をしている、とさえ言えるのではないだろうか。私はここで偽善的な、偉そうなことを言おうとしているのではない。私も、こんな文章を書いていて、救出活動に現在力を割いていないからである。私が、恥ずかしく思いつつも、それを忍んで指摘したいのは、私たちは実際は「いのちは大切」という思想に見合ったことを事実としてしていないし、規範としてもしなくてよいと考えているという、冷厳・冷酷な現実なのである。

そして、この現実に目を向けず、「いのちは大切」という主張をカテゴリカルに主張し、たとえば避難推奨発言をする欺瞞性、それを強く糾弾したいのである。あなたは、自分に嘘をついていますよ、と。むろん、同じことは、帰宅推奨発言に関しても、それが「いのちは大切」という主張をカテゴリカルに押し出した発言であるならば、当てはまるだろう。ただ、帰宅推奨発言は、微量の追加的被曝を包摂した発言なので、ゼロリスク志向とは異なる提言である以上、「いのちは大切」をカテゴリカルに主張していると思えないが。いずれにせよ、遠隔の地で死に直面している人々に救いの手を差し伸べていないにもかかわらず、「いのちは大切」と述べるのもまた、三つ目の欺瞞に劣らず、巨大な欺瞞である。

以上、四つの論点を記した。四つというのは、さしあたり四つ思いついたというだけで、特に意味はなく、これ以外にももっと多く挙げられると思う。いずれにせよ、「いのちは大切」というスローガンは、それを根拠に何かを正当化しようとしているときには、むしろ受け取る方としてはつねに懐疑的にならなければならないほど、欺瞞的な思想である。あくまで、「いのちは切なし」、つまりは「いのち」ははかなく、壊れやすく、私たちの能力ではそうした脆弱さを引き留めることはできないという、ある種の無常観や諦観とともに語られるのでない限り、「いのちは大切」という思想はほとんど空虚であり、むしろ虚偽、いや有害でさえあること、このことを肝に銘じたい。

18　中庸、そして高潔

そろそろ第1章を閉じる頃になった。いままで私が述べてきた、「いのちは大切」と「いのちは切なし」をめぐる議論は、結局のところ、何を指し示しているのだろうか。簡単に言えば、次の二つの総括的論点を示唆しているのである。ひとつは、意思決定は可能な限り全力で全方位的に下して、ベストな、中庸の均衡点を探らなければならないという点であり、もうひとつは、そのような合理的意思決定をし尽くしたとしても、だめなときはだめであり、被害が出てしまうことがあるが、それをこの世界の実相だとして受け入れる潔さ・高潔さが求められるという点、この二つである。一言で言い換えれば、絶対の安全、絶対の安心、などというものをもち出すことこそが、道徳的に有害だ、という思想である。

この二つの論点それ自体、「哲学的リスク論」、「道徳的高潔論」、としてもっと詳細な追求をしなければならない。それについては、次の第2章で多少なりとも遂行したい。ここでは、少し先取り頭出しだけをして、ここでの論を閉じたい。第一の点については、リスク論で言うところの「リスク・トレードオフ」という現象を真剣に受け止める必要があるという、実は自明な事態をここで確認しておきたい。「リスク・トレードオフ」とは、ひとつのリスクを削減することは、その削減行為それ自体が別のリスクを生み出すという事実を勘案して、多様なリスク発生のバランスを考えて（つまりトレードオフをしながら）、適切な着地点を見いだすことで方針決定・意思決定をしていくべきだ、とする議論であり、今日、広く受け入れられている普遍的な考え方である。私は、この点について、「前門の虎、後門の狼」という表現とともに講演の場で話したことがある。私がよく使う例は、戦国時代の大名が領地の守りを固める、というものである。東の別大名が不穏な動きをしているので、東に兵力を集中させる。そのことで、たしかに東の安全性は高まる、つまり東が破られるリスクは下がる。けれども、東にだけ兵力を集中させると、今度は西の守りが手薄となり、西の別大名に侵入されるリスクが高まる。だから、リスクに向かうには、全体の状況を注意深く勘案して、適切な兵力配置が必要なのであり、場合によっては兵力配置以外の、外交戦術も求められる。考えてみれば当たり前であるし、国家、会社、組織などでは、普通、このようにして運営を行っているのである。けれども、放射線被曝のことになると、一部の方々が、この当たり前のことを完全に忘却して、放射線被曝を避けることだけに集中してしまう。その結果、被害の拡大を、期せずして招いてしまったのである。これが私の言う放射能問題にほかならない。

　リスクというのは、完全にゼロになることはなく、結局はどのリスクをどのくらい下げて、別のリスクが多少上がっても甘受する、という選択の問題に行き着く。たとえば、日焼けをすると皮膚がんになるリスクがあるので、日焼けをできるだけ避ける。しかし、日光に当たらないと、ビタミンD不足となり、カルシウム代謝が悪くなり、大腸がんに罹患するリスクが高まる。[21] したがって、私たちは、日光浴を過剰にも過小にもならずに、適度にするのがよい、ということになる。中庸という、至極まっとうな態度決定こそが、やはり、完全ではないとしても、ベストであり合理的なのである。こうしたトレードオフの諸相については、グレアムとウィーナーが編んだ『リスク対リスク』という本に明快に論じられているので、大変参考になる。

そこでは、たとえば、更年期障害に対するエストロゲン治療、魚を食べること、安全な飲料水、といった事例にのっとって「リスク・トレードオフ解析」の実際が説明されている。エストロゲンについていう言えば、更年期女性はエストロゲン不足により「のぼせ（hot flashes）」や泌尿生殖器の炎症や感染、そして骨粗鬆症が起こりやすくなるが、その解消のためエストロゲンを補充すると、今度は子宮体がんや乳がんのリスクが高まる。また、魚を食べることは冠動脈性心疾患のリスクを低めるが、魚がいろいろな発がん物質で汚染されている場合には、逆にがん発症リスクを高める。さらに、飲料水について言えば、塩素消毒によって病原菌リスクは削減されるが、塩素消毒の副産物であるトリハロメタン、とりわけクロロホルムは発がん性をもつ。こうした、リスク対リスクの中で、さまざまなデータの積み重ねのもと、私たちは最適解を見いだしていかなければならない。それが、リスクに向かうということの本性なのである。このことは、原発の事故リスク、放射線被曝の健康リスクにも、もちろん当てはまる。原発の事故リスクを消去するため原発を廃止する。しかし、原発廃止に伴う、化石燃料への強い依存によって、エネルギー安全保障の面でのリスクが高まる。放射線被曝の健康リスクを避けるため、避難・移住を選択する。すると、孤立化・貧困化のリスクが高まり、ひいては「いのち」そのものが危険に曝される。まさしく「前門の虎、後門の狼」である。

ところで、私は本章の冒頭部分で、「恐怖心がかえって恐怖の対象たる「死」を導く導因となってしまう」事態について覚え書きを記したいと述べた。このことは、以上に論じてきた議論にほかならない。しかし同時に私は、「恐怖心をもって対処すべきなのにそれをしないことによって、みすみす「死」を導いてしまうという側面」についても記したいと述べた。しかし、以上の議論を別な角度から応用すれば、この側面についても同様な議論が構築できるだろうことは、容易に了解されるだろうと思う。上のたとえを使えば、「前門の虎、後門の狼」という状況に置かれているのに、何も対策をしない、という状態がそうした側面に対応する。私としては、津波震災に歴史上幾度となく襲われ、甚大な被害を被ってきたにもかかわらず、ふたたびそうした地域に戻り、家を建て、暮らそうとする方々のような事例を念頭に置いている。インドシナ、ボルネオ、そして日本の東日本大震災に見舞われた地域、などにおいて、場合によっては発生している現象である。

これをどう考えるべきか。二つのことが言えるので、簡潔に記す。一つは、こうした判断も、住み慣れて気に入っている地域に暮らすのを控えることによる不満足感や不充足感、そうした感覚がもたらすリスクと、津波震災に襲われるリスクとの、比較考量に基づくべきである、という点である。むろん、津波震災の確率やリスクは原理的に導けない、という見解もあり（東京大学名誉教授のロバート・ゲラーはそう述べている）、そうした観点からすれば、そもそも比較考量はできない。そうした場合、意思決定や判断は、一種の「賭け」である。この点から、二つ目の論点が出てくる。すなわち、人々は、案外冷静に、死は突然襲ってくる、じたばたしても仕方がない、という「いのちは切なし」という思想をしっかりと抱懐していて、無常の感覚に従って実際に生きているのかもしれない、ということである。これは、事実とも規範とも見分けがつかないような、自然体の態度であり、少なくとも、「いのちは大切」の思想をカテゴリカルに主張するような欺瞞的な態度からはほど遠く、一般の方々は日常的にそうした叡智を体現しているのだと、そのように私は解釈している。

ともあれ、以上のようなことを理解した上で、私たちは、全力でリスクの相対的な比較を、可能な限り追求し（個々人が追求するわけではなく、社会全体として追求するという意味である）、悔いのない意思決定をしていかなければならない。「いのちは大切」という思想は、こうした文脈ではじめて重みをもって立ち現れてくるのである。しかし、それは同時に「いのちは切なし」という真理を心底から承認するという文脈でもある。いくら、事前的に、最大に合理的な意思決定・選択をしても、事後的な結果は期待外れということも理論的にありうる。最適解だと判断して選んだ行為によって、「いのち」を失ってしまうことも、もしかしたらあるかもしれないのである。では、そうした可能性が少しでもある以上、リスクの相対的な比較などという面倒くさい（場合によっては利害計算のような小賢しく思えるような）手続きは止めにして、気になる単一のリスクだけに焦点を合わせて、それを削減することだけに集中すればよいのか。けれども、そのようにしたのでは、なお一層結果が悪くなってしまう、というのが、私たちが放射能問題の辛酸の中で、苦渋の中で、学び体験してきたことなのである。もはや、議論しているときではない。世界の、人生の、実相を、リアリティを直視して、背徳性から、欺瞞性から、抜け出し、「いのちは切なし」という真理に対面すべきときではないか。犬の生き方のように[22]、シンプルに、その真理を受け止め暮らし直すべきときではないか。それは必ずしも深刻な、悲観すべきありようではない。ものには終わりがあること、それをあっさりと受け入れて、安らう。それが、「高潔」という、きわめて希少な、しかしきわめて有徳な、価値を体現することになるのではないか。福島が、そして東北が、放射能問題から解放され、実はずっと維持していたところの、その美しい姿を顕現させることを、心より望みたい。

以上、第1章の議論は、本書の核となる視点をまとめて提示したものであった。以下、各論点について、やや詳しく検討していく。まずは第2章にて、被害概念とリスク概念との関係を明確化し、いのちとリスクをめぐる問題系には「合理性」という概念が深く関わってくることを明らかにしていきたい。

第2章　被害とリスク

1　被害の概念

「罪刑法定主義」という考え方がリーガルマインドの基本であることは常識であろう。犯罪そして刑罰の内容はあらかじめ法によって規定されていなければならない、別言すれば、法によって犯罪として規定されていない行為類型は、たとえ何らかの意味で加害行為であったとしても、犯罪とは見なされず刑罰も科されない、とする考え方である。以前には想定されえなかった仕方で他人に害を及ぼした場合（想定されえないので例を出しにくいが、たとえば、ｉＰＳ細胞の技術を用いて間接的かつ晩発的に他者に危害を加えるような場合）、たとえ意図的なものであったとしても、法に規定がない以上、それは犯罪とは見なされない。このことは、我が国では、日本国憲法第三十一条「何人も、法律の定める手続によらなければ、その生命若しくは自由を奪はれ、又はその他の刑罰を科せられない」に明言されている。

しかし、この罪刑法定主義の考え方は、少し冷静に吟味してみるならば、不可思議な描像を促すものでもある。すなわち、罪刑法定主義に従うならば、ある加害行為が犯罪に該当するかどうかは法的規定に照らして判断されるべきことになり、したがって実際上、裁判の過程を経てはじめて当該加害行為が犯罪かどうかが確定することになるのであり、それゆえ、加害行為が発生した時点では、それが犯罪かどうかは未定である、という見方である。これがなぜ不可思議か。ポイントは二つある。ひとつには、明らかな加害行為（ナイフによる他者の刺殺など！）が目の前で発生したとしても、それが直ちに犯罪になるかどうかは断定できない、という点である。違法性の要件（上のｉＰＳ細胞の例や、外科医が手術中に患者を死に至らしめてしまった場合などを想起せよ）、責任能力の要件（刑法第三十九条を想起せよ）などがあり、加害行為イコール犯罪行為、とは即断できないのである。刺殺行為がただちに犯罪だとは言えない、というのはたしかに不可思議であろう。そしてもうひとつには、ある時刻 t における加害行為 a が犯罪行為かどうかは、時刻 t よりずっと後になって遡及的に決定される、という点である。言い換えれば、犯罪行為とは、物理的な時間軸の中で発生する出来事なのではなく、司法という制度の負荷のもとで、過去に遡る形で誕生してくる出来事なのである。ある意味で過去が創造されることにもなり、不可思議な事態であると言わねばならない。いずれにせよ、そうした意味で、犯罪は、自然現象とは根本的に異なる。刑法学者の白井駿はこの点についてこう述べる。

> 国家権力の発動より前に「犯罪は既成である」と考えることはできない。すなわち、通常、犯罪として観念されているものは、将来において、あるいは犯罪とされるかもしれないものである。それは犯罪へと加工されるかもしれない素材に過ぎず、未完成状態の一社会現象にすぎない（白井 1984, p.23）。

そして白井は、犯罪が加工されていくプロセスを「可罰化加工過程」（白井 1984, p.25）と呼んだのであった。

ひとつ注記しておいてよいのは、たとえ犯罪が、白井の言うように、可罰化加工過程によって形成されてくるものだとしても、少なくとも素材としての現象はやはり一種の自然現象として当該時刻に発生していなければならないということ、私の言い方に沿うならば、過去に遡った先の、その時点での現象発生という、いわば現実態（エネルゲイア）が、やはり織り込まれているということである。この点の注記は、後の論の展開に徐々に活きてくるだろう。

いずれにせよ、罪刑法定主義を建て前とする以上(実際そうである)、犯罪が制度負荷的な事象であって、自然現象とは異なること、この点が確認される。そしてこのことは、犯罪「被害」という概念もまた、連動的に、制度負荷的なものであって、単なる自然現象とは異なるものであることを含意する。法哲学者のアントニー・ダフの言葉を引いておこう。

> 犯罪の被害者は単に害を被っただけではなく、悪いことをされたのである（wronged）。被害者は、自然災害、あるいは単なる不運とは区別された、悪いこと（a wrongful）を被ったのである（Duff 2003, p.46）。

そして、注記を繰り返すなら、犯罪被害者は悪いことをされたのであるが、その前提として、「害を被った（harmed）」という現実態としての事実事象がやはり織り込まれていることも、確認しておきたい。

本章は、こうした論点の確認を端緒として、「被害（harm）」そして「リスク（risk）」の概念について吟味した上で、いわゆる「予防原則（precautionary principle）」のあからさまな「不合理性（irrationality）」に注目しつつ、被害性をめぐる合理性概念の働きについて、その実相をえぐり出す出発点を構築することを目指すものである。前章に続き、東日本大震災と福島第一原発事故に起因する、いわゆる「放射能問題」を取り上げ、それに沿う形で議論を展開したい。なお、合理性概念についての別角度からの検討は第5章において展開し、「予防原則」の本格的検討は第6章において行う。

2　原発事故・放射能問題と二つのアプローチ

福島第一原発事故と、それによる放射性物質拡散は、さまざまな意味で、まことに甚大なる影響を及ぼした悲劇であった。あの事故以来、混乱が混乱を呼び、論点は錯綜し、事故後十年になろうとしている現在でも、コロナ騒動の陰にやや隠されているとは言え、事故の物理的側面と私たちの心理的側面の両面において、混沌状態が継続している。このことにはいろいろな要因がある。私が見るに、こうした混沌の根底には、異なる問題を同次元で論じてしまうという混同が潜在しているように思う。この点について私はすでに別稿にて触れたが（一ノ瀬 2019b）、ここで要点を簡単に振り返っておきたい。

まず、この問題では、全体として、この困難に際して私たちはどうすべきか、という規範的モラルが主題として論じられている、ということはおそらく前提として間違いない。津波震災それ自体は自然現象だが、そして放射線もまた自然現象ではあるのだが、私たちが面している問題は、単に自然現象を記述的に解明するという課題ではない。道徳、政治、経済といった文脈において、どうすべきか、という人為的な位相での問題性が吹き出しているのである。しかるに、事故や災害に関する規範的モラルを論じるとき、二つの異なる（場合によっては相反する）アプローチが混同される傾向にある。それは、

形而上学的アプローチ（宇宙視線）
認識論的アプローチ（人生視線）

の二つである。この二つのアプローチについては、本書「まえがき」でも触れておいた。

私が「形而上学的アプローチ」あるいは「宇宙視線」と呼ぶのは、原発事故も含めて、災害一般について長期的視点、あるいは永遠的視点から考える視点であり、究極的には、「宇宙」、「死」、「生命の意味」、「幸福とは何か」といった形而上学的主題にコミットすることになる視座のことである。この観点に立つ場合、災害や環境問題などですら広大な宇宙の中でのごくごく微小な出来事であると表象されうる。これに対して、「認識論的アプローチ」あるいは「人生視線」と私が呼ぶのは、特定の災害あるいは事故などについて、短期的に、とりわけ現在の現実の困難状況に焦点を合わせて規範的提言を行う視点のことであり、放射能問題に即して言えば、放射線被曝の人体への影響、避難行動に伴う危険性、被災地産物忌避の現状分析などを、データ処理や確率的推定といった経験科学的仕方で遂行していくことで、今後の指針を導き出そうというアプローチのことである。[1] この観点は、前章

でも触れたＳＤＧｓの精神に合致している。

この二つのアプローチを、当為を導く規範的モラルを提示するという目的のもと、福島原発事故と放射能問題という具体的事象に対して適用するとき、奇妙なねじれが発生する、というのが私の診断である。まず、形而上学的アプローチを原発事故に適用するとき、有力な考え方として原発廃止運動が出てくるだろうし、実際にそうである。こうした運動は、事故発生可能性があり深刻な被害発生可能性があるものは、ない方がよいに決まっている、という見方に基づくのだと思われる。そして、これは、廃棄物処理や廃炉のプロセスなどを考えたとき、かなり長期的な視野をもつ運動とならざるをえない。そして、こうした原発廃止運動の動機を探っていくと、安全な社会生活、ひいては長寿で健康な生活を幸福の模範とする価値観があり、さらに掘り下げれば、おそらく、「永遠の命」を統整的理念としてゴールに思い描くような、いのち観・幸福観があるのではないかと考えられる。「ゼロリスク」というのは現実には不可能だが、理念として目指すべきものとしてそれが言及されることになるのである。

こうした形而上学的アプローチは、ジャン＝ピエール・デュピュイの言う「破局」の概念、すなわち、長期的に見てつねに潜在する大災害によるカタストロフィーの可能性を見据えて、新しい倫理学を構築しようという立場におのずと結びついていく（デュピュイ 2011）。ハンス・ヨナスの言う「未来倫理」とも対応する視点である（Jonas 1984）。ただ、私が思うに、「長期的に見て」という射程をどこまで広げるかによって、様相が変容するだろう。哲学的に厳格に言えば、形而上学的アプローチは、ほぼ確実に発生する究極の大災害、つまり太陽の寿命がおおよそ五十億年後に尽き、地球も飲み込まれる、そして人類が消滅する、という宇宙の未来史に沿った大災害を考慮に入れたモラルの提言に至らなければならない。まさしく宇宙視線からのモラルである。

こうした射程で考えるとき、議論は大きく二股に分かれる。どうせ滅亡するのだというペシミズムと、そんな先のことは措いておいて、当座の人類存続に焦点を合わせよう、そうすれば、これまで人類が生き残ってきたことからの外挿で、なんとかサバイバルしていけるだろうとするオプティミズム[2]との、二つである。おそらく、多くの人々、多くの倫理学説は、実際上オプティミズムを暗黙に前提している。そうでなければ、モラルを語り、道徳的改善を目指せないからだ。けれども、それはあくまで、「そんな先」のことを考慮に入れない限りである。

では、「そんな先」とはいつからのことか。ここに曖昧性が呼び込まれてしまうことは不可避である。結局、曖昧性の（「ソライティーズ・パラドックス」[3]に陥るという）本性からの帰結として、なんのことはない、「形而上学的アプローチ」を採っても、「いま現在」を基点とする近傍のみを射程に入れることへと傾斜していってしまうように思われるのである。「いま現在」のことはある程度分かっているので、どうしてもそちらへと心理的に引き寄せられてしまうだろうからである。そして、「いま現在」さしあたり私たちは生存している、という事実に立脚して、それが保守できる、なんとかなる、という潜在的希望が生まれ、モラルを提起していこうとなる。そういう意味で、将来世代のための原発廃止運動とて、原発廃止によって一層の幸福が近未来的に実現できるとする、ただいま現在の情報レベルでのオプティミスティックな判断に依拠していると言えるのではないかと私は思うのである。

あるいは、絶望しているけれども、何かをせずにいられない、ということなのだろうか。福島第一原発事故それ自体の収束にはほど遠い現状、そしてその直近地域の放射線量の高さを思うと、悲観的な気持ちを抱く人々がいることは想像しうる。しかし、私たちは生きている。もしかしたら、子や孫の世代の頃には、事態が少しは改善されるかもしれない。そういう、わずかなオプティミズムが、やはりなにがしかの行動を促しているように私には思えるのである。本当に絶望しているならば、人は気力を失う。自暴自棄になるしかない。けれども、原発に対する人々のさまざまな反応が自暴自棄による行動であるとは到底思えない。何かを実現したいがための活動であることは疑いないだろう。いずれにせよ、長期を見据えた形而上学的アプローチは、短期に焦点を合わせた認識論的アプローチと意味的な対照性をもちつつも、事実として、認識論的アプローチと部分的にオーバーラップしていくことになると思われるのである。

3　認識論的アプローチのプライオリティ

原発事故・放射能問題に関してモラルの問題を考えるとき、当たり前のことだが、ただいま現在生じている困難性から目を背けてはいけない。というより、そうした現在進行形の困難性を少しでも解決することに向けて提言を行うことが、こうした災害に遭遇した世代の研究者の責務と言ってよいだろう。では、ただいま発生している困難性とは何か。ここでは、原発それ自体の現状と、その直近地域の状況は、さしあたり別にしておこう。それは、モラルの問題と言うよりも、フィジカルかつ記述的に解決していくべき課題だと思われるからである。したがって、注意を向けるべきは、福島第一原発が事故によって放射性物質を拡散させてしまったことに起因する、原発敷地・直近地域の外部における困難性である。

まず、私が理解している限り、急性の放射線障害はまったく発生していない。放射線そのものについては、いわゆる低線量被曝と、それによるがん発症・がん死への懸念という問題が発生しているだけである。しかし、それ以上に深刻であり、待ったなしのイシューは、放射性物質拡散から間接的に発生しているところの次のような困難性である。すなわち、自宅からの退避を求められ避難生活を続けていることに起因する人々の苦悩、規制値以下の放射性物質量の産物を生産しても忌避感という壁に当たり苦しんでいる、被災地の生産者の方々の苦悩、さらには、とくに被災地に留まる若者たち（とりわけ将来の妊娠についてデリケートになっている若い女子生徒たち）が暗黙的に被っている心理的ダメージ[4]、これらである。こうした問題に対処するには、避難生活の現状や、生産物の放射性物質の測定値など、データを収集し公開していくしかない。これは被災地支援・被災地復興に関わる課題であり、まさしく認識論的アプローチに属する主題である。

ぜひにもここで強調したいのは、以上の考察から分かるように、二つのアプローチは、オーバーラップしあう境界線領域をもちつつも、視線としてはまったく異なるところを向いている、という点である。すなわち、形而上学的アプローチに沿う原発廃止運動と、認識論的アプローチに即した被災地支援とは、まったく異なる主題であるということを強く確認したいのである。ここから、原発廃止運動をするだけでは認識論的アプローチによる被災地支援が置き去りにされてしまうこと、逆に、被災他支援活動として、たとえば「食べて応援」といった活動をすることは、形而上学的アプローチから見れば、原発事故の責任をうやむやにして、このままなしくずしに原発維持の姿勢を黙認することになり、長期的には大なる不利益を私たちにもたらすのではないかと批判される対象になりうる、といった相反の関係も浮かび上がってくる。言い方を変えれば、原発の是非の問題と、放射線被曝の健康影響や避難関連被害や被災地産物忌避などの問題とは、まったく別問題であり、きっちり区別されねばならないということが確認されてくるのである。

こうした相反関係を前にして、私自身は、どちらのアプローチの意義も承認するとしても、立ち向かうべきプライオリティは間違いなく認識論的アプローチに関わる諸問題にあると考えている。被災した方々において現実に発生している被害を前にして、将来世代の安全を語っても、どこか的を外している、あるいは順番が違うように感じられるのである。電力会社の責任問題、エネルギー問題は、時間をかけて取り組むべき課題であり、それは粘り強く行っていくべきだが、原発事故から十年経ったいまでも、依然としてまずもって被災地復興という目前の課題へと邁進するべき時期ではないだろうか。

4　低線量被曝問題

こうした立論に対して、当然提起されるであろう反論は、たとえ認識論的アプローチの形而上学的アプローチに対するプライオリティを承認したとしても、そうした観点から遂行されるべき行動は、被災地支援だけではない、福島県を越えて広がっている低線量被曝問題もまた、その規模と深刻さにおいて当然に考慮に入れられなければならない、というものであろう。この点については、私は、拙著『放射能問題に立ち向かう哲学』において詳しく論じた。まず、再確認しておくべき前提は、第1章第4節で詳述したように、福島第一原発そのものと、その直近の地域における放射性物質拡散の度合いの深刻さを別にすれば、現状、福島県民の追加的外部被曝もまた、事故後三ヶ月の積算実効線量で、九九パーセント以上の方が一ミリシーベルト以下である、という点である。念のために幅をもたせて見積もっても、積算実効線量で五ミリシーベルト以内、という安全性の基準で考えれば、福島県のほぼ全員に近い方々がその基準を満たしている。また、追加的内部被曝に関しても、ホールボディカウンターによるかなり正確な測定が積み重なり、事故初期の放射性ヨウ素による若干の初期被曝はあったにせよ、家庭菜園の野菜や野生のイノシシを食している一部の方々を別にして、ほぼゼロである。外部被曝に関して、しばしば、時間当たりの空間線量×24×365によって年間の被曝線量が語られがちだが、人々が受ける実際の被曝線量と空間線量とは異なることに注意しなければならない。実際の被曝線量は、ガラスバッジなどの個人線量計によって測定されるべきである。個人線量計による被曝線量は、空間線量のおおよそ四分の一程度になることが知られている。

こうした前提のもと、問うべき問題は、最大で五ミリシーベルトほどの被曝が、避難関連死（病死や自殺など）に匹敵するほどの実害であると言えるのかどうかであろう。前段で触れた反論は、低線量被曝は実際に生じている被害である、という認識に立脚していると思われるからである。実際、脱原発ならぬ「脱被曝」という言葉さえネットを飛び交っており、それは被曝を避けることが道徳的に求められているという認識を前提しているように感じられる。ということは、被曝することは道徳的な意味で害悪であると捉えられていることを含意しているだろう。では、事実として、私たちの身体は、最大で五ミリシーベルトほどの放射線を被曝するとどうなってしまうのだろうか。

放射性の人体への影響については、専門家でもよく分かっていない、などと言われることがしばしばあるが、新しく開発された化学物質や添加物などと比較すると、放射線の影響は格段によく分かっている。明白な影響が急性的に発生する「確定的影響」と、発がん・がん死という結果が発生する確率に影響を与える「確率的影響」という二つがあり、確定的影響は少なくとも千ミリシーベルト（一シーベルト）以上被曝しないと現れない。では、確率的影響はどうか。標準的な疫学的見解では、積算で百ミリシーベルト以上を被曝すると、そうでないときよりも、がん死確率が〇・五パーセント増大すると言われているが、百ミリシーベルト以下では、確率的影響がどのような形で現れるか、影響が小さすぎて分からないので、ゼロミリシーベルトから百ミリシーベルトまでの確率的影響に関しては念のため線形に現れるという仮説を立てて対応する、というのが一般に知られた考え方である。いわゆる「ＬＮＴ仮説」である。つまり、「よく分からない」というのは、「影響が小さすぎて分からない」という意味なのである。

こうした疫学的見解については批判もあり、本章でも当然視はしないし、掘り下げて検討することもしない。ここでは単に、放射線被曝は、ある線量（具体的数値は別として）以上になるとデータとして見える影響を及ぼすことが分かっている、ということが押さえられればよい。しかし、放射線を被曝するというのは物理的な事態であり、実際、アルファ線はヘリウム原子核が、ベータ線は電子が、ガンマ線は光子が、私たちの身体にぶつかってくるのではないか。だとしたら、どんな線量であれ、私たちの身体は損傷されるのではないか。

第1章で述べたことの復習になるが、放射線が、とりわけ電離放射線が私たちの身体に当たると、二つの作用を及ぼすことが知られている。「直接作用」と「間接作用」である。直接作用とは、放射線が身体細胞を構成する原子に当たって、そこから電子をはじき飛ばしたり（電離）、外側の軌道に移したり（励起）という作用のことである。これによって、たしかに、DNAは損傷を受ける。また、間接作用とは、直接作用によって電離された電子が体内の水や酸素分子と反応し「活性酸素」を生み、それが細胞に損傷を与える、という作用のことである。このうち、直接作用に関しては、がん発生との連関は必ずしも明確になっていないとされている（土居ほか 2007, p.80）。よって、問題とすべきは、間接作用としての活性酸素による細胞損傷である、ということになるだろう。

けれども、そうなると、放射線被曝は実際の被害である、という考え方はやや奇妙な帰結をもたらす。論点は二つある。ひとつには、私たちは、原発事故以前から、さまざまな形（宇宙線、ラドンガス、花崗岩、食品中のカリウム40、石炭灰、そして医療被曝など）で外部・内部双方の放射線被曝を、あるいは追加的放射線被曝を、日常的にしている。それすらも「被害」だというならば、「被害」という言葉は空転していくだろう。のみならず、五ミリシーベルト以上の被曝を（地面からの放射線によって）自然の状態でしてしまう地域も、この地球上には多々あり、そうした地域でも、とくに突出した健康被害の報告はされていない。だとしたら、放射線被曝は被害である、とは理論的に言えない。正確には、「一定の線量以上の放射線被曝によって健康被害が出る恐れが生まれる」という言い方が適切である。

そして、今日利用可能な情報を注意深く収集して、しかもかなり慎重な言い方をしても、福島原発事故の低線量被曝に関して、もし追加的被曝が積算で五ミリシーベルト程度発生したということが現実の事態であるならば、それによって健康被害が出る可能性は（ゼロとは言えないとしても）きわめて低い、というのが妥当な評価であろう。このことは逆に、五ミリシーベルトを優に超えるような線量を日常的に被曝しなければならないのだとしたら、それは「被害」と呼ぶべき事態に徐々に近づく、ということでもある。福島第一原発直近の地域に暮らすことは、被害を受ける度合いが高い、という評価が逆に適切だということである。

もうひとつは、活性酸素は、放射線被曝に限らず、呼吸、運動、食事などの日常的活動の際にもほぼ絶えず発生していて、私たちの身体はつねに活性酸素によって細胞損傷を受けているので、それを被害といってしまうと、私たちは、呼吸をするたびに害を被っていることになり、やはり「被害」という言葉が空虚化していく、という問題がある。活性酸素による細胞損傷に対して、私たちの身体は、抗酸化酵素を備えたり、アポトーシス（細胞の自殺）という防御反応によってたえず修復を行ったりしている。ただ、放射線量や、体調や体質などにより、そうした修復機能が追いつかなくなってしまう場合があり、がんが発生することがあるのである。いずれにせよ、放射線被曝がすなわち被害である、とする見方は理論的に不可能であると言わなければならない。言い方を変えれば、「脱被曝」などという言い方で放射線被曝の被害性を強調したり、「ゼロベクレル」を謳う商品表示をしたりすることは、間違ったメッセージを伝えることになり、巡り巡って有害な結果をもたらすであろう、ということである。

5　被害とリスクの相違

しかし、少し抑制的に論じよう。ここまでの議論は、暗黙的に、健康「被害」ということで、がん発生という、単なる細胞損傷という以上の、既在の身体異常のことを考えてきた。けれども、被害とは、つねに既在性あるいは現実態でなければならないのだろうか。被害とは、いつでも、起こったという事実によって同定される、過去形のものでしかないのだろうか。未来に発生が見越される、ある種の可能態（デュナミス）としての「被害」、という概念はありえないのだろうか。もし、未来に発生が見込まれる可能態としての「被害」概念が認められるならば、放射線被曝は、たとえ低線量であろうとも、被害として申し立てができるようにも思われる。こうした可能態としての被害とは、「リスク」という概念にほかならないことは言うまでもない。私の推測では、多くの人々は、こうしたリスクの概念を介して、福島原発事故に起因する低線量の放射線被曝がすなわち「被害」であると捉えたのではないだろうか。自然災害ではなく、人為的災害によって健康悪化のリスクが増大したこと、それは被害にほかならない、と。

けれども、こうした見方は、感覚的には理解できるが、理論的にはやはり欠陥がある。まず、「リスク」の概念を導入したからといって、前節で述べた二つの問題点がクリアされるようには思えない。つまり、放射線被曝による健康被害のリスク、あるいはリスクの増大は、つね日ごろ私たちが被っている事実であり、そうしたデフォルトの状態との差別化は難しいという点と、活性酸素が発生しリスクに曝されること自体、放射線被曝に限らずつねに発生している事態であり、それとの差別化も難しいという点は、「リスク」概念を媒介させて「可能態としての被害」を認めたとしても依然として困難として残る。この点に関して、原発事故の場合は人為的事故が原因であるという点で、通常の放射線被曝や活性酸素の発生と異なる、という申し立てがあるかもしれない。これはこれで説得的だが、しかしそういう申し立ては、低線量被曝の被害性を成立させるのではなく、原発事故の被害性を主張するだけのことになってしまう。原発事故は人為的事故であり、あってはならないものであった、ということを意味するだけで（誰もこのことには同意するだろう）、低線量被曝が被害なのかどうかということについては何も述べたことにはならない。[5]

さらに、リスクというと、平常とは異なる「危険性」と捉え返してしまうことが多いように見受けられるが、それは誤解である。まず、リスクというのは、私たちが世界に生きている限り、つねに遍在する可能態であり、健康被害のリスクがゼロである、という状態はこの世界には存在しない。電車に乗ること、道を歩くこと、食事をすること、在宅すること、すべてリスクを伴う。私たちはそういう世界に生きているのである。リスクとは、単なる危険性ではなく、量的な概念だからである。また、リスクを「危険性」と捉えてしまうと、リスク概念の重要な本質を見失う。第1章第6節にて、メラーによるリスクの規定を示したが、同義の示し方として、たとえば法哲学者のペリーはこのようにリスクを規定する。

> リスクとは悪い結果のチャンスあるいは確率である（Perry 2007, p.190）。

つまり、リスクというのは「あるかないか」ではなく、「どのくらいあるか」という定量化を意味的に内包する概念なのであり、その際の測定基準として確率が利用されているのである。原発事故による低線量被曝もまた、リスクをもたらすものであると捉えられる限り、確率込みで健康影響の問題が論じられなければならない。これは、リスクを論じる際の基本である。

では、このように規定されるリスクという可能態は、それ自体被害であると言えるのか。答えはすでにおおよそはっきりしていると言える。リスクと被害は概念的に異なるのである。被害とは基本的に現実態であるのに対して、リスクは可能態だからである。このことは、リスクがゼロでない行為が日常的にあふれていることを考えれば、最初から自明である、とも言えよう。たとえば、私が車を運転して国道を通るだけで、国道沿線に暮らす人を殺してしまうリスクを発生させている（Perry 2007, p.204）。あるいは、私が道に立っているだけで、私の背後にいる人の視野を狭めて、その人が事故に遭うリスクを高めてもいる。けれども、私が車を運転すること、道に立っていることは、すなわち他者に被害を与えているということになるだろうか。被害を与える可能性があるとはたしかに言えるが、被害を現に与えているとは言えないのではないか。

こうした点は、リスクの規定に含まれる確率概念を吟味することによっても確認できる。リスクに関して確率を導入したとき、それはどういう意味か、という問題が生じる。詳細は割愛するが、ここでの確率は、リスクがあくまで被害というフィジカルな事象を論じるツールであることからして、単なる認識的な「信念の度合い」ではなく、物理的事象を主語とするような客観的な概念でなければならないだろうということは容易に推定できる。そして、実際的にも、リスクは通常、統計的頻度（frequency）を基礎にして語られるのである。しかるに、頻度は、ただいま現在個体に関して発生している事象ではないので、やはり、この点においても、意味上個体に対して発生している被害とは様相を異にしているのである。

ただし、客観的な確率解釈には、頻度以外に、ポパーに由来する「傾向性（propensity）」という、個物的事象に内在する客観的確率の概念もあり、それをリスクに適用するならば、リスクもまた、ただいま現在フィジカルに成立している事象ということになり、被害の一様態として申し立てることができるかもしれない、という疑問は当然湧くだろう。しかし、実は、どのように「傾向性」の確率値をあてがうか、ということになると「長期的傾向性説（the long-run propensity theory）」がプラクティカルに有望であり、それは結局、個体個体の現実事象としての「傾向性」ではなく、「再現可能な条件」のもとでの「相対頻度（relative frequency）」として値を導き出すという考え方であり、事実上、結局は頻度説との融合に至る（Gillies 2000, pp.131ff.）。だとしたら、やはり、確率込みの「リスク」は、「被害」とは概念的に異なると言わなければならない。

さらに、リスクを一種の被害だとしたならば、当然、私たち被害者はそれを避ける権利をもつということになる。しかるに、このような権利概念を認めることで、かえって別の、まさしく現実態としての実的被害が逆に発生してしまうという指摘が、つとに提起されてきた。先の車の例を想起すれば、このことはすぐに分かる。国道で車を運転することが沿線住民にリスク増大という被害を与えるので、沿線住民が車の通行禁止を求めてよい、ということになるだろうか、という思考実験である。あるいは、自分が道に立っていることが他人に対してリスク増大をもたらすので、道に立っていることは禁止されるのだろうか。そういう禁止を実行したならば、実際の被害が出るので、少なくとも禁止をした側が被害の賠償をしなければならない、ということにさえなると考えるのが妥当だろう。ノージックがこの点、明確に指摘している。彼はまずこう言う。

誰かがある行為のリスクをカバーする十分な手段や責任保険なしにその行為を遂行したならば、その人は他人の権利を侵害したことになるのだろうか〔…〕他人に対してリスクを増大させる行為は膨大な数に上るので、そうしたカバーされていない行為を禁止する社会は、特定の形で他者に危害を加えない限りさまざまな行為を遂行することが許されるという自由のための前提を体現している社会、そういう自由社会の像にはうまく当てはまらない（Nozick 1974, p.78）。

そして、それでもリスクのある行為を一律に禁止するという発想に対して、こう断罪する。

こうしたタイプの行為を、それは他者に対して危害を与えるかもしれないし、特定の人がそれを遂行するときには特に危険性が高い、という理由でその行為をその者に対して禁止する場合、自分自身の安全性を高めるためにこの禁止を行う者は、禁止を受けた者に対して、彼らが被る不利益を賠償しなければならない（Nozick 1974, p.81）。

このように内省してみるならば、「リスクをもたらすことは被害を及ぼすことであり、よって罰したり禁止したりすべし」といったシンプルな議論は、実はとんでもない乱暴な議論であり、それ自体まさしく他者に被害をもたらすような、有害な発想であることが明白になってくる。やはり、「リスク」について考えるときは、基本に戻って、定量的に、過大評価も過小評価もしないよう、慎重に評価していくべきである。当たり前のことだが、巨大なリスクは可及的速やかに避けるべきであり、微少なリスクを禁止してかえって別の面で有害な帰結を生じさせることも避けるべきなのである。

6　予防原則の虚妄性

私の理解では、以上に展開した議論はむしろ常識の部類に属するものであって、紛れのないことのように思っていた。けれども、原発事故によって放射性物質拡散という事態が起こると、一部の人々は、確率の概念をいわばすっ飛ばして、「放射線被曝にはともかくも危険性がある」という命題（「命題D」と呼ぼう）だけに焦点を合わせて、放射線被曝を避けることのプライオリティのみを主張した。命題Dはおそらく真であろう。だが、ここで考慮すべき、真理を構成する命題は命題Dだけではない。命題Dを含めた全体の勘案の中で意思決定すべし、というのが本当のところなのだが、必ずしもそうした当然の考え方は共有されず、意思決定の基盤として命題Dだけが取り上げられることになってしまった。

そうした動向を促したひとつの要因として、「予防原則」というものがあったと考えられる。予防原則とは、環境問題に関して主として欧州において取り上げられてきた考え方で、要するに、「たとえ原因と被害の間の因果関係が科学的に不明でも、深刻かつ不可逆な被害の恐れがある場合には、予防的措置がとられなければならない」という考え方のことである。予防原則は、「科学技術がもたらす負の効果と向かい合うために「法」が今日訴えることのできる重要な手立てとなりつつある」（中山 2004, pp.266–267）と評されたりもする。

簡単に言えば、予防原則とは、「君子危うきに近寄らず」あるいは「転ばぬ先の杖」という方針のことであり、意思決定理論やゲーム理論で言及される「優越原理」や「マキシミン原理」と発想としては似ている。優越原理とは、どんな事態になったとしても「よりましな選択肢」、つまり優越するものを選べ、とする方針のことであり、マキシミン原理とは、「最悪の場合を考えて、それでもまだましな選択肢を選べ」という戦略であり、両者とも確率は主たる要素として考慮せず、最悪のケースを想定することなどによって選択決定をするという考え方である。そうした姿勢は、やはり確率は問題とせずに、「深刻かつ不可逆な恐れをとにかく避けるべきだ」とする「予防原則」の考え方と共鳴しあうと思われる。

この予防原則については第1章でも少し触れて、第6章において詳細に検討するので、本章では、ここでの議論に必要な限りで言及する。たしかに、予防というのは当たり前の考え方であり、私たちも日常的に行っている。けれども、少しく冷静に考えるならば、予防という行為は、いろいろな条件が整っているときにのみ有益だ、ということに気づく。暗い道で危なそうなので、「君子危うきに近寄らず」としてそこを通らないと考えても、そこしか道はなく、しかも後ろから火が迫ってきた、という場合はどうか。「転ばぬ先の杖」といっても、杖に毒物が塗られていたらどうか。同じことは予防原則にも当てはまる。環境問題で予防原則が適用可能なように考えられるのも、予防行為をすることで別の大きな支障が生じないという条件が整っているからである。道路の左右確認をしても別に私たちは損害を受けないし、腐った食品を摂らなくても飢え死にしない。そういうことが暗黙的に前提されているからこその予防行動なのである。これは当たり前のことだろう。

にもかかわらず、放射線被曝に対して予防原則を適用しようとするとき、そうした条件が整っているかどうかはほとんど無視された。予防原則は、無条件的に妥当する意思決定の基本的かつ普遍的な原理であるかのように、論争の決め球として用いられた。被曝には致命的な危険性があるのだから、予防原則に従って、それを回避すべきである、という主張だけが正当であるかのような扱われ方がなされたのであった。けれども、私は、こうした論じ方に対して、当初からなんとも居心地の悪さを感じないではいられなかった。というより、明白におかしい、と感じていたのであった。

正直な言い方をしよう。予防原則が無条件的に妥当する、などということは明らかに虚言であり、そうした虚妄性は誰にとっても明らかであるはずなのに、なにゆえその虚妄性を欺瞞的に糊塗しようとする人々がいるのかが、私には不可思議、というよりびっくり仰天することだったのである。先にリスクに関して述べたように、私たちの生活には（場合によっては致死的な、つまり不可逆的な）危険が発現する可能性がつねに充満しており（呼吸をしているだけで活性酸素が発生している）、少しでも危険性のあるものは避けよ、という予防原則を一般的に採用するのだとしたら、呼吸も食事も散歩も禁止されなければならないことになる。しかし、だとしたら、呼吸も食事も禁止されるのだから、予防原則を採用することは、私たちの生命を脅かすことになる。私たちは、当然のことながら（あまりに当然すぎて言うにも恥ずかしいが）、呼吸や食事の危険性を強調するのはおかしいと疑うべきなのではないか、よって予防原則はどこか常軌を逸していると疑うべきなのではないか。

この点は、アメリカの哲学者サンスティーンがつとに指摘していることでもあった。サンスティーンはこのように述べる。

> 被害を暗示する証拠は、しばしば事柄のあらゆる側面において見出される。そしていかなる場合でも、そのように暗示される被害は結局のところ注意を払うに値する警告ではなく、かえって、不当な恐怖とさまざまな種類の重大な社会的損失を生み出す誤った警告であることがしばしばである（Sunstein 2007, p.130）。

そうであるなら、奇妙な事態が招来される。予防原則に従うならば、予防原則それ自身が採用禁止されるべきである、ということになるのだ。サンスティーンは、こうした予防原則が必ずや陥る、にっちもさっちもいかない状態を「麻痺状態（paralyzing）」（Sunstein 2007, pp.125–126）と表現している。予防原則を、その発想の原点に忠実に従って、確率を度外視して、最悪のシナリオをつねに想定して意思決定するという一般的な意思決定基準として捉える限り、自己矛盾に陥り、不合理性の中で麻痺状態に陥るのである。

7　道徳のディレンマ

第6章でも論じるが、予防原則に対しては、上に述べた、自己矛盾・自己麻痺に陥る、それゆえ「原則」とは名ばかりで、いかなる指針をも示せない、という決定的難点だけでなく、ほかのいくつかの批判もすでに突きつけられている。たとえば、熱力学第二法則に従う限り、森羅万象は不可逆的であるとも言いうる。だとしたら、予防原則の規定は有名無実となってしまうのではないか（Manson 2013）、といった批判などである。

ここで特に注目したいのは、第1章や第6章でも触れる論点で、予防原則によって特定の危険性を避けようとすることによって、まったく別の危険性が生まれてしまうという、考えてみれば当然至極の事態に着目することによる予防原則批判である。この場合、それぞれの危険性は確率込みの蓋然的なものと考えられるので、こうした予防原則批判の文脈ではリスクの概念が復活する。すなわち、この批判の趣旨は、次の点にある。予防原則的考え方を採用して特定のリスク（「目標リスク（target risk）」と呼ばれる）を避けようとすることによって、別の新たなリスク（「対抗リスク（countervailing risk）」と呼ばれる）が生まれるのは必定なので、結局はリスクとリスクを比較して方針を意思決定していくという、「リスク・トレードオフ（risk tradeoff）」の考え方が導入されなければならない。だがそれは結局、確率ひいては量的概念であるリスクの考え方をすっ飛ばして、量的思考ではなく「あるかないか」の思考を採用して、危険性のあるものは避けよ、としたもともとの予防原則の思想を骨抜きにしてしまうだろうという、そういう論点にある（Graham and Wiener 1995, pp.10–12）。

これに対して、予防原則の中にリスク・トレードオフの思考法を内在させるという方向での予防原則擁護もありうるだろう（Sandin *et al.* 2013）。実際、中山竜一が記しているように、二〇〇〇年に発せられた「予防原則に関する欧州委員会報告」では、「予防原則適用に当たっての指針」という章があり、そこでは費用便益分析がときとして必要であることが触れられている（中山 2004, pp.267–269）。だとしたら、こういう文脈での予防原則とは、確率込みのリスク評価・リスク管理と異ならない。しかし、ならば、なにゆえ「予防原則」という呼称に執着するのか。伝統的な意味でのリスク論的思考つまりは期待効用最大化原理の考え方に対比的に、予防原則が提唱されたのではなかったのか。私は、こうした予防原則擁護は、結局、予防原則という発想をなき物にしてしまう、自己破滅的な議論だと思う[6]。

さて、では、福島原発事故に沿って、放射線被曝に対して予防原則を適用する際、何が目標リスクとなり、何が対抗リスクとなるのか。ずばり要点のみを、ある程度俯瞰的に単純化して述べよう（全体の状況を見るためには、俯瞰的単純化は十分に有用である）。放射線被曝に予防原則を適用する場合、目標リスクは、言うまでもない「放射線被曝のリスクである。それに対して、目標リスクを避けることによって生まれる対抗リスクは、避難行動の過酷さによる被害（病死、自殺、避難生活の不便など）、被災地産物（生産者が規制値以下に抑えて生産したもの）の忌避・差別、将来に対する心理的ダメージなどである。つまり、事故による放射性物質拡散という事態に面したとき、私たち（とりわけ、福島第一原発直近の場所以外に暮らす東日本の人々）は、誤解を恐れず思い切って単純化すれば、次の図１のような二つの選択肢に直面している、ということになる。■は損失であり、○は便益である。また、（）は、現実態ではなく可能態である、という意味である。

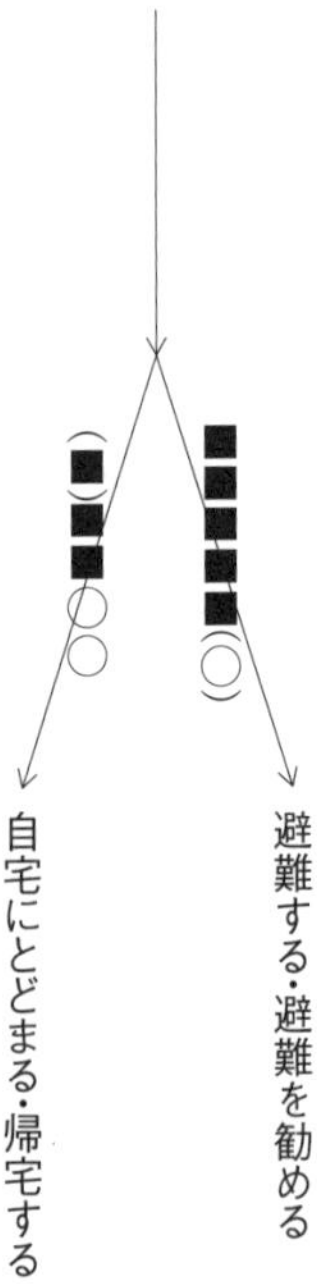

■■■■■（○）　避難する・避難を勧める

（■）■■○○　自宅にとどまる・帰宅する

図１

目標リスクを重視して、「避難する」という選択肢を採った場合、放射線被曝のリスクを避けられる。ただ、現状では、そうでない場合と比べて、これがどれほど便益をもたらすか明らかでないので、便益は可能態として捉えられる。なぜなら、すでに第４節で触れたように、現状、福島県民の内部被曝線量はほぼゼロであり、外部被曝線量もまた、事故後三ヶ月の積算実効線量で、九〇パーセント以上の方が一ミリシーベルト以下であり、幅をもたせて見積もっても五ミリシーベルト以内にほぼ全員が収まるからである。しかるに、東京大学大学院医学系研究科による「後ろ向きコホート研究」に従えば、避難後の高齢者の死亡率は避難前の二・七倍に増大したという（Nomura *et al.* 2013）。[7] そして、死亡まで至らなくとも、仮設住宅などでの避難生活の困難さは想像に難くない。実際、運動不足による肥満や高脂血症の増大の報告がなされている。[8] また、被災地産物忌避の傾向は依然として続き、福島の生産者が呻吟していることは言うまでもない。また、多くの人々が避難行動を取り、それを他人にも勧奨するとなると、福島の若者に与える影響は大きい。中西準子はこの点、懸念を表明している。

> リスク評価研究をしていて、実は気の重いことがあります。それは、非常にささやかなリスクを語ることで、曝露したかもしれない人の不安を大きくし、また、差別を呼び込んでしまうことです。そのことがリスクを表に出すことで起きてしまうことが、とても辛いです。今回のことで言えば、福島の女の子たちが、そういう差別という被害を受けているかもしれないと思うと、考えてしまうのです（中西 2012, p.76）。

中西は、こうも述懐している。

> しばしば、「影響は大きい」と警鐘を鳴らすことで、特定の人が不幸になってしまうことに、その時、気付きました（中西 2012, p.76）。

リスクを語るということのデリケートさに思いを致さないではいられない。ともあれ、死亡率がおよそ三倍になったこと、避難生活の困難さ、産物忌避、心理的傷を勘案して、しかもそれがすべて現実態としての被害であることに照らして、■を五つにした。

これに対して、以上に述べたような被害の発生、すなわち対抗リスクを考慮して、避難せず自宅に留まった場合あるいは避難しても早期に自宅に帰還した場合のことを考えてみよう。この場合、まず、放射線被曝というリスクを被る。しかし、すでに述べたように、そのリスクが顕在化して被害となるかどうかは判然としない。よって、その■は（）付きである。けれども、それ以外に何も被害を受けないわけではない。被災地のインフラの不十分さからくる困難、放射線被曝に対する心理的不安、などは現実態としての被害であろう。ただ、留まることの便益もある。ひとつは、自宅を保守できる、ということである。これは大きい。また、おおよそ日常的な生活を続けられるので、仮設住宅などでの生活に比べて、比較的に健康によい。実際、比較的高い空間線量の地域である相馬市玉野区に避難せずにそのまま住み続ける人々の健康状態が、仮設住宅に暮らす人々に比べて良好である、という報告がなされている。[9] 以上より、現実態としての■は二つ、〇も二つにした。

　こうした条件のもと、私たちは選択を迫られた、あるいは迫られているわけである。この場合、当事者の観点と行動を勧奨する人の観点、そして社会全体の損益というすべてを勘案したとき、一種の「道徳のディレンマ」に陥っていると考えることができる。一方の道筋を選択すると、他方の損失・被害を招いてしまうのである。道徳のディレンマのモデルケースである「トロリー問題」と構造が酷似している点からも、こうした点が確認できるだろう。十年前の原発事故によって、私たちは、いずれにせよ被害性が何らかの形で避けられないディレンマに陥ってしまったのである。[10] 原発事故というものの罪の深さを思わないではいられない。ただし、放射線被曝によるがん死は、避難生活による病死や自殺死などと比べることのできない、圧倒的に悲惨で特別な死である、と捉えている人々には私の議論は受け入れられないだろう。私は、家族が放射線被曝による急性症状で死んだり、放射線被曝によってがん死したりしてしまったら、大変に悲しい。しかし、避難生活のストレスの中でほかの病気で亡くなったり、自殺死してしまった場合も、同様に悲しい。悲しさに相違はない。相違がある、と捉える方々とは、たぶん、折り合えない。

この点は、新型コロナウイルス感染症で亡くなった方々に関しても当てはまる。それはまことに残念なことであった。ただ、亡くなられる方というのは、新型コロナウイルス感染症による場合だけに限らない。多くの方が、病気や事故によって毎日毎年亡くなっている。コロナ感染症によって亡くなられることだけが突出して悲しいわけではない。みな同等に残念なことなのである。むしろ、コロナ感染症だけを特別重視することで、ほかの病気の患者へのケアがややおろそかにならざるをえない傾向があり、それは大きな問題となる。俯瞰的視点が、やはりいつでも必要なのである。

8　合理性のキネマティクス

以上、認識論的アプローチにのっとって放射能問題を考えていったとき、おのずと生じるであろう見方、あるいは生じてしまった見方、すなわち、低線量被曝を被害性と捉えて、何よりそれを回避すべきではないか、という見方を検討した。そこから理論的に確認されたのは、すなわち、低線量被曝のリスクとそのほかのリスクとを比較考量して、つまりは線量がどれくらいかといった定量的思考を交えて、意思決定すべきである、という至極当たり前の論点であった。私はこれは紛れなどないことだと思う。むしろ、考えるまでもなく、自明だと思うのである。だとすると、しかし、どうしても浮かび上がる疑問がある。なにゆえ、あんなにも自己矛盾的で不合理な予防原則を声高に叫び、低線量被曝の危険性のみを訴え続ける人がいるのだろうか。本気でそれが正しいと思っているのだろうか。自分に嘘をついているのではないか。大変に大きな疑問である。サンスティーンは、こうした不合理な事態を説明する要因の候補として、ツベルスキーとカーネマンの研究以来一般にも知られることになった「利用可能性（availability）」や「損失忌避（loss aversion）」といった、心理学的な認知バイアスを挙げている。

私は、しかし、ほかの接近法もあると感じる。私にとって有力に思われるのは、「自己欺瞞（self-deception）」という不合理性の事態をここに見届ける、というものである。ただ、あらかじめ考えておくべき問いがある。すなわち、不合理性や自己欺瞞をここに認めて、それをどうしようというのか、という問いである。その心理のメカニズムをさぐるのか、それとも人々は不合理な思考にしばしば陥る、という事実記述で話を終えるのか。ここには、かつてデイヴィドソンが鋭くも看破した「不合理性のパラドックス」の亀裂が顔をのぞかせている。デイヴィドソンは、次のように表現している。

もし不合理性をあまりにうまく説明してしまうと、それは隠れた形の合理性であることになってしまう。他方で、あまりに楽々と不整合性を帰してしまうと、そもそも不合理性の診断を正当化するのに必要とされる合理性という背景を撤回してしまうことによって、不合理性を診断する能力を単に損なってしまうだけになってしまう（Davidson 1982, p.303）。

本章の最後に、この根本的な問題についての私のアイディアを素描しておこう。

それは、「合理性」（つまり逆に言えば「不合理性」）というのは、どうしても、「論理的真理」とか「論理的矛盾」をモデルにして考えられがちであることのゆえ、「無時制的（tenseless）」あるいは「共時的に（synchronic）」に論じられる傾向にあるが、それだけでなく、人々が「合理性」をそのつどう実際に捉えているか、という「通時的（diachronic）」な視点を加えて「合理性」を捉え直していったらどうだろうか、というアイディアである。デイヴィドソンは、「アクラシア（意志の弱さ）」に代表される不合理性や自己欺瞞を論じる過程で、アリストテレスの議論に言及し、「アリストテレスは、意志の弱さは一種の忘却に基づいているという考えを示唆した」（Davidson 1982, p.295）と述べている。こうした、デイヴィドソンのいうアリストテレスの議論は、大きなヒントになる。人々は、新しい事態に直面したとき、衝撃や恐怖のゆえにだろうが、何かを忘却した状態で合理性を捉える。しかし、後になると、忘却していた側面を再び想起して、その合理性概念が阻却される。おそらく、こうした事態が自己欺瞞や不合理性の実相なのではないか、と思うのである。少なくとも、自己欺瞞を後で認めたり、後悔したりする場合には、こうした理解が当てはまる。

このように通時的に事態を捉える場合、「合理性」には少なくとも二層構造があることになる。ひとつは、そのつどそのつどの個別状況・個人レベルでの合理性であり、これは万人において合致している必然性はない（ある種の人々にとっては、大安や友引の日を考慮しながら行事を行うことは合理的である）。もうひとつは、一定の期間内での持続する視点からする合理性であり、これは複数の人々の共同観念（共同幻想？）によってゆるく構成されている。第一の合理性は、場合によっては、第二の合理性によって「不合理性」として位置づけられる（カルト教団の教義によって荒修行を行うことは社会的には不合理とされる)。そのように位置づける主体が本人である場合、後悔が生じるわけである。しかし、第二の合理性もまた、不変不動のものなわけではなく、さらに長いスパンの中で変容していく可能性を秘める(近世初期までは、健康のため水銀を飲むことは合理的だったが、いまは違う)。いずれにせよ、こうした仕方で描かれる合理性・不合理性の描像は、決して不合理性を合理性に帰着させているわけでもないし、不合理性をそのまま全面的に放置してしまうのでもない。デイヴィドソンのいう「不合理性のパラドックス」からはかろうじて免れた描像だと思うのである。そして、これはつまり、時間の経過とともに「合理性」概念がいわば運動していくようなありようをしているということなので、これを「合理性のキネマティクス」と呼ぶことができるだろう。

しかるに、こうした描像のもとで合理性・不合理性を捉えるということは、合理性という高度に規範的な概念に対して、通時的な運動という事実記述的な視点を混ぜ込める、ということにほかならない。これは、「事実」と「規範」を峻別する「ヒュームの法則」に背反し、事実に基づいて規範を規定するという「自然主義的誤謬」に陥る考え方ではないか。しかし、私は、ここに深刻な問題があるとは思わない。本論文の冒頭で触れた「罪刑法定主義」の考え方に立ち戻ってみよう。それは、犯罪被害というものは、何か現実態としての現象が起こったという記述的事実を踏まえた上で、制度負荷的な、つまりは規範的な視点を混ぜ込めることによって姿を現してくる、という考え方であった。つまり、実は、「被害」の概念もまた、本来的に現実態としての事実という本質をもちつつも、規範性の傾きを内包している、つまりは事実性と規範性の混合なのであった。[11] ならば、逆に、合理性という、本来的に規範性として成り立っている様相にも、事実性が混合されていることも奇妙ではない。実際、放射能問題に関しても、人々の漠とした不安感や恐怖感それ自体を「放射線被曝による現実態としての直接的被害性」として捉えることが合理的である、とする見方が将来的に形成されてくるかもしれない。矛盾を容認するロジック（パラコンシステント論理）さえ提起されうるのだから、この程度の合理性概念の変遷は十分に想像可能だからである。

いずれにせよ、被害、リスク、そして合理性は、順に事実性から規範性へと向かう概念の並びであり、相互に区別されつつも、いわば相互浸透しあう側面をも有しているのであり、そうしたありようが、「予防原則」というういわば鬼子をたたき台として垣間見えてきた。そして、そうした眺望の果てに「合理性のキネマティクス」と呼ぶべき様相が浮かび上がってきたのである。「合理性／不合理性」については、第５章でも改めて検討を続けていきたい。

その前に、次の第３章にて、被害概念とリスク概念の関係と同様に、分かっているようで案外に不明瞭のままになってしまっている「震災関連死の原因」について、因果論一般の視点からやや詳しく論じていこう。

第３章　震災関連死の原因

１　被害の実態

東日本大震災と福島原発事故以来ずっと、私が抱いていた疑念からこの章の議論を始めてみよう。それは、三・一一の被害とは何であったのか、という根本的かつ基本的な点が、実は曖昧なまま事態が推移してきてしまったのではないか、という疑念である。いや、私の疑念を、以下もう少し正確な仕方で展開してみよう。まず、津波震災の直接的被害、すなわち溺死、打撲死、焼死（仄聞したところによると逃げるときに車にひかれて亡くなった方々もいるかもしれないという）、そして負傷、については、その原因に関して紛れがない。津波震災という自然現象が、その原因である。この点については、六頁を振り返って確認していただきたい。

まさしく、空前絶後の大災害であった。三月の寒い東北で、津波に巻き込まれて亡くなった方々の思いはいかほどか。胸が詰まる。しかし、三・一一の被害はこれで終わることはなかった。避難した方々が病の悪化、自死などによって、次々といのちを落としていったのである。いわゆる震災関連死である。この点についても、七頁で確認してほしい。すでに触れたように、とくに福島県の震災関連死が突出して多いことにすぐに気づく。福島県からの避難者数が圧倒的に多いからである。

震災による避難者が多ければ、おのずと、震災関連死も増える。人口が多ければ死亡者も多い、というのと同様な理屈である。これは、理解として妥当だろう。さて、では、なぜ福島県の避難者が多いのだろうか。それは、福島第一原子力発電所の事故が発生したからである。ここが、ほかの主要被災県である岩手県や宮城県と異なる点である。

さらに問いを突き詰めていこう。なぜ原発事故によって避難者が増大したのだろうか。それは、原発事故によって放射性物質の放出が起こり、放射線被曝への懸念が生じたからである。では、なぜ放射線被曝が懸念材料になるのか。それは、放射線被曝が私たちの健康に有害な場合があるからである。十九世紀末に放射線が発見されて以来、太平洋戦争時の広島・長崎への原爆投下による多数の人々の放射線被曝による健康被害などに基づいて、放射線被曝が私たちの健康にどのように悪影響を与えるかについておおよそ判明してきている。ただ、放射線被曝の健康影響について語るときに忘れてならないのは、放射線被曝の害は量的なものである、という点である。いや、どのような有害物質でも、その害は実は量によるし、健康に有益などのような物質でも量によっては有害なものに転化しうる。スイス出身の医師パラケルススが、すべてのものは毒であり、毒でないものなど存在しないとして述べた、「その服用量こそが毒であるかどうかを決める」(sola dosis facit venenum, 英語では The dose makes the poison.)という毒性学の格言は[1]、先の福島原発事故による放射線被曝にも冷静に適用すべきである。すなわち、放射線被曝といっても、量が少なければ健康への害はなく、しかし量が多ければ有害である、という考え方をきちんと適用しなければならない。ゆめゆめ、いかなる放射線被曝も有害である、などという非理性的な態度を取るべきではない。実際、猛毒として知られる青酸カリ、すなわちシアン化カリウムでさえ、ヒト推定致死量は五十~百ミリグラムであり[2]、それは逆に言えば、それよりも少ない量の服用であれば肝臓がなんとか処理して解毒してくれる、ということでもある。ごく微量の青酸カリを飲んで、直ちにもだえ苦しんで死ぬ、というのは小説の話にすぎず、事実とは異なる。むろん、逆もいけない。すなわち、緑黄色野菜のベータカロチンは健康によく、がん予防にもなるからといって、過剰に摂ってよいわけではない。この点については、一九九四年に発表された論文で、「喫煙者の肺がん予防を意図して、ベータ・カロチンのサプリメントを投与したにもかかわらず、かえって肺がんの発生率が上昇した」（坪野 2002, p.80）という結果が報告されて、大きな話題となった。

では、福島原発事故の場合、放射性物質の拡散と、人々が受けた放射線被曝線量はどの程度の「量」であったのか。これについては、事故後十年が経過しているいま、情報やデータはすでに人口に膾炙しており、ここでいまさらトレースするまでもないだろう。たとえば一例として学術会議の報告書をひもとけば、二〇一一年の福島原発事故に伴う放射性物質の拡散量はチェルノブイリ原発事故の七分の一で、子どもの甲状腺がんも含めて、放射線被曝による健康影響は今後も認められないだろう、という大方の同意が得られていることが記されている（学術会議報告 p.13、およびUNSCEARなどの報告を参照)[3]。つまり、放射線被曝による直接的被害はなかったし、今後もないだろうということである。これについては依然として異論を投げかける人々がいるにはいるが、多くの研究者の努力により蓄積されたデータ、詳細な検証、を覆す反論はほとんど想像できない。データに反する議論や意見を発信し続けることは、仮にもとを正せば良心や正義感からだったとしても、いまや害にこそなれ、人々の益にはまったくならない。

このことは、たしかに害を生じさせる可能性がある物質に触れたには触れたが、微量なのでほとんど心配ない状態の人々に対して、それにもかかわらず、将来害があるかもしれませんよ、と執拗に言い続ける、という場合を想像してみれば分かるだろう。たとえて言えば、子どもが自動車の背後で遊んでいて、排気ガスを一度吸い込んでしまったとしてみよう。それを見ていた（善意の？）人が、「ああ、とても危険なものを吸ってしまいましたね、将来がんになるかもしれませんよ、気をつけなさいね」としつこく語りかけることを想像してほしい。たしかに、排気ガスを吸い込んでしまったことは不愉快だし、理論的には、健康によくないだろう。でも、生涯に一度そういう事態に遭遇したとしても、それが数十年後のがん発症や死因に結びつくというのは、およそ考えられないし、たとえ結びついているのかもしれないとしても、子ども時代の排気ガス吸入ががん発症のまさしく原因だと、たとえば五十年後に原因指定するというのは常軌を逸しているだろう。にもかかわらず、危険なものを吸ったので気をつけなさいよ、と警告し続けるというのは、むしろ、当人に対するいじめ・嫌がらせにしか聞こえない。当人は内容については気にしないとしても、やはり、うるさくて迷惑だろう。人間や生物というのは、いずれにせよ、危険な事象やリスクに囲まれて生きているのである。それが、この自然環境の中で生きているということなのである。小さな危険性を針小棒大に言いつのることは、むしろ有害であることは肝に銘ずべきである。被曝も同じである。線量が少ない被曝であるならば、むしろそのことは忘れてしまった方が精神衛生という面でずっとよいだろう。[4]

2　原発事故後の被害

それでは、しかし、改めて問おう。福島原発事故の被害とは何だったのだろうか。むろん、原発施設そのものの損傷は明白な被害だが、それは電力会社にとっての被害であり、いまは措く。それを除いて、一般住民・市民にとっての被害は何なのだろうか。この問いを提起したとき、とりわけ、どうしても目に付くのは、福島県からの避難者の多さと、震災関連死の多さである。これは、明白に被害であると言わなければならない。二千人以上の方々が実際に亡くなっているのである。この被害の重大性を顕著に象徴するのは、「双葉病院の悲劇」ではないだろうか。原発事故後、福島県大熊町にある「双葉病院」に政府の緊急避難命令が出され、二〇一一年三月十四日に、患者三十四人と介護老人保健施設の入所者九十八人が観光バスでいわき市の光洋高等学校体育館まで避難した。津波震災により直行する道路が通行禁止になっていたため、南相馬まで迂回して、十時間ほどもかけて避難した。その結果、移動過程で三人が死亡し、さらに患者ら五十人が三月末までに亡くなってしまった[5]。第二次大戦中のボルネオ島での「サンダカン死の行進」を想起させてしまうような、胸の痛くなる、そして大きな悔いの残る悲劇であった。では、この患者さんたちの死因は何だったのだろうか。はっきりしていることは、これは放射線被曝による死亡ではない、という点である。いま確認したように、放射線障害が出るほどの線量の被曝をした人はいないのである。原発敷地内の情報から推定される放射線量からして、「双葉病院」の方々は、おそらく最大に見積もっても実効線量で平均毎時十〜五十マイクロシーベルト程度の線量を一日ほど被曝しただけなので、常識から言って、放射線障害は起こりようがない。急性の放射線障害のはずがないのは言うまでもなく、晩発性のがん発症やがん死も予想されないような数値である。むろん、平時よりはずっと多い放射線被曝をしたことは間違いない。けれども、そのことがイコール被害、ということにはならない。放射線被曝による健康被害が確認・予想できないならば、それが不愉快なことであり、その意味で主たる責任者に謝罪を求めたい・求めるべき事態だとしても、被曝が実的な被害であるとは言えない。理解の助けのため、あえてたとえを出すなら、他人にくしゃみのしぶきを掛けられたことに似ている点がある。とても不愉快である。当然、謝罪を求めたい。けれども、だからといって、それが健康被害に結びつくかと言えば、そうは言えないだろう。謝罪を受けたら、顔を洗って、忘れた方がいい。

明らかなことだが、「災害」や「事故」に際しての一番のプライオリティは「いのちの保全」である。しかるに、福島県では二二〇〇人を超える震災関連死が発生してしまった。これは「いのちの保全」という主目的に照らして、あってはならない結果である。私たちは、これは日本社会が犯した失敗であったと認めなければならない。なるほどたしかに、亡くなった方々は戻らない。けれども、将来同様な事故が発生したときに対する教訓を学び後世に伝えていくことは、この事故に遭遇した私たちのせめてもの責務ではなかろうか。どうしたら震災関連死を避けられたのか。方法はなかったのだろうか。後付けでしかないとしても、こういう問いかけが絶対に求められているのである。そして、それに応答するには、震災関連死の原因は何か、という問いを検討することが必須である。もう一度こう問おう。双葉病院の悲劇を代表的事例として含む、福島県に突出して多い被害の原因は何なのだろうか。これまでの議論の必然として、放射線被曝とは別なところにその原因を求めていかなければならない。議論の見通しやすさを考えて、少し先取りして言えば、私は、さしあたり（一）津波震災、（二）福島原発事故、（三）過酷な避難行動、という三つに原因候補を絞って、そのどれが震災関連死の原因として指定される適切性の度合いが高いか、という形で以下論を進めていく。[6]

3　反事実的条件分析

ここで詳しくは論じられないが、原因結果の関係性をどう理解するかというのは哲学上の大問題のひとつである。そして、私自身の生涯の研究テーマでもある。しかし、あえて図式化して言うならば、因果論には大きく二種類ある。ひとつは、「因果関係とは何か」という問いに対して、因果関係以外のものに訴えて説明しようとする「還元的（reductive）」議論である。もうひとつは、「因果関係の理解とはどのようなものであるのか」という問いに、私たちが因果的にものごとを理解しているという事実を前提して分析を試みようとする「非還元的（non-reductive）」な議論である。還元的な議論の代表が、十八世紀スコットランドの哲学者デイヴィッド・ヒューム以来の「因果の規則性説（regularity theory of causation）」である。これはつまり、原因結果の関係とは、Aタイプの事象とBタイプの事象とが過去においてつねに互いに相伴ってきたという経験、すなわち、「恒常的連接（constant conjunction）」の経験をすると、一方のタイプの事象に出会うと他方のタイプの事象を思うという「習慣」ができてしまい、しかも、その習慣は強制的な力で作用する、そうした強制感こそが「因果的必然性」というものの正体だ、とする議論である。空中で物を離すと落下する、という形の経験を私たちは幼少時から何度もする。すると、空中で物を離す、ということを思うと、落下する、と思うようにいわば強制されて、それ以外に思えなくなってしまう。これが因果関係ということの実相なのだ、という議論である。因果関係を恒常的連接の経験に還元する議論なので、還元的議論と捉えられるのである。これには、因果性と相関性の区別ができないのではないかといった、幾多の反論も提起されてきた。歴史的には、このヒュームの議論を知ったカントが、これを認めると自然科学の法則性が単なる心理的な「思い方の癖」のようなものになってしまい、自然科学の客観的妥当性が崩壊してしまうという危機感を抱き、いわゆる「コペルニクス的転回」、つまり主観の形式や枠組みこそが客観を構成する、という理論を『純粋理性批判』で展開したことも注記してよいだろう。いずれにせよ、ヒュームの議論は、正的であれ負的であれ、その巨大な影響力を今日まで及ぼし続けている。

けれども、震災関連死の問題に対して、その原因をヒューム流の規則性説に沿った形で確定するのは、いささかためらう。なにしろ、千年に一度の規模の地震である。そして、避難した後にこれほど亡くなる人が出ようとは想像されなかった。双葉病院の悲劇のような事態は、私たちが（少なくとも私たち日本人が）はじめて直面した出来事なのである。死亡に至らなくとも、夫婦の放射線被曝に関する感覚が違って離婚するカップルが増えたり、五山送り火問題（岩手の陸前高田の被災した材木を五山送り火に使用しようとしたら、一部の京都市民から、そんなことをしたら京都中に放射能がばらまかれてしまう、とクレームが来て、材木使用を断念した出来事）のように、想定できないような福島・東北への忌避感が発生したりすることなど、すべて私たちが初めて経験した事態である。これらを過去の繰り返しという意味の恒常的連接という概念でもって説明することは、理論的には不可能ではないけれども、全体としての説得性には欠けるだろう。では、ほかに震災関連死の原因を見定めるのに有効な因果性理解はあるだろうか。ここで、強力な手がかりを提供してくれるのが、規則性説と並ぶ、もうひとつの有力な因果論、「因果の反事実的条件分析（counterfactual analysis of causation）」である。これはアメリカの哲学者デイヴィッド・ルイスが強力に展開した議論で、第1章ですでに言及して活用していた。改めてやや詳しく述べると、この考え方によれば、cがeの原因である、という事態の意義を、次のように捉える。（ただし、ルイスの場合、「可能世界意味論」という独特のスキームを使うが、ここでそれを詳述することは趣旨から思い切り外れるので、省略する。）

$$O(c) \;\Box\!\!\rightarrow O(e) \;\&\; {\sim}O(c) \;\Box\!\!\rightarrow {\sim}O(e)$$

（Lewis 1986b, p.167）

$O(c)$というのは、「cが起こる」という意味である。また、${\sim}O(c)$というのは、「cが起こらない」という意味である。そして、$\Box\!\!\rightarrow$は反事実的条件を示している。つまり、「cがeの原因である」、という理解の基盤をなす事態、すなわち、「eはcに因果的に依存する」、というのは「もし［事実に反して］cが起こったならばeが起こるだろう、そして、もし［事実に反して］cが起こらなかったならばeも起こらなかっただろう」という文が真なときであり、そのときに限る、ということを意味している。

　そんなに難しいことではない。先ほどの例をもう一度使うならば、空中で物を離すことが落下の原因とされることは、まず物を離していない状態のときに、「もしその物を離したなら、落下するだろう」が成り立ち、同時に、物を離してしまったときに、「もしその物を離さなかったならば、落下しなかっただろう」が成り立つとき、物を離すことが落下の原因であると言える、ということである。この議論は、なぜその二つの条件文が成り立つと言えるのかと問われるならば、すでに私たちが前提している因果的理解に訴えることになるので、因果関係を何かに還元していることにはならない。そうではなくて、私たちが因果的にものを理解している事態の解明をしている、ということになる。というわけで、「非還元的」な議論であると言える。ただし、ルイスの反事実的条件分析では、なぜ二つの条件文が成り立つかは、可能世界の概念によって説明されるので、彼自身の反事実的条件分析は還元的な議論に分類されるが、いまはそうした点は追わない。いずれにせよ私は、福島の震災関連死の多さの原因については、さしあたり、恒常的連接が語りにくい以上、この反事実的条件分析に拠って考察していくことに一定の合理性があると考える。

4　予防の不在

それを進めるに当たって、私は、結果生起への「阻止要素(hindering factors)」とか「予防対策(preventive measures)」という視点を、とりわけそうした阻止・予防要因の「不在(absence)」という視点を導入したい。そもそも因果関係をことさら述べ立てる場合というのは、実のところ、物を離したら落下した、というようなニュートラルな場合ではなく、ポジティブであれネガティブであれ、何らかの意味で通常の経過から逸脱した、注目が為される、その意味で価値的な要素を含む場合であると考えられるからである。したがって、おのずと、それを生み出した秘訣とか、それを引き起こした元凶とかが問題となる。発見とか、勝利とか、犯罪とか、事故とか、災害とか、そうした日常のノーマルなプロセスからの何らかの意味での逸脱が生じた場合こそが、因果関係が語られる典型的場面である。実際、ハートとオノレの『法における因果性』は、一貫してこうした因果観を展開している。ただし、物を離すと落下する、といった事象が何かの意味で注目される場合はありえる。宇宙船の中とか、万有引力について焦点を合わせて説明しようとしているとき、などである。そういう場合は、問いを立てずにやり過ごしている通常の場合からの、ある種の逸脱なので、因果関係が問題となって立ち上がってくるのである。

そして、cがeの原因である、というときで、eがポジティブな価値をもつ場合、私たちはしばしば、条件がうまくかみ合ってそうなった、と思う。めぐり合わせ、タイミングがよかった、と。言い方を変えれば、阻止要素がなかったので、うまくいったと。とくに、ほかの、うまくいかなかった場合と比較して、そんな風に思うだろう。多くの発見や発明は、あるいは勝負事の勝利は、そのように生まれてくるものである。ペニシリンの発見などは、フレミングがある実験をしながらも予想外の現象に注意を向けるための余裕があったからで、そうでなかったなら見逃されていたはずであろう。換言すれば、不注意や注意散漫が不在だったので、発見に至ったのである。むろん、すべてのポジティブな事態がそうなわけではない。めぐり合わせの幸運だけではなく、意図的な計画や努力のゆえに達成されたと捉えられる場合もある。しかし、そうした場合とて、何の支障もなく一発で成し遂げられることはまずなく、試行錯誤がつきものである。新型コロナウイルス感染症に対する治療薬やワクチン開発のことを想起すれば、この点は分かりやすいだろう（「アビガン」は他国ではすでに承認され活用されているのに、開発された当事国である日本ではなぜか承認に手間取っている）。だとすると、うまくいった後から考えると、もっと早く成し遂げられたかもしれないのに、一体何でこんなに時間がかかってしまったのかという思いが生じることもあるだろう。医療技術や薬品の発見などの場合、もっと早く発見されていたなら、私の親は助かったかもしれないのに、といったような遡及的な悔やみの気持ちは自然に起こりうる。こうした見方は、ポジティブな価値をもつ出来事に対して、それを一旦通り越して、むしろネガティブな出来事として捉え返していることになるかもしれない。いずれにせよ、このことは、言い換えれば、やはり、ある種の阻害要素が考慮されているということであり、そうした阻害要素を排除するまでの探査力や技術力が不在だったから、発見には至ったけれども、遅い発見になってしまったのだと、そう捉えられていることになる。ポジティブな価値をもつ結果に対するこうした見方は、将来の相似た状況に対する教訓となっていくであろう。

これに対して、cが原因となって引き起こされたと解されるeがネガティブな価値をもつ場合は、阻害要素・予防対策の不在は一層明確な形で関わっている。なぜならば、そうした場合は、「後悔」や「非難」が因果関係理解に含意され、因果関係理解はすなわち責任の帰属という働きと直結するからである。たとえば、タバコの火の不始末で火事を起こしてしまったとしよう。文字通り、ネガティブな事態である。そして、火事の原因は、表面的には、タバコの火である。けれども、そのようにタバコの火に原因を帰するとき、その根底には、何でそんなことになってしまったのか、食い止めるやり方があったのではないか、という後悔や非難の感覚が明らかに横たわっている。予防できたはずだ、なのに、予防しなかったから火事を出してしまったのだ、と。まさしく「予防対策の不在」である。二〇一一年の放射性物質拡散も同様に理解できる。放射性物質が拡散してしまったことの原因は何か。原発事故が原因である。そう述べるとき、その言明には非難の意が包含される。防止する手立てがあったのではないか。予備電源の設置の仕方の一層の工夫とか、津波に対する耐性のテストとか、可能な予防措置はいくつか考えられるだろう。つまりは、そうした「予防対策の不在」こそが、放射性物質拡散の原因とされるのである。そして、そこからおのずと、責任の追及先も絞られてくるわけである。

5　予防可能と予防無縁

そして、こうした「阻害要素・予防対策の不在」は、まさしく反事実的条件分析によって表現され、原因としての位置づけがなされる。すなわち、「そうした阻害要素・予防対策の不在がなかったならば（つまり、予防対策をきちんと取っていたならば）、eは生じなかったであろう」というように、である。ここに、反事実的条件分析が阻害要素・予防対策の不在と結びついて効力を発揮してくる。けれども、ここで少し慎重に議論を進めなければならない。というのも、原因と見なされる事象の中には、そもそも予防ということが不可能なように思われる場合も少なからずあり、その場合は、予防という媒介なしに、そのもの自体がまさしく原因と見なされるべきだからである。eがポジティブな価値をもつ場合で言えば、たとえば、テニスの試合で信じがたいような鋭い角度のバックハンドウィナーが決まったとしよう。賞賛に値する。こうした場合、そもそもそれを阻害したり、予防したり、という側面はほとんど考慮されない。むろん、そのプレイ以前になにがしか予防する対策はありえたとしても（根源的には、そんなうまい人と試合をしなければウィナーは生じなかった）、ショットとその結果との結びつきが強すぎて、そうした予防は前面に出てこない。こういう場合、私たちは、ウィナーの原因はそのショットにある、とストレートに考えるだろう。私の見解では、こうした、いわば「神がかり」的な、あるいは「奇跡的な」事態に関しては、むしろ、予防できないがゆえに、その事象それ自体が原因と見なされる。予防対策の不在ではなく、予防対策の困難性がポイントになるのである。

同様なことは、ネガティブな価値をもつ結果に対しても明白に当てはまる。たしかに、ネガティブな価値をもつ結果に対しては、「助けることはできなかったのか」、「予防できなかったのか」、「食い止めることはできなかったのか」、という後悔の念が込められた形で因果関係が語られる。その限りで「予防対策の不在」が、実のところ、原因として指定されているのである。けれども、そもそも予防できない、あまりに想像や予測を絶した事態で前もっての備えなどほぼ不可能である、といった事故や災害もありえる。突然、経験したこともないような大地震が、いままでほとんど大きな地震がなかったような地域に発生して、大きな地割れが瞬く間に現れて、多くの人々が地割れに呑み込まれて死亡した、などということが起こったら、予防もへったくれもないだろう。死亡の原因は大地震そのものなのである。こうした事態は、先ほどの、ポジティブな価値をもつ場合で予防対策が困難なときに、「神かがり」とか「奇跡的な」という表現が浮かんでくるのと対応的に、「天命」、「神意」、「天罰」、「摂理」などという表現によって形容可能な現象ではないだろうか。実際、そう表現することが適切かどうかはさておき、東日本大震災のような巨大地震が発生したりすると、「天罰だ」といった理解がしばしば登場するものである。

私の理解では、「予防対策の不在」を原因として指定する場合は、責任帰属の問題と絡む以上、予防が容易であるものほど原因として指定される適切性をより多く備えていると考えられる。タバコによる火事で言えば、家を建てなければ火事にはならなかったけれど、それよりもタバコを吸わなければ、あるいは吸ったとしても確実に消していれば、火事にならなかったし、そういう行為の方が、建物を建てないという大がかりな予防対策に比べて、圧倒的に容易に実行可能な予防対策なので、まさしく原因として適切なのだ、という考え方が成り立っているように私には思えるのである。ポジティブな結果に関する阻害要素の場合も同様である。偶然の幸運で大発見が導かれた場合、そもそもその発見者が誕生しなければ、そうした発見はなかったはずだとはたしかに理論的には言えるが、それに比して、不注意な見逃しが発生するということの方が、圧倒的に簡単に現実化しそうな阻害要素であるので、「不注意の不在」が原因として指定されるということになるのだろう。けれども、それに対して、予防できないと一旦表象されてしまうと、まったく逆に、予防が困難である現象であればあるほど原因としての適切性を備えている。ここには、奇妙な逆転が生じているというべきだろう。

こうした二つの、相互反転するまったく相反する見方を、さしあたり私は、それぞれ「予防可能視点（the view of preventability）」と「予防無縁視点（the view of

図1　予防可能視点と予防無縁視点

prevention-indifference)」と呼んでおきたい（図1）。さて、では、こうした反転・逆転はどのような機序で発生するのだろうか。私の現在の考えを述べておこう。何もしないでおくならば発生する確率が高い事象は、十分に発生予測ができるので、「予防可能視点」が採られる（ただし、「確率1」の場合、すなわち、論理的真理については当然ながら除外する）。このことは、地球の消滅による人類の危機(存続していたならばの話しだが）のような、何十億年後にはほぼ確実にやってくるような、そういう意味で発生確率が非常に高いような事象についても当てはまる。なぜなら、まさしくきわめて発生確率が高く、当然予想される事象なので、予防対策を検討する余地が十分にあるからである（他天体への移住、そしてテラフォーミングなど）。それに対して、奇跡的と形容されるようなテニスのウィナーとか、天罰と称されうるような突然の巨大地震とか、そういう発生確率が著しく低い事象に関しては、「予防無縁視点」が採られる。というよりむしろ、より正確には、予想の範疇を超えているので、予防するという発想がそもそも湧かないのである。

こうした理解から分かるように、私は、「予防可能視点」と「予防無縁視点」との視点の反転は、当該問題事象の発生「確率」の大きさによるのではないかと診断している。発生確率が高い場合は、予想の範囲内なので、食い止める手立てがあったのではないかという「予防可能視点」が採られ、「予防対策の不在」が原因として指定される。それに対して、発生確率が低い事象の場合は、もともと考慮にほとんど入っていないので、後から振り返って考えても、「予防無縁視点」が採られざるをえず、不在性ではなくむしろ逆に、発生してしまった想像外の事象そのものが原因として指定されるほかないのである。逆に、発生確率が一に近い事象、つまりほぼ論理的真理に近いと捉えられる事象、たとえば水を分解すると水素が発生するといった因果関係についても、そもそもそれを阻害することはほぼ不可能なので、水素発生の原因は水の分解だとして「予防無縁視点」が採られる。むろん、いずれの場合も、反事実的条件文が原因析出のツールとなる点は変わらない。この点は押さえておきたい。

けれども、では、どのくらい発生確率が低い（あるいは高いと）と「予防可能視点」から「予防無縁視点」への反転が起こるのだろうか。これは、ある意味で劇的な反転なので、強いきっかけがあるはずである。しかし、私は、この点について、「曖昧性」があると答えたい。状況によって、人によって、立場によって、反転が起こる境界線は微妙に異なるであろうし、同じ条件だとしても、ほんの少しの確率変化は反転を起こさせることはなく、第2章で言及した「ソライティーズ・パラドックス（sorites paradox）」が発生してしまう構造になっているのだと思う（一ノ瀬 2011a, 第4章）。こうした点もまた、災害や事故による被害の原因が何であったのか、という問いに混乱をもたらす重大な要因である。

6　震災関連死への問い

さて、以上の因果関係についての考察を、いよいよ震災関連死の原因という主題に適用する段階に至った。それを行うに当たって、あらかじめ候補を絞りたい。反事実的条件分析をそのまま使うならば、原因候補は、通時的な視点から考えて、無数にありえる。宇宙の誕生がなかったならば、太陽の誕生がなかったならば、人類が日本列島に住んでいなかったならば、そして一挙に現在に近づけて、人類が放射性物質を発見していなかったならば、人類が核エネルギーを発見していなかったならば、福島第一原子力発電所を建築していなかったならば、福島県に突出して多い震災関連死は生じなかったであろうという、それぞれの反事実的条件文は成立してしまうからである。この中で、おそらく、宇宙の誕生、太陽の誕生、人類の日本列島居住などは「予防無縁視点」が取られ、それ以外は「予防可能視点」が取られるだろう。けれども、プラクティカルな文脈で、もし人類が核エネルギーを発見していなかったならば、先の震災関連死はなかったであろう、よって、核エネルギーの発見が、つまりは、先の私の分析を踏まえて厳密に言うならば、核エネルギーの発見を妨げる事態の不在が、震災関連死の原因であるといった言説は、まったく問題にならない。私たちの社会では、そうした言説はリアリティを一切付与されない。

このように考えて、すでに予告したことだが、反事実的条件分析の前件に、もしそれが発生しなかったならば、という形で入りうるリアリティある原因候補を、(一)津波震災、(二)福島原発事故、(三)過酷な避難行動、の三つに絞りたいと思う。放射線被曝を原因候補に入れないことについては、先に触れた点から分かるだろう。震災関連死は、放射線被曝による放射線障害による死ではまったくない。放射線障害による死者は、不幸中の幸いと言うべきか、現れなかったのである。震災関連死は放射線被曝死ではないということは、福島問題に少しでも関心を抱く人にとってはあまりに自明なことなのだが、国外はもとより、国内にもその辺りの理解がぼんやりとしている方々がいるようなふしがあるので、ここでぜひとも強調しておきたい。

ともあれ、津波震災、原発事故を原因候補にすることに紛れはないだろう。それらがなかったならば、間違いなく、福島の避難者がこれほど多くなることはなく、震災関連死もこれほど発生しなかった。

では、避難行動についてはどうか。もしかすると、いまだに、避難することで放射線被曝を避けられたのだから、なぜそれが死亡者を増やすことにつながるのか、むしろ被害を減らすことに貢献したはずではないか、といった素朴な理解をする人がいるかもしれない。しかし、現時点で言うなら、こうした理解をしている人は、福島問題をあまりに他人事として見すぎていて、想像力が欠如していると言わなければならない。仮に正義心から述べているとしても、実態としては、無理解・無知・無関心の表明以外の何物でもない。

まず、結果的に見て、すでに幾度も言及したように、放射性物質の飛散量は懸念されたほどには多くなかった。理論的な側面に視点を絞って、結果論で言えば、避難しなくても、ほとんど放射線被曝による被害は発生しなかったと、少なくとも物理的・生理的には言える。実際、飯舘村の「いいたてホーム」では、避難勧告にもかかわらず留まることを選択したが、その後の死亡率は震災前と変わらなかった（相川 2013, pp.121, 182）。むろん、事故直後は情報が不足していたのであり、避難するという判断に瑕疵（かし）はまったくない。実際、情報不足の中では、心理的な恐怖感も間違いなくある。同じ立場なら、私もそうした。問題は、事故後時間が経って、放射線量の情報が明白になってきた後のことである。その場合、実は、帰還するという選択肢が有力なものとしてあったのである。むろん、避難先に定着したり、子どもの放射線感受性を考慮したり、さらには戻ろうにもインフラの不備などで戻れなかったり、といった複雑な事情もある。しかるに、全員ではないが、そうした避難を継続した方々の中に、健康悪化、自死、などによる震災関連死が多発してしまったのである。

なぜなのか。東日本大震災の後にも熊本地震などが発生し、そのたびに避難行動のありようが話題となってきたことを考えると、このように問いを立てることも、いまさら感があり、もどかしい限りだが、この点理解が依然として浸透していないようなので、あえて再び言及する。少しだけ当事者になったことを想像して、「避難」という行動がどういうことなのか、思い描こうと努力してみてほしい。震災直後だったら、いわば着の身着のままに近い状態で体育館に移動し、マットの上で何日も何週間も過ごす。東北の三月で寒いし、プライバシーもない。食事や、トイレ施設も、医療サービスも、十分ではない。また、別の避難所や仮設住宅に移ったとしても、そんなに改善は期待できない。プライバシーは依然として十全ではないし、すき間風が入るし、カビなど繁殖しやすい。自身の家業や、仕事や雇用が非常に不安定になる。仕事が奪われたり、安定しなくなったりすることが、どれだけダメージを与えるか、ぜひとも想像してほしい。そして何より、コミュニティーがなくなり、孤立化・孤独化が進みやすい。補償金が出たりするので、さしあたり就業しなくても生活できるけれど、どうしても、閉じこもりがちとなり、運動不足となったり、精神衛生上も好ましくない状態になりがちである。かくして、高脂血症や糖尿病などの健康悪化や病死を招いたり、自死者が出たりしてしまったのである。避難というのは、このようにそれ自体危険性を胚胎する行為なのである。当事者でない人々が、避難したらいい、避難すべきだ、などと軽々に発言してよいものではない。

実は、こうした点は、先に何度も触れたことだが、震災関連死の代表事例である「双葉病院の悲劇」を想起すれば最初から明らかであったと言える。自立歩行の困難な、健康状態もよくない高齢者を、こともあろうに観光バスに無理に乗せて、十時間も移動させれば、死者が出てしまうのは避けられまい。それを放射線障害死だと強弁する人がいるとしたら、事実歪曲も甚だしい。当時の放射線量について、すでにデータも出ているのだから、きちんと調べて、そして放射線の健康影響についてひととおりの知識に基づいて、発信すべきである。人の死について、軽々な発言は厳に慎むべきであろう。そうでなければ、死者を冒涜することにもなってしまうのではないか。ただ、震災関連死について、放射線被曝に対する「恐怖心」によって避難したのだから、放射線被曝による死といっても間違いではないのではないか、と考えている人がいるように感じられるときもある。けれども、これは言葉の誤用だろう。放射線障害死は、放射線被曝への恐怖心による死とは、物理的にも医学的にも、まったく異なる。放射線被曝への恐怖心を問題視したいのならば、むしろ、それを促した、研究者やメディアの責任をこそ問題として取り上げるべきである。いずれにせよ私は、ここでは、放射線被曝への恐怖心からの避難も含めて、避難行動として一括している。

　実は、同様な点は、その後に実施された被災地の子どもの甲状腺悉皆（しっかい）検査についても当てはまる。この検査によって平常以上の割合の甲状腺がん、あるいはその疑いが発見されたが、初期放射性ヨウ素被曝線量のデータ、他地域との比較などから、被災地の子どもたちの甲状腺がんは、いわゆる「スクリーニング効果」による「過剰診断」であることが広く認識されてきている。[7] 実際、韓国で健康診断の項目に甲状腺検査を入れたところ、甲状腺がんの発見率が十倍以上に跳ね上がってしまったこと、けれども死亡数の増加はなかったことはよく知られている。[8] ここで言う「スクリーニング効果」とは、詳しく検査しなければ発見されないような軽微な異常が発見されてしまうことであり、「過剰診断」とは、死亡に直結しないような症状を病気として診断してしまうことである。

　これに対して、依然として、詳しく調べて病気を発見するのだからよいことなのではないか、などと考えている方がおられる。しかし、ここにも想像力が必要である。一旦検査が始まってしまうと、親心として、自分の子どもにも受診させたいと思う。しかし、そうした方々の中から、異常所見が出てしまう。通常なら何も発見されないような、所見である。しかも、その中には、健康や死亡などには関わらないものが多い。けれども、当事者は、悩み苦しみ、不安に思う。大きな精神的負担である。これは、そもそも悉皆検査などをし始めてしまったところに問題があるのだと言うべきだと思う。「甲状腺がんのスクリーニングは、過剰診断の不利益が大きいため推奨しないとされている」（学術会議報告 p.11、ウェルチほか 2014 も参照）。いまさら遅い面も多々あるかもしれないが、ともかく、この悉皆検査は止めるべきだろう。放射線被曝による甲状腺がん発症の恐れは限りなく少ないことをよく説明して、これ以上、子どもたち、そして親たちの不要な不安を拡大させないようにすることを強く求めたい。

いずれにせよ、震災関連死の反事実的条件分析の前件に入りうる原因候補として、津波震災、福島原発事故、過酷な避難行動、の三つを挙げることに一定の合理性があることが示されたと思う。

7　予防可能度

さて、かくして問題は、とくに福島に多い震災関連死の原因について、津波震災、福島原発事故、過酷な避難行動、の三つの選択肢の中からどのようにして最も説得力ある原因をピックアップできるか、という問いに収斂してきた。改めて確認しておくべきは、この三つとも、反事実的条件分析をクリアする、その意味で震災関連死の原因としての資格を有しているという点である。したがって、おのずと、問題は「どれが真の原因か」ではなく、「どれが原因としてより適切か」という「程度」の問題であることになる。これまでの議論を踏まえて言うならば、どれが最も大きな「予防可能性」をもっていたか、言い方を変えれば、どれに対して予防対策を施すことが最も実行可能性が高かったか、ということになるだろう。私はこうした程度概念を「予防可能度（degree of could-have-prevented)」と呼びたい。

私の考え方をストレートに述べよう。予防対策の実行可能性を考えるに、まず、（一）「コスト」、すなわち費用や労力、が考慮されなければならない。コストが高いものは、当然、実行可能性が低いということになる。次に、場合によってはコストに含めてもよいかもしれないが、二つ目の考慮要素として、（二）予防対策が効果を発揮するまでの「所要時間」が挙げられるだろう。所要時間が短いほど、実行可能性が高く、やりやすい対策であることになる。この所要時間をコストと別立てにするのには理由がある。すなわち、コストが高くても所要時間が短い予防対策とか、逆に、コストが安くても所要時間のかかる予防対策などがありえて、コストの高低と所要時間の長短とは対応しないからである。たとえば、今日我が国で増え続けているシカ害やイノシシ害への対策を例に取ってみよう。農作物などを荒らすシカ害・イノシシ害への対策としては、鉄砲による駆除というのが、最も端的な対策であろう。これは、人件費とか装備、そして駆除者の受ける心理的負荷という点で、コストはなかなか高くつく。けれども、解決に要する所要時間は、命中してしまえば短時間で済む。これに対して、罠を仕掛けて捕獲するというのは、たぶん、コストの点では、人件費や心理的負荷などに鑑みて、鉄砲による駆除よりも安いだろう。けれども、シカやイノシシが罠にかかるのを待たねばならない。直接的な駆除よりも時間がかかるだろう。このように、コストと所要時間は正比例するわけではない。

けれども、コストと所要時間という二つの基準だけで、予防対策の実行可能性すなわち予防可能度を評価するとしたら、奇怪な原因指定が帰結することがありえる。タバコの火の不始末による火事の例に戻ってみよう。その家屋がなかったならば、当然その火事は起こらない。ひいては、そこにその家屋を建てようと土地の持ち主が決断しなければその火事は起こらなかったわけである。しかるに、そこにその家屋を建てないという決断は、一瞬で実行可能であり、コストもかからない。ということは、上の二つの基準だけで原因指定を行うならば、火事の原因は「家屋を建てないという決断ができなかったこと」になりうる。有り体に言えば、その家屋を建てようと決断したことが火事の原因である、ということになろうか。これは、しかし、きわめて奇妙な原因指定であると言わねばならない。プラクティカルな意味で、まったく通用しない主張だろう。

では、先の二つの基準以外に、どういう要件が必要だろうか。私の考えでは、(三)「現在からの時間的距離」という要素が考慮されるべきではないかと思う。実行可能な過去時点が、現在から近ければ近いほど、その対策は予防可能度が高いと考えるということである。このことは、コストとも無関係ではないかもしれない。かなり前もって予防対策を講じるというのは、労力と維持力がかかるであろうからである。さらに、時間が近づいた時点で予防を考える方が、明らかに対策を立てやすい。なぜなら、予見が一層明確にできるようになるからである。むろん、結果発生時点に近すぎては、実際上は、予防可能でなくなってしまい、例の視点の反転が起こりかねない。そこでは、コストや所要時間をも考慮に入れた、総合的な判断が必要になるわけである。

こうした発想は、法哲学の伝統において「近因（proximate cause）」と呼ばれている概念に近似している。一般道の道路工事に不備があり、走ってきた車がパンクして、停車したとき、うしろから前方不注意の車がぶつかってきた、という場合を考えよう。むろん、道路工事の不備がなければその事故はなかったのであり、反事実的条件分析の観点からして、道路工事の不備は事故の原因としての資格を有する。けれども、ぶつかってきた車の過失もまた、そうした資格を有することは明白である。では、何が違うのか。道路工事の不備があったとしても、そして、それによる車のパンクとか停車があったとしても、ぶつかってきた車の運転手が前方に注意していれば、その事故は起こらなかった。すなわち、反事実的条件分析による原因指定候補の中で、一番後になっても事故を食い止めることができた対策、すなわちこの場合だと不注意な運転を防止すること、それが、対策を実行する時間の余裕という点で、最も実行のチャンスが多く、最も実行可能性が高い、つまり予防可能度が高い、ということになる。実際、事故時の直前でも、停車を明示し、運転手の注意を喚起する方法はあったはずであろう。

この三つの因果指定絞り込みの基準を踏まえて、多くの原因候補の n 番目の候補を C_n、焦点を当てられている結果をE、そして、その原因候補のコストをCos、実行に要する所要時間をTim、現在からの時間的距離をDisと表して、その三つの、値づけをした上での扱いを関数と捉えて（基本は乗法だが、様々な考慮を反映した重み付けを導入した関数でもよいだろう。直観的にはDisに最も大きな重み付けが与えられるのが適切に思える）、その逆数を取ることで予防可能度（degree of could-have-prevented, ＤＣＨＰと略記）を定式化してみよう。分子にくるΦは、いまのところ明示はできないが、必要があれば導入されうる変数や定数を予想して、念のため加えてある。そしてPは、C_nが発生したときにEが実現されるであろう条件つき確率である。以下のような定式を提起したい。

$$DCHP(C_n, E) = \frac{P(E|C_n)\Phi}{f(Cos(C_n), Tim(C_n), Dis(C_n))}$$

すなわち、ＤＣＨＰが高ければ高いほど、C_nがEの原因として指定されることの適切性も高い、ということである。要するに、ＤＣＨＰの値は、そのまま、原因指定についての適切度という程度概念として読み替えることができるのである。

8　適切な原因指定

最後に、以上に基づいて、津波震災、福島原発事故、過酷な避難行動、の三つに関して、それぞれの震災関連死の予防可能度を考え、そして福島県の震災関連死の多さの原因としてどれが最も適切かを考察してみたい。まず、津波震災が、福島県の突出して多い震災関連死の多さの原因である、つまり、津波震災に関する予防対策の不在が関連死の多さをもたらした原因である、という原因指定についてである。こうした予防対策の予防可能度はどのくらいだと考えるべきだろうか。まず押さえておくべきは、この場合の予防対策というのは、津波震災そのものを予防して生起させないようにする、ということも理論的には含むが、そういう問題設定をしてしまうと「予防可能視点」ではなく「予防無縁視点」へと視点がシフトしてしまいかねず、予防可能度という概念が空転してしまう恐れがあるという点である。したがって、そういう直接的な予防対策というよりも、もっとコントロール可能なやり方に焦点を合わせた方がよい。

私の考えでは、もっと有効な、百メートルぐらいの非常に高い防潮堤を広範囲に築いておく、というやり方がまずありえると思う。そのようにして、津波が原発を襲うことがなければ、原発事故もかなり防げて、震災関連死の上昇もなかったであろう。しかるに、この対策のコストは、おそらく膨大である。そして、数年単位の所要時間もかかる。また、かなり前もって動いていなければならず、実行可能な過去時点の現在からの時間的距離も長いと言わなければならない。それ以外に、もっと根本的に、そもそも原発を作らないでおく、という対策も候補になる。この場合、原発を造らないのだから、そのコストはかからない。けれども、逆に、そこで作られるはずだったエネルギーをほかでまかなわなければならず（火力発電・水力発電・ソーラーパネルの増設、石油、石炭、天然ガスの他国からの輸入など）、そしてそれに伴う弊害への対策（地球温暖化への対策、ダムによる環境破壊対策、ソーラーパネルに含まれる有害物質対策やパネル設置による災害助長への防護対策など）、さらには、原発という職場で発生した雇用をほかで創出するためのコストも考慮しなければならない。つまり、原発を造らないということは、その後に対して大きな影響を及ぼす。その意味で、原発を造らないという対策を実行するにも、かなりのコストがかかるのである。所要時間については、考え方によるが、巨大防潮堤を造るよりは少ないだろう。ただし、原発を造らないという対策は、実行するためにはかなりの過去に遡らなければならず、現在からの時間的距離は長い。いずれにせよ、津波震災への予防対策の不在を原因とするには、予防可能度はかなり低い、よって、福島での震災関連死増大の原因としての適切度も低い、と言わなければならないだろう。

では、原発事故が関連死の多さの原因だとする場合、すなわち、より正確に言うと、原発事故を予防する対策の不在が関連死増大の原因だ、と原因指定する場合はどうだろうか。この場合の予防対策は、まずもって、原子炉冷却の維持のための予備電源の充実化であろう。予備電源をもっと標高の高いところに設置しておけば、事故がこれほどの規模になることはなく、関連死の増大は防げたであろう。なぜなら、その場合、原子炉冷却がうまくいき、水素爆発による放射性物質飛散が食い止められて、そもそも避難する人々の数が少なくて済んだはずだからである。さらには、事故の広範なシミュレーションをしておくこと、そしてより根本的には、原発の設備を改善して事故耐久性を高めることなども対策の候補になる。こうしたことのコストは、先に検討した津波震災への予防対策よりはさすがに小さいだろう。巨大な防潮堤を造ったり、原発を造らなかったりというマッシブかつ長期の国家戦略に関わる対策に比べれば、規模が小さい事業だからである。そしておそらく、所要時間も津波震災対策よりは短いだろう。現在からの時間的距離に関しても、津波震災対策よりは短い。したがって、原発事故の予防対策の不在を、関連死増大の原因として指定することの適切度は、津波震災の対策不在に比して、ずっと高い。国や電力会社に責任を帰して、補償を求める、という方向性には一定の理があるのである。

けれども、もっとさらに適切な予防対策はなかったであろうか。こうした問いは、津波震災が現に発生し、原発事故もすでに起こってしまったという、その時点に視点を置いて考えたとき、否が応でも湧き上がる疑問であろう。津波震災・原発事故が起こってしまったなら、たとえ放射線被曝死は発生しないとしても、関連死の増大はもはや決定論的に必然的に起こるのであり、食い止める手立てはなく、ただただ死者の数が重なることを手をこまねいてみているしかなかったのだろうか。助ける方策はなかったのだろうか。私にはそうは思えないのである。そこで、第三の過酷な避難行動に震災関連死増大の原因を帰する、すなわちもっと厳密に言えば、過酷な避難行動に対する予防対策の不在が震災関連死の増大の原因であった、という原因指定の適切度について確認してみたい。この場合、予防対策として考えられるのは、まず、避難しない、という選択肢である。これは、双葉病院など、福島第一原発直近の場所も含めて、後知恵で考えれば、実は合理性のある選択肢であったが、当時の状況に鑑みれば、線量の確かな情報がなかった以上、恐怖心という大きなコストを払うことになるはずであったろう。次に考えられるのは、一定期間細心の注意を払いながら屋内退避を続けて、避難経路や避難場所の確保・確認ができてから避難する、というやり方であったろう。これはたぶん、実行可能であったのではなかろうか。さらには、避難した後にも、データがそろって、健康影響がほとんど考えられないことが分かったときに、行政の主導のもと帰還する、という選択肢である。行政の主導のもと、というのは、自治体によるインフラ復興などが伴わなければ、帰還も実際上困難だからである。いずれにせよ、このような予防対策を取ることによって、関連死の極端な増大は防げたはずである。なにしろ、避難生活の困難さ・過酷さを考えると、自宅に戻って落ち着く方が、はるかに健康によいことは確実だからである。実際、先に触れたように、避難勧告を拒否して、待機を選んだ飯舘村の「いいたてホーム」では、震災後の死亡率は震災前と変わらなかった（相川 2013, pp.121, 182 および本書 p.158）。それ以外に考えられる予防策としては、避難所や仮設住宅の質の向上も挙げられるだろう。ただ、これはかなり前もっての準備が必要な予防策なので、実行可能性は、少なくとも事故後に視点を置いた場合、高くないかもしれない。

このような避難行動の危険性に対する予防対策について、避難施設の質の向上という対策を除いて、全般的に考えて、コストはなんといっても恐怖心や不安感であろう。ただ、そうした心理的なコストは、線量データや、放射線の健康影響についての科学的・疫学的知見を周知させることによって相当に軽減できる。事実、福島に暮らす方々は、放射線についてずいぶん勉強されて、納得して生活し続けている方がとても多いのである。遡及的に考えて、現状よりもさらに多くの方々がそのように納得して帰還することは、専門家や研究者の努力があればできたはずだと考えられる。しかしむろん、水道や電気などのインフラ復興にもコストがかかる。けれども、全般的に考えて、実際上の放射線障害は、急性はもちろん発生しなかったし、晩発的な障害もまず発生しないことは理性的に理解可能なのだから、コストといっても、巨大防潮堤の建設とか、予備電源の再設定とか、原発設備の改善とか、そういう大きな規模のものと比べると、それ以上にはならない。常識的に考えて、防潮堤とか原発設備の改善とかよりは、インフラ復旧の方がコストは安いはずである。所要時間は考え方にもよるが、何より、現在との時間的距離は、津波震災や原発事故の予防対策と比べて、圧倒的に短い。

以上の整理を、三つの軸を用いた直方体としてイメージ化してみよう。Cos、Tim、Dis のそれぞれの逆数を取る点、注意してほしい。Cos、Tim、Dis をその順でそれぞれX軸、Y軸、Z軸と置く。表示される直方体の体積が大きければ大きいほど、それを原因として指定することの適切度も高い、ということになる。まず、津波震災の予防可能度については、次のようになろう（図2）。Cos、Tim、Disのどれもが大きな値なので、その逆数を辺とする直方体は小さな物になる。

次に、原発事故の予防可能度は次のようなイメージ図として表せるだろう（図3）。津波震災の予防可能度に比べて、Cos、Tim、Disのどれもが小さくなるので、その逆数を辺とする直方体は大きくなる。

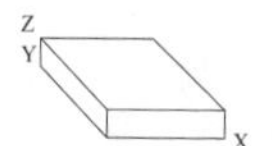

図2　津波震災の予防可能度

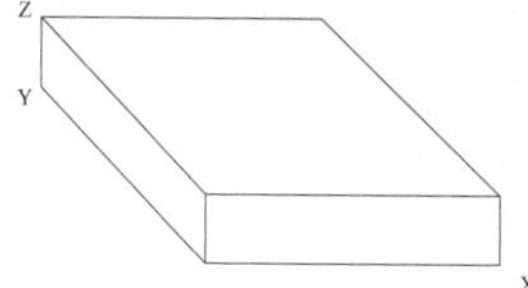

図3　原発事故の予防可能度

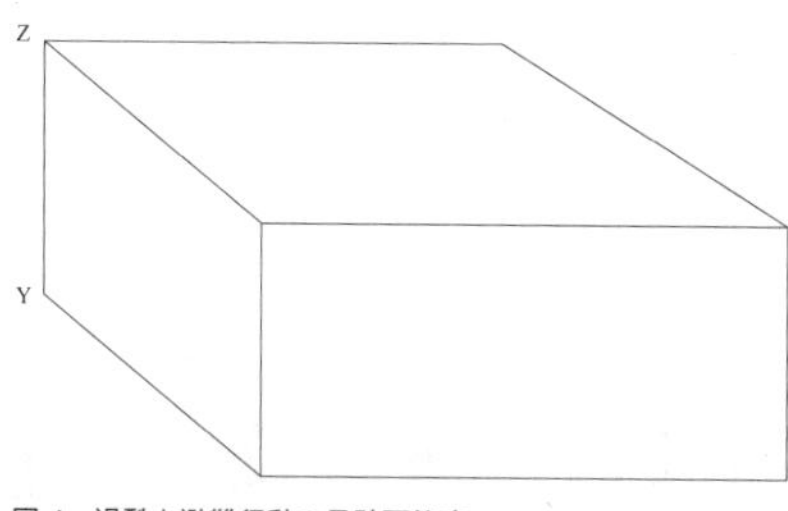

図4　過酷な避難行動の予防可能度

では、過酷な避難行動の予防可能度はどうだろうか。そのコストは、おもに恐怖心などの心理的コストであり、これは知識によって緩和できるし、インフラ整備についても、水道や電気などのライフラインの復旧だけならば、原発の設備の改善などといった事業よりはずっとコスト的に容易である。ただ、所要時間については、原発の設備の改善などと比べて大小は明確ではないかもしれない。恐怖心の緩和や知識の周知には多少の時間を要すると思われるからである。それゆえ、さしあたり、所要時間に対応するY軸の長さは原発事故の予防可能度と同じと仮定してみよう。そして、現在からの時間的距離に関しては、原発事故の予防可能度と比べて、圧倒的に短い。以上を踏まえると、前頁のようなイメージになるだろう（図４）。こうして、過酷な避難行動の予防可能度を示す直方体の体積は、原発事故の予防可能度を示す直方体の体積よりもずっと大きくなる。

かくして、震災関連死の原因として、津波震災、福島原発事故、過酷な避難行動、の三つの候補の中で、過酷な避難行動の予防可能度の体積が一番大きいということになる。より具体的に述べれば、避難せずとも問題ない状況の中では避難しない、あるいは待機して条件が整ってから避難する、あるいは一旦避難した後でも落ち着いたときに帰還するよう努める、そしてそうした予防対策を実行できるよう専門家や研究者も助力する、過度に危険性を強調し不安を煽るような言説を根気強く客観的に否定していく、といった方策をとれば、震災関連死の福島における突出した増大はいくらかでも防げたのではないか、ということである。

むろん、こうした考察は、かなりラフな概括であって、当然ながらもっと詳細な、個別の関連死の原因に関する調査や分析があってしかるべきだし、そのことによってそれぞれ個別のもっと具体的な原因指定が行われるだろう。けれども、だからといって、巨視的な視点からする概括的なスケッチが無意味だということにはならない。少なくとも、福島県に突出して多い関連死について、ひとしなみに原発事故にその原因を帰するという、ありがちな理解に対する真摯な反省や再考を迫り、その結果として事態の真なる理解を促進する、という効用が十分に考えられる。いずれにせよ、震災関連死の原因は過酷な避難行動の予防の不在であったと述べることが、原因指定の仕方としては最も適切度が高いと、そう結論づけることができる。大きな痛みと悲劇から学ばれた、将来への貴重な教訓として、銘記したいと思う。

補論

以上の議論はやや理論的なので、もう少し分かりやすくするため、別の論考で用いたたとえ話を最後に記す。[9] 台風による道路陥没のため主要道路が通行止めになったとする。脇にある狭い林道に車が進入するようになった。林道使用者が事故に遭うリスクが高まった。車の音がするので、林道使用者が、よけるため、慌てて林に逃げ込んだ。慌てていたので、樹木の根っこに足を引っかけて転び、大怪我をしてしまった。さて、この人の怪我の原因は何なのだろうか。この場合、台風が津波震災に、林道に車が入り込んで事故のリスクが増えることが原発事故による放射線被曝のリスクに、慌てて林に逃げ込むことが過酷な避難行動に対応している。私の素朴かつ率直な理解を述べよう。車が林道に入り込んだとしても、慌てず周囲を確認しながら林に身を隠せば、あるいは林に入らずとも注意深く林道の端に身を寄せれば、車をやり過ごせて怪我をすることもなかった、だから怪我の原因は慌てて林に逃げ込んだことだ、と。むろん、こういう私の意見は、道路陥没に対する予防策を採ること、林道への車の進入に規制を設けることなどに反対するものではまったくない。単に、台風直後に、そうした対策を採るいとまもなく、実際に車が入り込んできてしまったという緊急事態において、身を守る方策について述べているにすぎない。私の上の議論は、同様な思考経路を、理論的に整理して述べたものにほかならない。

さて、本章にて避難関連死の原因をつまびらかにした後で、次に第4章では、避難関連死に図らずも巻き込まれてしまった避難弱者の問題と、それからやや視野を広げて、比較的見過ごされがちの被災動物のありようについて、主題的に論じていこう。この主題は、東日本大震災・福島原発事故という特定事象に限定されず、災害発生時一般において現出しうる問題圏である。

第４章　被災動物、避難弱者、そして動物倫理

1　死の情景

一瞬目を見開いて、私をじっと見つめた。それからすぐに、まぶたが重く閉じられ、かすかに動いていた胸が、ゆっくりと、静かに、止まっていった。「しずか！」。私は叫んだ。しずかの体をゆする。まだ逝くな。おむつ生活でもいい、じっと寝ているだけでもいい。ぬくもりがあるだけでいい。頼むからまだそばにいてくれ。けれど、不思議なほど普通であるかのように、事態は進んでいった。体はまだ温かい。でも、呼吸は停止した。心臓も止まった。生きているように見える。しかし、もう引き留めることはできない。見た目には何も変わってないのに、重大なことが進行し、過ぎ去っていった。一瞬前に戻りたい。しずかの生きていたあの時間に戻りたい。だが、時間は冷酷に、歩を刻んでいく。時間とは、なんて恐ろしいものなのか。いのちとは、なんと切ないものなのか。

愛犬「しずか」と出会ったのは、かれこれ十六年前に遡る。家族で犬を飼おうということになって、雑種犬の里親捜しの会に出向くと、すでに生後五ヶ月を過ぎ、やや大きくなっていた彼女が、展示広場の入り口のところにいた。かわいくて、すぐに目に付いたが、係の方が別な犬を薦めて、私たちはその犬をもらい受けようかと思い始めた。しかし、私たちが、その犬のしっぽの形態に気づき、かなり吠える犬種かもしれないと感じ、躊躇し始めると、係の方は、なんと、あの目に付いた入り口の犬

を連れてきたのである。もはや迷うものは何もない。こうして、私たちはしずかと暮らし始めた。しずかとの散歩は、私にとってもはや本質的なこととなっていった。ものを考える絶好の機会なのである。しずかを迎え入れた一年後、ペットショップで売れ残り、後ろの方に回されていた柴犬を、なぜだか情にほだされて迎えた。もう一人の愛犬「牛若」である。こうして、「しずかと牛若の日々」が十年ほど続いたのである。

牛若が二〇〇九年に亡くなったときのことは、拙著『死の所有』に記した。私自身、大人になってはじめての、自覚的に共同生活をした犬の「死」であった。しかも、若死にであった。衝撃はすさまじかった。それと比較すれば、しずかの死は、私にとって静謐なものであったと言ってよいだろう。牛若の死から六年が経ち、しずかも齢十六を超え、犬の生存条件を考えると、もはやいつお迎えが来てもおかしくないし、一度牛若の死を経験した私自身、愛犬も死ぬんだという自明なことを自明なこととして多少は受け入れられるようになってきていたからである。もっとも、しずかは、もしかしたら十七歳まで生きるか、と期待させるほど元気で、死の二週間前まで、散歩もし、食欲もあった。しかし、二〇一五年三月下旬になると、足腰が立たなくなった。元から腎臓を病んでいて、彼女の体は全体として限界だったのである。散歩も排泄もうまくできない。おむつ生活になった。不思議な感覚だが、正直、私は彼女のおむつを替えてやることが、なんだか嬉しかったのである。若いときはお調子者で、あまり言うことも聞かないおてんばだったのが、神妙におむつ替えに従ってくれるからだろう。やっと私の掌中にやってきた、という感触である。最期の日々は、おむつを替え、しずかにほおずりをして、密着して暮らした。ただ、あいにくと、四月頭にバンクーバー出張があり、後ろ髪を引かれるようにカナダに向かった。あちらで毎日しずかの様子を聞いた。そうして、帰国した翌日の、二〇一五年四月六日、しずかは十六歳五ヶ月の生涯を終え、旅立ったのである。まるで私の帰国を待っていたかのようであった。いや、本当に待っていたのだ。いまでも愛しさがこみ上げ、胸が詰まる。

しずかの境涯は決して不幸ではなかったと、私は信じたい。家族として一緒に出かけ、一緒に楽しみ、天寿と言えるような歳まで元気に暮らし、最期はみなに看取られた。むろん、「死」について、私たちは完全なる素人であり、一人称の次元でそれがどういう事態であるかは分からない。しずかが、死に際して何を感じ、何を思ったか、それは永久に謎である。だから、私たちは、「一人称の死」という本来の関心事を遠巻きにしながら、二人称そして三人称の死をほぞをかむように語る。それしかできないのである。そして、そういう限りで、死に際も含めて、しずかの一生は決して悲惨なものではなかったと信じたいのである。[1]

2　動物を殺す

けれども、しずかのような場合がすべての犬に当てはまることはない。犬、そしてそのほかの哺乳動物は、私たち人間の視点から見て、すべてがしずかのように、悲惨とは言えない死を迎えるわけでは必ずしもないのである。ここでは、議論の端緒として、三つのケースにとくに言及しておきたい。少なくとも私にとって、「いのち」というものの意義を捉えるために、これらの問題を抜きにすることはできない。というより、これらの問題に注視することこそが、「いのち」に関する論議の出立点になるべきだ、というのが私のスタンスである。これらはすべて表立って主題化されにくい、という特徴を共有している。事実として主題化されにくいだけでなく、多くの人々が主題化したくないと思っているのではないか、というのが実情であろう。

第一は、保健所における犬猫の殺処分である。飼い主のいない野良犬や野良猫（とくに子猫）、あるいは飼い主が飼育放棄したり、飼えなくなったりした犬猫の多くは、保健所に引き取られる。そのなかには、新しい里親にめぐり会えるものもあるが、一定数は殺処分される。コストなどに鑑みて、ほかにどうしようもないと判断されるからである。この問題は、いわば私たちの社会の裏面であって、なかなか表立った議論の主題となりにくい。報道もされないし、国会で質問もほとんどされない。とはいえ、たしかに、こうした裏面に潜む非道徳性を感覚する人々は少しずつ増え、その結果、殺処分数は近年減り続けている。平成元年頃までは年間百万頭を超える犬猫が殺処分されていたのだが、平成三十年の環境省による統計では三万八四四四頭にまでなっている。ただ、平成三十年の引き取り数の全体が九万一九三九頭で、そのうちの三万八千頭以上が殺処分ということである。殺処分割合は四割以上であり、やはり高いと感じられるだろう。[2]

国立国会図書館の遠藤真弘による二〇一四年の調査によると、イギリスでの犬猫殺処分は一割から二割程度、アメリカで三割から四割、ドイツでは殺処分禁止、ということになっており、比較した場合、日本の殺処分の割合はやはり依然としてやや高いと言わなければならない（遠藤 2014）。むろん、こうした述べ方には慎重さが必要ではある。イギリスでは、「スタッフィ」と呼ばれる闘犬種の血を引く犬種が若者の間で流行り、その保健所への入居が急増し、その攻撃性に苦慮した結果、二〇〇九年には健康な犬一九三一頭を殺処分した（遠藤 2014, p.7）。また、ドイツに関して言えば、原則的に殺処分禁止とはいえ、「ドイツ連邦狩猟法は、狩猟動物を保護する目的で野良犬・猫の駆除を認めており、狩猟者は、合法的に野良犬・猫を殺すことができる〔…〕動物保護施での殺処分とは目的が異なるが、本来であれば動物保護施設に入居してもおかしくない野良犬・猫や捨て犬・猫が駆除の対象となっており犬猫殺処分と無関係であるとは言えない」（遠藤 2014, p.3）。しかし、いずれにせよ、このような国際比較は、データとして押さえておくべきだとしても、主たる論点ではない。ここでの主たる論点は、むろん、犬猫などのペットを、私たちの社会は殺処分しているという事実の明確化である。

しかも、ここで付け加えるべきは、我が国での犬猫の殺処分方法である。たしかに、末期的な状態になった犬や猫に関して獣医師によって施される処置は、おそらく、文字通り「安楽死」といってもよい。チオペンタールなどの麻酔薬をまず打って安静な状態にしてから、やはり催眠効果のあるペントバルビタールナトリウムなどを注入し、死に至らしめる、というのが獣医師による安楽死の一般的な方法で、これは当人の苦しみはあまりないと言えるだろう。けれども、保健所での殺処分はどうなのだろうか。環境省が平成七年七月四日総理府告示第四十号として発布した「動物の殺処分方法に関する指針」の冒頭には一般原則として「管理者及び殺処分実施者は、動物を殺処分しなければならない場合にあっては、殺処分動物の生理、生態、習性等を理解し、生命の尊厳性を尊重することを理念として、その動物に苦痛を与えない方法によるよう努めるとともに、殺処分動物による人の生命、身体又は財産に対する侵害及び人の生活環境の汚損を防止するよう努めること」と謳われている。「殺処分しなければならない場合」という条件がもの悲しく響くとしても、その条件を承認した上でならば、この原則自体、次善の策として受容可能である。けれども、問題はその実態である。同じく環境省が公開している、「第五回動物の愛護管理のあり方検討会」での資料三「犬ねこの引取りや殺処分等」によると、「各自治体に於ける殺処分の方法であるが、炭酸ガス（CO_2）を利用した方法が九六パーセントを占めている」[3]。その根拠は、「炭酸ガスは空気中に〇・〇四パーセント含まれており、その高濃度の吸入による麻酔効果はよく確かめられている」[4]という点に求められている。問題はここである。炭酸ガスを用いた殺処分の現場に立ち会った、「NPO法人アニマルライツセンター」によるリポートを、やや長いが、引用しておこう。

> 犬たちは凶暴どころか肉体的にも精神的にも弱っており、抵抗する力も残されていない犬ばかり。抵抗して足を踏ん張ってもすぐに引きずられていきます。人がじかに接していても、人に危険はほとんど無い様子です。危険があるとすれば、恐怖心から抵抗をするときだということです〔…〕ガス室にいやおうなく追い込まれていきます。このとき、犬たちは何が起こるのか、まだわからないという表情でした。二酸化炭素は無味無臭です。ガタンと音を立ててドアが閉まり、シューとガスがで始めても、はじめのうちは何が起こっているのか分からないという顔をしていました。犬の何頭かとこのとき目が合いました。そして、数秒後、犬たちは異変を感じ、叫びもだえ始めます。身体の弱い犬から次々に倒れました。元気な犬は長い間倒れず、一生懸命に空気を吸おうと頭を上にもたげ、必至で呼吸を試みますが、二酸化炭素濃度はそのときは既に九〇パーセントに近づいていました。痙攣をしながらたおれ、倒れた後も息を吸おうと頭

を高く上に上げます。足をばたつかせ、次第に動かなくなりました。この犬にとっていったいどのあたりが麻酔鎮静作用だったのでしょうか〔…〕二酸化炭素の場合は、精神的な恐怖だけでなく、窒息しもがくという過程を経た後、（沈静・麻酔作用というより）こん睡状態になり、倒れています。[5]

私の一市民としての直観からして、こうした殺処分に倫理的問題がまったくない、とはどうしても言いがたいと感じてしまうのである。むろん、どのくらいの苦しみだったのか、その一人称的様態は確かめようがない。しかし、チオペンタールやペントバルビタールナトリウムなどで眠らせてから安楽死させる、というような方法と比較すると、明らかに苦しみを与えた殺し方ではなかろうかと思われる。ただ、こうした直観のみに基づいて、現状の殺処分を批判したり、保健所などの職員を非難したりするのは、軽率かつ早計であろう。このようなシステムが生まれてきた背景というものもあるのであり、担当する職員が無感覚で殺処分を実行しているとも考えられない。考えるべきは、どのようにこの事態を理解すべきか、改善すべきならどのようなやり方を導入すべきか、という点である。社会のシステムとして存在しているということは、婉曲的には、私たち一人一人が事実上暗黙の同意を与えているということでもあり、したがって、私たち自身の責任問題として捉えない限り、解決の道は見えてこないだろう。

さて、飼育放棄されたペットの殺処分問題以外に、社会の裏面に潜む、動物を殺すという、社会的に秘匿されがちな背面的行為のほかの局面が、指摘されなければならない。それが、私の言及したい二番目と三番目のケースである。二番目のケースとは、「動物実験」に伴う、動物を死に至らしめる行為である。むろん、動物実験といっても、扱う動物の種類、実験の内容など、千差万別であり、一括りにはできない。私がここで言挙げしたいのは、実験の結果、被験動物が死に至ってしまうような実験である。中等教育などでの解剖実験とか、毒性学の実験などがおおむねそれに当たるだろう。そして、第三に言及したいケースは、肉食のための動物の屠殺である。考えてみればすぐ分かることだが、犬猫の殺処分、動物実験による動物殺しと比較して、肉食のために屠殺される動物の数は桁違いに多い。シンガーの指摘を引いておこう。「食用として飼育される動物の利用と酷使は、問題となる動物の数において、ほかのいかなる種類の動物虐待をもはるかに凌駕する」（Singer 2002, p.95）。フランシオンの伝えるところによると、アメリカ合衆国だけに限っても、「私たちは一年間で八十億匹以上の動物を食用として殺している。概算して、毎日私たちは二三〇〇万匹の動物を動物を屠殺している、すなわち、一時間で九十五万匹の動物を、一分間でほとんど一万六千匹の動物を、一秒間で二六〇匹以上の動物を屠殺している。世界全体で考えれば、さらに何十億もの動物が殺されていることは言うまでもない」（Francione 2008, p.26）。もちろん、犬猫の殺処分のところで言及したことは、動物実験や肉食のための屠殺の場合にも当てはまる。こうした慣習には積み重なった背景があるのであり、また、動物実験や屠殺に直接関わっている人々には、部外者には推し量ることのできない、特有の捉え方があるはずである。食品、革製品、動物実験を経た薬品、化粧品などに即して、私たち自身が陰に陽にこうした慣習の恩恵を受けていながら、それを棚に上げて、殺される動物はかわいそうだ、などと安易に述べることには偽善性が明白に伴うことに自覚的でなければならない。もしこうした慣習に改めるべきところがあるならば、それは私たち自身の自己責任の問題として、当事者として、改善に取り組むべきなのである。[6]

3　避難死

ところで、以上動物に関して述べたような、社会的に表立って主題化されない・されにくい死、というのは、私たち人間に関しては存在しないのだろうか。もちろん、個別的には存在すると言うべきだろう。殺されて死体が発見されない人、失踪して行方不明となり身元不明で亡くなる人、実際は殺されたのに病死や自殺として扱われる人、一度に大量に死亡者が出てしまった場合の個々の人々、こうした方々は、個別的には、いちいち主題化されることはほとんどない。いや、むしろ、私たちの死、もっと広く言うと、私たちを含む動物の「いのち」の終焉というのは、病死であれ災害死であれ不慮の死であれ、個別的に取り上げられることはまれである。わずかに、猟奇的殺人の被害者[7]、政治活動による死亡、英雄的・利他的行為による殉職や死亡、偉人や有名人の死など、そうした特殊な文脈やステイタスにおいて発生した死や死者の場合、メディア報道価値が付与され、社会的に注目されるのみである。

けれども、以上に挙げた人間の死は、主題化されるかされないかは別にすれば、すべて、その「原因」あるいは少なくとも「原因」として推定される範囲にまぎれはない。身元不明の死者でも、凍死や病死として原因帰属がなされるし、変死の場合でも、病死、自殺、事件のいずれかであるというように原因は限られる。少なくとも、そのような理解の枠組みを私たち社会は承認しているように思われる。だが、きわめて特殊な状況ではあるが、大量に死者が発生したにもかかわらず、原因が奈辺にあるかについての社会的了解が分裂してしまっている場面が出現することがある。そうした場面に関しては、そもそも死に至る機微についての理解が分断されているので、社会的に主題化されにくくなるのは必定である。私たちは、あるいは少なくとも私は、近年こうした場面に遭遇したと感覚し、身震いを覚えたことを告白しなければならない。それは、すでに第3章にて詳しく検討したことではあるが、議論の展開上改めて言及したい。すなわち、例の東日本大震災、そしてその後の福島第一原発の事故後に発生した悲劇のことである。多くの方々が亡くなってしまったのに、原因の理解が分裂し、関係者にはいまだもやもや感と悔恨の情が残っているのにもかかわらず、別の関心事の陰に隠蔽されてしまっている。少しでも、ご冥福を祈り、哀悼を捧げることへと貢献できるよう、という想いも込めて、ここで言及したい。

それは、津波震災による福島第一原発事故の後で、原発直近の双葉町や大熊町などに避難指示が出されて、高齢者福祉施設の入所者が避難を強いられ、その結果、多くの高齢者が数日のうちに亡くなってしまったという、あの悲劇群である。二〇一一年三月十一日の震災当日に、原発三キロメートル以内の避難指示が出て、翌十二日には、十キロメートル、二十キロメートルと避難指示区域が拡大されていった。そして、避難指示区域の高齢者福祉施設の多くの入所者は、十二、十三、十四日と避難していったのである。その理由は、言うまでもない、第一原発の水素爆発などに起因する放射性物質拡散による放射線被曝から身を守るためである。言い方を変えれば、入所者および施設職員の「いのち」

を守るためである。実際、こうした方針は一定の合理性をもつことは間違いなかった。放射線被曝はいのちを奪いうる。一九九九年の茨城県東海村でのＪＣＯ臨界事故を想起せよ。しかも、当事者には手持ちの情報がほとんどなく、その上で、政府からの避難指示が出たのである。当時の線量については、第1章第4節に記したが、ここでは別角度からのデータを追っておこう。事故直後の数日間の、東京電力が公表している福島第一原発内に設置したモニタリングポストの計測値を後で確認してみると、三月十二日午前十時三十分に正門付近で毎時三八五・五マイクロシーベルト、午後三時二十九分にはMP-4で毎時一〇一五・一マイクロシーベルト、そして三月十五日午前九時の正門付近でなんと毎時一万一九三〇・〇マイクロシーベルトという高線量値を記録し　同日午後一時五十分に毎時九六九・九マイクロシーベルトとなって毎時一ミリシーベルトを下回るまで高線量値が続いたことが判明している。[8] むろん、これは第一原発敷地内の計測値であり、原発から数キロメートル離れたところにある、大熊町や双葉町の高齢者施設では、さすがにこれよりもはるかに低い線量であったはずだし、建物の中ならば線量はさらに下がるし、さらには空間線量ではなく、放射線防護の基本である実効線量で言えばもっと低い値になるはずである。とはいえ、それでも、空間線量で言えば、毎時百マイクロシーベルトを一時的にせよ超えることもあったのではないかと推定される。避難すべし、という当局の指示には、遡及的に見ても、一定の妥当性があったと言わなければならない。

けれども、結果はどうであったか。すでに第3章でも言及した、大熊町の双葉病院の場合が突出して目立つ悲劇であった。十時間ほどもかけていわき光洋高校体育館で避難したが、移動過程で三人が死亡し、さらに患者ら五十人が同三月末までに亡くなってしまったのであった。こうした事態は、実は双葉病院だけに限ったことではなかった。二〇一三年八月に出版された、相川祐里奈の『避難弱者』に、福島第一原発直近のいくつかの高齢者施設の事故後数日のドキュメントが報告されていて、大変に貴重である。一例を紹介すれば、富岡町の「東風荘」では、施設長の志賀昭彦が「慌ててやみくもに避難するのではなく屋内退避するほうがよいのではないか」(相川 2013, p.25)と考えていたが、水素爆発が起きて、観光バスで避難させるという事態になったことが報告されている。乗降口も狭く、乗車ステップも急で、座席が固い観光バスで高齢者を移動させること自体、介護に関わった者たちからして無茶苦茶な話であり、「どうやって身体が不自由な人たちを観光バスに乗せるのよ⁉」(相川 2013, p.29)と職員がくってかかっても、なすすべがない。結局、川内村の集会所で座布団の上に高齢者たちを寝かせることに相成った。結果、翌日の三月十四日、一人のお年寄りが亡くなる。さらに、十六日には郡山市南の「ビッグパレットふくしま」に再び避難することになる。しかし、ビッグパレットも避難者で満員で、ようやく一階のホールに場所を与えられる。そこでの生活で、「ストレスから嘔吐するものが出たり、下痢で何度もトイレに駆け込んだりする者も目立って」(相川 2013, p.41)、衛生環境が悪化し、やはり死者が出てしまった。その後、全員を受け入れてくれる須賀川市の施設が現れるが、どんどん離れた場所に移動することになり、それを伝えられた「職員の顔を見ると、誰もが目は虚ろで、顔色も青白くなっていた」(相川 2013, p.44)とのことである。いずれにせよ、「こんなに早く亡くなるとは思っていなかった人たちが亡くなっていった」というのが現実だったのである(相川 2013, p.220)。

4　原因理解の分裂

すでに何度も言及したが、このような状況の中で亡くなってしまうことを一般に「震災関連死」と呼ぶ。「この震災関連死の多くが、避難に端を発したものであった〔…〕［福島県の関連死者は］ほとんどが、原発事故により避難指示が出された市町村の六十五歳以上の高齢者だった」（相川 2013, p.218）。こうした震災関連死には、事故直後の高齢者施設での死亡以外に、避難所や仮設住宅での健康悪化やうつなどによる自死も含まれている。では、原発直近の高齢者施設での、このような痛恨の犠牲の原因は果たして何であったのか。これについては、第３章で詳しく検討した。ある種の見方からすると、原発事故そのものに原因を求めたくなる傾きがあるけれども、避難行動にまつわる様々な困難、そのことが、関連死の原因として指定するのに最も説得性が高いということ、それが私の診断であった。

では、果たして「これらの死は防げなかったのだろうか。助かった、助けられた命もあったのではないか」（相川 2013, p.218）。相川の提起する疑問は、まことにもっともである。冷静に考えて、避難指示の眼目は何であったかというと、いのちを守ることであったはずである。しかるに、結果として多数の死者を出してしまった。元も子もないではないか、という悔やみはぬぐいきれない。たしかに、すでに亡くなられた方々は戻らない。無理に移動させられて、雑魚寝の固い座布団の上で亡くなった、お年寄りの心情はいかばかりか。いのちの切なさ、極まれりである。しかし、将来同様な事故が世界のどこでも発生しうる。だとしたら、事後的に検証し、ベターな方策があったかどうかを考えておくことは決して無意義な考察ではない。そうした考察が、せめてもの、尊い犠牲に対する敬意の表明の一部になるはずである。

相川が報告するところによると、「やっぱり避難所での生活や移動に耐えられなかったんだべ」(相川 2013, p.216) と当事者達が述べていたという。実際、介護の現場に携わる人々の観点に立たずとも、寝たきりの状態のお年寄りを移動することが、お年寄りのいのちに危険をもたらすことは自明である。だからこそ、先に引用したように、東風荘の志賀昭彦は避難よりも屋内退避のほうがよいと当初考えたのであった。この点は、実は、一定程度事実によって確証されている。原発から遠くない飯舘村の「いいたてホーム」は、二〇一一年四月二十二日に避難指示を受けた。実際、三月十五日には、飯舘村役場前で空間線量毎時四十四・七マイクロシーベルトに達していたのであり、年間被曝量が二十ミリシーベルトに達すると考えられていたのである。ここで施設長の三瓶政美は熟考した。年間二十ミリシーベルトは屋外で毎日八時間過ごす生活を一年間続けるという前提の数値であり、「裏を返せば屋内にずっといるのであればその値には達しないということになる。いいたてホーム内の線量を測ってみると、室外の五分の一~十分の一と、線量が低い。利用者は〔…〕一日八時間も屋外に出ることはありえないため、避難基準である年間二十ミリシーベルトには達しないと考えられた」(相川 2013, p.121)。こうして三瓶は、避難しないで留まるという決断をしたのである。その結果どうだったか。「いいたてホームでは、三・一一以降の一年間の死亡者数は例年と変わらない水準だった」(相川 2013, p.182)[9]。

むろん、いいたてホームの場合と、第一原発にさらに直近の大熊町や双葉町の高齢者施設では、放射線量の条件が違う、ということは押さえなければならない。なので、そのまま留まり続けるというのは、現実的には実行困難であっただろう。できるとしても、避難経路や避難場所を確保するまで、せいぜい二、三日待機する、という程度であろう。しかし、それだけでも、少しは条件のよい避難行動が取れたはずである。しかし、いいたてホーム以上に原発に近いそうした施設において、三・一一直後の避難指示が出ていた時期に、たとえ二、三日だとしても、あえて待機する、という選択をした場合、放射線量に鑑みて、本当にいのちが守れるのか、という当然の疑問も出る。ただ、先に述べたように、もし仮に、双葉病院などでの三・一一直後の被曝線量が実効線量で毎時五十マイクロシーベルトであった場合、三日間留まったとして、計三・六ミリシーベルトであり、健康影響が出るような値ではない。実効線量が毎時百マイクロシーベルトであったとしても、三日間で計七・二ミリシーベルトであり、まず心配するほどのことではないだろう。七・二ミリシーベルトというのは、胸部ＣＴスキャンとほぼ同量である。しかも、ＣＴスキャンが瞬間的被曝であるのに対して、三日間にわたって受ける被曝の総量なので、線量率効果により身体への影響は瞬間的被曝より少なくなるからである。

むろん、若い職員の場合はどうか、という問題は生じる。これに対しては、いいたてホームのように長期に留まるという場合は、若い職員は一旦避難させて、常時ではなく通いの交代制で職務に当たる、というやり方が合理的なように私には思われる。三日ほど待機するというような場合の若い職員への対処は、すべて線量次第である。後知恵で言えば、避難死の悲劇を避ける、あるいは軽減するには、政府は原発事故後直ちに、直近の避難弱者の施設に、放射線防護の専門家を緊急派遣して線量測定を行い、適切な対策を指示させるよう、仕向けるべきだったのではないか。そうしたことは三月十三日には実行可能だったのではないか。実際、線量と対策が具体的に分かれば、少しは落ち着ける。パニックにならずに、避難経路や避難所の確保に動ける。しかも、物資を外から輸送する方々も、心構えが冷静にできて、輸送しやすくなる。全国の放射線防護の専門家の方々は、喜んでこうしたミッション参加に手を挙げたはずである。それが彼らの本業なのだから。

いずれにせよ、避難弱者と避難死の問題については、原発事故が原因だという見解と、避難行動が原因だという見解とが、両方とも有意味かつ妥当に成立しうるけれども、互いに内包が背反するという事情のゆえに、依然として人々の理解の中で、問題それ自体が宙づりになってしまっている感が拭えない。原発事故に関しては、どうしても放射線被曝に関心が向けられるので、避難弱者・避難死の問題は、当事者・関係者以外にはなかなか主題化されにくく、放置されがちであると言ってよいのではないか。この点、第3章の議論を改めて読み返して、実は、放射線被曝には実的な被害性などなく、避難弱者・避難死の問題こそが福島の被害性の核心であって、そして原発事故ではなく過酷な避難行動を原因として指定することの方に一層の説得性があることを確認していただきたい。いずれにせよ、避難弱者・避難死の問題は、動物の死の問題とは様相は大いに異なるが、関心が向けられにくく、ややもすれば、やむをえない、と見なされがちであることはピッタリ共通しているのである。

5　放置された動物

けれども、ここまで論じてきて、はたと立ち止まる。動物に関して述べた殺処分、動物実験、屠殺と、原発事故後の避難死とは、うっすらと共通する特徴はあるけれども、根本的に違うのではないか。

すなわち、私が主題化したような位相の動物たちは、私たち人間が意図的に殺す、あるいは少なくとも（動物実験の場合は）随伴的に（つまり主たる意図に付随する結果として）殺す対象であるのに対して、避難死された方々は、結果的に悲劇に至ってしまったとしても、救出しよう、いのちを救おう、という動機のもとになされた行動の、不幸な帰結なのであって、殺す／殺されるといったターミノロジーとは隔絶されたところに生起した現象であるという、こういう根源的な違いが認められるのである。もちろん、死が結果し、しかもそれが主題化されにくい状況に置かれている、という点ではたしかに共通している。いのちが静かに、切なく、終わり、「やむをえない」という言説のもとに、まるで素通りされるかのように扱われる。少なくとも私には、動物の死の場合と避難死の場合とで、こうした、うっすらとした共通項が確実に存在しているように思われる。けれども、やはり、ここにはある種の差別の構造が浮かび上がる。どういう事態になったとしても、まず人間は救うが、動物は、単なる人間の都合によるだけで、いとも簡単に殺してしまう。殺してしまったとしても、あたかも見ないふりをしてよいかのように、容認し呑み込んでしまう。

原発事故後、避難所に連れて行けないので、被災地に残されたたくさんのペットがいることが一部報道された。無人の町中を放浪している犬たちの姿も、写真などで紹介された。しかし、実は原発事故に襲われ、無人となった地域には多数の家畜、とくに牛が残されたのである。そうした家畜たちは、相応の量の放射線被曝をしてしまった。そして、二〇一一年五月十二日、当時の菅首相から、福島県知事に対して、「警戒区域内において生存している家畜については、当該家畜の所有者の同意を得て、当該家畜に苦痛を与えない方法（安楽死）によって処分すること」という指示が出た。こうして、原

安楽死処分後の牛が埋葬される様子

発から半径二十キロ以内に残された家畜たちには生きる道がほぼ閉ざされた。彼らの視点からすれば、いのちを奪われる危険状態が招来されてしまったのである。こうした中、線量の比較的高い地域に入り、あえて牛たちに餌やりをし続けた、何人かの畜産家の人々がいる。

この点については、眞並恭介の『牛と土』という書物に、まことに見事に記述されている。これは、まさに出色のレポートであり、眞並が牛という動物に徐々に引き込まれ、原発事故のもうひとつの局面に入り込んでいく様子が克明に記録されている。原発事故の数ヶ月後の時点での、警戒区域での家畜たちの様子を叙述している部分を切り取ってみよう。浪江町小丸の牧場を経営する渡部典一の報告によると、すでに四月の時点で、「ぞっとするような腐臭を漂わせている畜舎があった。牛が折り重なって餓死している牛舎、豚が全滅して蛆と蝿が大量

写真提供：眞並恭介
『福島はあなた自身』「被災動物は何を語るか」より。

牛舎につながれたまま死んだ牛たち

発生しつつある豚舎が目に飛び込んできた。犬や猫の死骸も目についた」（眞並 2015, p.24）。「道路にも道端にも、田畑の中にも死んだ牛が倒れていた。クモの巣が張った牛舎の中で、生まれて間もない子牛が母牛に寄り添い、乳を飲む格好で骨になっていた。親子が餓死する前に、この子牛は数日ぐらいは乳を飲めたのだろうか」（眞並 2015, p.25）。眞並自身も、「骨になった牛が埴輪のようなほの暗い目をこちらに向けていたり、皮と肉が崩れ落ちんばかりの牛が剥落した仏像のように静かに座っていることもあった。無残な姿から目をそらすことはできても、嗅いだ死臭は鼻腔の奥に留まり、記憶から消えることはない」（眞並 2015, p.26）と報告している。

何人かの牧場主は餌やりを続けたが、安楽死に同意する飼い主も当然いた。牛は結構な線量の放射線被曝をして、商品としてもはや使えないからである。

安楽死処分が任務である人間の動きは機敏だ〔…〕（二頭の牛のうち）矢は雌牛の首と尻に突き刺さった。雄牛の背は矢を跳ね返したが、一本が腹に命中した。二頭は矢が何であるかを知らないまま、飛んできた方向と反対に逃げた。二頭は立ったまま人間たちを注視していたが、やがて雌の首ががくっと垂れ、雄に寄りかかるように横ざまに倒れた〔…〕ひとりが吹き矢を麻酔銃にもちかえた。たちまち一発が雄牛の肩を直撃した〔…〕雄牛は身を翻し、銃を構える人間を目がけてまっしぐらに突進していった。至近距離からの針が首に突き刺さると同時に、角が柵の管に衝突する鋭い金属音が炸裂した。角の一本が折れて根元に近い部分で折れて吹っ飛び、鮮血を噴き上げた（眞並 2015, p.204）。

こうした事態の中、帰宅困難区域で牛を生かし続けることの意味は何か。餌やりを続ける牧場主たちは、牛を放置し自由にしてやると、人の手の入らない田畑の草を食べ尽くし、そのことで、かえって田畑が荒れるのを防ぐことに気づく。

いま山間の広漠たる田野で牛たちは除草と農地保全の力を自ら実証してくれた〔…〕帰宅困難地域で牛を生かしつづけることに意味がないなんて言えないはずだ（眞並 2015, p.233）。

迫真のリアリティが胸を衝く。当事者以外には知られていない、いのちを巡るドラマが原発直近の場所で繰り広げられていたのである。これは、先に述べた人間の避難死のケースとは相当に異なる。両方とも、やむをえないことであるかのように、外部の人々ならば呑み込んで黙認してしまいがちであるという点で共通しているのだが、牛たちの場合は、自分たちに何ら責任がないにもかかわらず、追い込まれ傷つけられ、殺されるのである。不条理ではないか。なんとすべきか[10]。

６　アニマル主義

私がここでハイライトしたいのは、先に記したような、人間と動物のいのちに関する、ある意味での共通性と、別の意味での相違性との、相互の微妙な絡まり具合にほかならない。議論の混乱を防ぐため、ここで私は「動物」ということで、さしあたり、犬、猫、牛などの哺乳類、とりわけ哺乳類の成獣を念頭に置いていることをあらかじめ述べておく。手がかりとして一瞥したいのは、いわゆる「パーソン同一性（personal identity）」に関して、近年イギリスの哲学者スノードンが取り上げている「メンタル主義（mentalism）」と「アニマル主義（animalism）」の対立である。スノードンは、メンタル主義との対比のもとで、アニマル主義を支持する議論を展開するが、彼によればアニマル主義とは、次の命題に集約される主張のことである。

（A）私たちの各々は、動物と同一であり、動物と一にして同一である（Each of us is identical with, is one and the same thing as, an animal.）（Snowdon 2014, p.7）。

この基本命題を主題として提起した後、スノードンは、「私たち」を表現する語として「パーソン(person)」を使用するとした上で、アニマル主義と歩調を合わせる思潮として「進化心理学(evolutionary psychology)」に言及する(Snowdon 2014, pp.7–8)。

こうした規定から窺われるように、スノードンは、「私たち」すなわち「パーソン」とは、生物としての存在者であり、よってその同一性は生物・動物としての同一性でなければならず、これに対して、心理的な特徴すなわち意識や自己意識は、パーソンに付随することはあってもパーソンの同一性を確定する本質的な規定にはならない、という議論を展開しようとしている。意識や自己意識をパーソン同一性の本質的根拠にする立場が、アニマル主義に対するところの、メンタル主義にほかならない。スノードンが、意識や自己意識を本質的規定から除外する理由は、たとえば、次のように記される。「私たちは私たちの人生において、長い時間意識なしに過ごしている、たとえば、夢を見ずに眠っているときとか、気絶しているときとか、である」(Snowdon 2014, p.59)。スノードンは、こうした自身の立場を公平に検討するため、パーソンではあるけれども動物でない状態、動物ではあるけれどもパーソンではない状態、のそれぞれについて詳しく取り上げて論を補強している。こうしたアニマル主義の立場は、さらに詳しく吟味する必要があるが、ここでは扱わない。

あるいは、スノードンがアニマル主義の先達として取り上げているウィギンズは、記憶喪失者の例を挙げて、こういう人は記憶喪失以前と同じパーソンなのか、同じ動物なのか、という問いを提起する。そのうえで、そもそもパーソンでない、同じ動物だが同じパーソンではない、異なるパーソンであり異なる動物である、という三つの可能な見解をすべて斥けた上で、同じパーソンであり同じ動物である、という典型的なアニマル主義の立場を打ち出している（Wiggins 1980, pp.176ff.）。ウィギンズは、その後の論文で、パーソンとは、私たちが慣れ親しむことのできる被造物と同じく、動物としての本性をもつ被造物であるとして、姿形が異なる火星人のような存在者は、知的存在者と見ることは可能だとしても、パーソンとして見ることはできない、と論じている（Wiggins 1987, p.72）。たしかに、記憶喪失者や重篤な認知症患者に対して、その家族は、父や母や祖父母と同一人物だということに疑いをもつはずもなく、なんとか記憶や理解を取り戻してほしいと願うだろう。血族だと捉えるということとは、生物として、遺伝的関係をもつものとして、その人を見ているのであり、あきらかに動物としての理解を骨子としてもっている。さらに、記憶喪失者や重篤な認知症患者に、発症以前と、意識や記憶に断絶があるということは、定義的に明らかである。ということは、意識や記憶はダイレクトに私たちのその人性（ひとせい）を規定していることにはならない。だとしたら、「私たちの同一性は、動物としての同一性だ」という言い方は、一見奇抜に思えるとしても、十分に合理的であり、現代の脳科学の展開にも合致する説得性をも備えていると言えよう。

　アニマル主義はさしあたり「パーソン同一性」という一種の形而上学的主題についての理論であるが、私たちは動物である、という基本理解を提示するものである以上、人と動物のシームレスな連続性を含意しており、したがって倫理的な意味でも、人と動物の同等な扱いを示唆するのではないか。そうだとしたら、アニマル主義の立場を援用すると、先に触れたような、動物の処分の場合と避難死の場合とに、「やむをえない」という言説のもとで素通りされがちである、という共通項があることとピッタリ符合することが裏書きされる。もともと人間は本質的に動物なので、人間以外の動物に関して現れるような「いのちの切なさ」は、人間にも同様に顕現しうるのだ、というわけである。愛犬しずかの亡くなり方を見て、人間の亡くなり方と何も違いはないと感じた。静かに、悟ったように、息を引き取る。看取る方は、呆然として、その切なさに胸を震わす。同じだ。そして、このように、もしアニマル主義に説得性があるのだとしたら、先に記したような、動物の処分と避難死の場合とに現れているような、人と動物の扱い方の相違には、再考の余地が大いにあることになる。犬猫の殺処分、家畜の屠殺、放射線被曝をした牛の安楽死、それらは明白にジェノサイドなのだ、別の方策を考えるべきなのだ。私が理解する限り、アニマル主義にこうした含意を読み込まないではいられない。

しかしながら、アニマル主義には納得しがたい部分もある。たしかにアニマル主義の立場を取ると、人権（human rights）が認められる以上、同じ動物であるほかの動物にも「アニマルライツ（animal rights）」が認められることはおかしなことではない、という議論になり、今日の動物倫理の趨勢に親和する。けれども、規範倫理に限っても、権利概念だけで倫理の言説は完結しない。権利はいわば、行為や活動の「事前根拠（prior ground）」である。権利が認められている場合、行為や活動を目指す権利主張は考慮されなければならない。権利主体以外の他者の視点からすれば、権利が認められている者の権利主張を容認してあげる「義務」がある。いわゆる「権利と義務の相関性」である。しかし、倫理は、行為や活動の結果に対する「事後帰属（posterior attribution）」も論じなければならない。すなわち、「責任（responsibility）」をめぐる言説である。では、パーソンとしての人間に関して責任帰属が可能なのは当然としても、果たして犬や猫や牛に責任帰属ができるだろうか。普通の意味ではできないのではないか。動物の行動に関して、事後的に発生するのは、あくまで自然現象としての結果であって、責任帰属ではないように思われる。この点で、アニマル主義は真の意味で私たち人間のパーソンの理解としては成立しないのではないか。以下のように図示してみよう。網掛けの部分がアニマル主義がカバーできる範囲である。私たち人間を理解するには不十全であるように思われる。

		事前根拠	事後帰属
アニマル	動物	アニマルライツ	自然現象としての結果
	人間	人権	責任帰属

もっとも、人間と動物のはざまにある、ある種の共通性と、ある種の相違性との絡まり具合を析出する、ということが私自身の狙いだったのだから、アニマル主義のこのスキームはむしろ好ましい図式なのではないか、とも言えそうではある。事前根拠というところで共通しているがゆえに、「やむをえない」という言説でいのちを葬られてしまうことに対する共通したやるせなさ、切なさ、を覚えるのであり、しかし同時に、人間は事後的に責任を担いうる分だけ動物よりも他者からの恩恵を受ける位相にあり、それがゆえに、どんな場合でもいのちを奪うのではなく救おうとする意図の中に位置づけられるのだ、と。納得できるだろうか。もう少しだけ考察を深めよう。

7　パーソン主義

スノードンがアニマル主義に対比されるものとして対置させたのはメンタル主義であった。彼は、メンタル主義の古典的代表としてデカルトとロックを念頭に置いている。とりわけ、ロックのパーソン論がメンタル主義の右代表として言及されている。ロックのパーソン論については、私はすでに単著として自分の見解を発表しているので、ここで詳しくは繰り返さない（一ノ瀬 1997）。しかし、その後若干の考えの変化もあったので、それも交えて、着想だけ簡略的に記しておこう。あらかじめ言えば、ロックのパーソン論をメンタル主義として括ることは、残念ながら、まったくの誤解である。

スノードンが述べるように、ロックはたしかにパーソンそしてパーソン同一性の根拠を「意識（consciousness）」に求めた（Locke 1975, 2.27.9）[11]。そして、同一性を論じる場合、無機的物質としての「実体（substance）」、生物としての「人間（man）」、そしてパーソン、の三つは異なるものとして区別されねばならない、とも宣言している（Locke 1975, 2.27.7）。けれども他方で同時にロックは、「パーソンとは、行為とその功罪に充当する法廷用語（a forensic term）である」（Locke 1975, 2.27.26）とも述べる。しかもロックは、酔漢の犯した罪は、たとえ酔漢が行為中に意識しなかったとしても、正気のときと酔ったときとは同じパーソンなので、人間の法廷が酔漢を罰するのは当然であり、意識の欠如が酔漢に有利なように証明されることはない（Locke 1975, 2.27.22）、とした。しかし、真に意識が欠如していたかどうかの判断は、究極的には、「最後の審判の日（the Great Day）」に明らかになる、とする（Locke

1975, 2.27.22)。こうしたロックの議論に関して私が問題として立てたのは、パーソンの成立根拠が意識にあるとしながら、法定で責任帰属される場合には意識がなくてもパーソン同一性が認定されるとされているのは、どう理解すべきか、という点であった。私は、意識が本来「共通知識（conscientia）」を意味するラテン語に基づいており、「良心（conscience）」と同義であることに鑑みて、ロックの言う「意識」は決して一人称的・心理的なものではなく、他人称的に、他者から「そのように意識されているべきである・されているはずである」という仕方で割り当てられるものであること、つまりは、意識に基づくパーソンというのは相互に規範的な理解を浸透させ合う存在者である、という議論をロックに読み取ったのである。この点は、ロックが『統治論』第二論文において、パーソンを所有権の基点として置いていること、しかも所有権はいわゆる「ロック的但し書き」という他者への考慮を含意するものとして意義づけられていることと、ぴったり照応するという点も、私の立論の重大な根拠であった（一ノ瀬 1997, 第7章・第8章）。しかも、意識はロックにおいて「観念」成立の根拠でもあった（Locke 1975, 2.1.11、一ノ瀬 2000, pp.293–294）。だとしたら、観念を通じて何かを理解していることは、パーソンを通じて成り立っている事態なのである。実体・人間・パーソンの三区分も、実体や生物としての人間が観念を通じた理解として成立している以上、「パーソン」と同一地平で並列的に区別されているわけではなく、むしろ、パーソンはそうした二区分を上位から包含する、メタ次元の、あるいは高階の位相として、実体や人間の概念と区別されていたと解するべきである。こうした点で、スノードンがロックをメンタル主義としたことは、少なくとも私の理解からすれば、相当にポイントを外したまとめ方であると言わざるをえない。

こうした理解は、実は、「パーソン」の原義に照らしても確証できることが了解されてきた。“person”はラテン語“persona”に由来し、“persona”はまたラテン語動詞“personare”から分かれてきたということがひとつの説として語られている（Lewis and Short 1975, p.355l）。“personare”（一人称単数現在形は“persono”）は、“per”（を通じて）と“sonus”（音、声）から成る動詞で、「反響させる、音・声を出す」という意味である。だとしたら、パーソンは「音・声を出す主体」であり、そして同時に、いわば定義的に声や音を反響させる他者、あるいは声を向ける相手、を前提する存在者であることになる。私は、こうした原義の意義に照らして、パーソンを「声主」と訳すことをつとに提案してきた。こうした「声主」としてのパーソン理解は、ロックの規定する「パーソン」と通底する。ロックのパーソンは、他者を前提する中で、他者との相互関係の中で、いわば他者との反響のし合いの中で、責任が帰属される主体として生成してくるものだからである。しかも、『統治論』の中での所有権の基点としてのパーソンは、他者を考慮しつつ、労働・努力によって何かを獲得していく存在者である。所有権が、物質存在とは異なる、イデアールな身分のものとして確立されてくるものである以上、それは言葉や声を通じて、努力して懸命に「主張する」ことによって生成してくると考えられる。ならば、そうしたパーソンを「声主」と捉え返すのは自然だろう。実際、パーソンは一般に「人格」と訳され、「人格」は「自由な責任主体」と解されるのが近代社会のルインストリームの立場である。そして、「自由」は「主張すること」に基づくのは明白だし、「責任」は文字通り「応答」当為性であり、そして「応答」は声・音による。そういう意味で、ロックの文脈を離れても、「パーソン」は「声・音」に深く本質的に関わっているのであり、やはり「声主」と解するにふさわしいのである。

むろん、以上のような議論の基となっているロックの哲学は、根底にキリスト教的世界観を踏まえたものであり、それに依存的な部分と、より普遍的な展開可能性を秘めた部分とを、きめ細かく腑分けしていく必要がある。それは別の課題として遂行していくべき仕事である。ここでは、ともあれ、パーソンは「声主」と捉え返せる、という点を押さえたい。しかるに、そうであるなら、「パーソン＝声主」は、なにも人間に限定されない。動物だって、痛みや苦しみを、そして願望を、「声・音」で表現できるからである。実際、ロック自身、人間の言葉を話すオウムという例を挙げて、それは動物としてはオウムだが、理知的存在であり、ある種の「パーソン」であるということを示唆している（Locke 1975, 2.27.8）。あるいは、シンガーも「人間以外のある種の動物はパーソンである」と断言している（Singer 1993, p.117）。また、近年では、フランシオンがより直截に、動物を所有物とする私たち人類の長年の慣習を強く糾弾し、「所有物にならない権利を動物に拡張すると、動物は道徳的パーソンになる。ある存在者をパーソンと呼ぶことは、ひとえに、その存在が道徳的利害を有していると、そして平等な考慮の原則がその存在者に当てはまると、そしてその存在者は事物ではないと、そのように述べることに尽きる」（Francione 2008, p.61）と論じる。そして、例えば犬に対する道徳的義務の唯一の根拠は、「犬は「感覚体（sentient）」である、ということである。それ以外の、人間のような合理性とか、反省的な自己意識とか、人間の言語によるコミュニケーション能力とか、そうした特性は一切必要ない」（Francione 2008, p.31）として、動物の「パーソン性」を痛みや苦悩を感覚する能力に求めている。これらの哲学者たちの議論は、動物を「パーソン＝声主」として捉える私の見方と親和する。オウムの話の場合にせよ、哺乳類などが苦痛を訴える場合にせよ、それらをパーソンとするという立論は、動物たちが「声・音」を上げていることに基づいているからである。[12] 私は、こうした意義での「パーソン」概念をもって人間と動物とを共通的な基準で捉える立場を、ある種の「パーソン主義(personalism)」[13] であると捉えたい。

けれども、この意味でのパーソン主義にも注意すべき点がある。パーソン主義は、その成り立ちからして、「行ったことへの説明・弁明をすべき」という、規範的な責任帰属の営みを添付された存在者理解である。しかるに、すでに述べたように、普通に考えて、動物に責任の事後帰属を当てはめることはできないように思われる。すると、パーソン主義のスキームは次のようになる。網掛けの部分がパーソン主義がカバーする範囲である。

パーソン＝声主	事前根拠	事後帰属
動物	アニマルライツ	自然現象としての結果
人間	人権	責任帰属

ここでも、アニマル主義と同様、このパーソン主義のスキームによって、人間と動物のある種の共通性と、別な局面での相違性が示される、という評価がありうるだろう。そしておそらく、アニマル主義の含意と同じ含みをもたらすと同時に、動物は責任帰属がなされないのだから、人間のような規範性の体制の中には組み込まず、自然のままにしておくことが望ましい、だから、本来は、畜産化もペット化も好ましいことではなく、私たちはベジタリアンになり、愛玩動物を飼うことや動物園の経

営などを止めるべきだ、というもうひとつの帰結をも示唆するのではなかろうか。それが実行できなかったがゆえに、犬猫殺処分や、放射線被曝した牛の安楽死といった、切なさを感じることなしに遂行できないような行為を行う羽目になってしまったのだ、と。

8　アニマル主義とパーソン主義の連続的振幅

しかし、以上の議論は、あくまで、事後帰属に関して、「自然現象としての結果」と「責任帰属」とが異なる、という了解に基づいている。これは、言ってみるならば、事実性と規範性の峻別という、伝統的な二分法に帰着する考え方である。「ヒュームの法則」、「自然主義的誤謬」といった議論にも現れている、事実と規範の区分である。けれども、実は私はこうした二分法に疑いをもっている。事実性と規範性の区別がない、というように考えているわけではない。制限時速の決まっている道路で、制限時速以上のスピードで事実として走ったとしても、規範は失効しない。事実と規範の区別はある。けれども、私は、その区別は連続的なグラデーションをなしていて、境界線事例があるような区分なのではないかと思っているのである。たとえば、パトナムは、事実性と規範性の絡み合った概念として「残酷な(cruel)」を例に挙げ、それらが「濃い倫理的概念」と呼ばれてきたことに言及している(Putnam 2002, p.35)[14]。

おそらく、事後帰属や責任帰属ということで、リーガルな処置を思い浮かべると、動物には適用できないと思われるのだろう。しかし、事後帰属に関する規範性というのを、そんな風に厳格に捉える必然性はない。もっと緩く、自分のしたことの帰結を自覚的に引き受けるようなことを指すと考えれば、動物にだって十分に適用可能である。私の感覚では、たとえば犬は、事後帰属を遂行できている。愛犬しずかは、幼犬時代に、私の手袋を咥えたときに、「それは咥えちゃだめだよ」と私が言って取り上げると、そのことで遊んでもらったように思ったのだろう、後で、わざわざ手袋を咥えて私のところにこれ見よがしに持ってきたのである（いまあの在りし日の情景を思い出すと、胸が潰れるように苦しく、切ない）。これは、規範性と言うにはあまりに些細なことだが、しずかは、自分のしたことの事後帰属が自分に科せられるはずだ、というプロセスを理解していたとしか思えない。だったら、動物にだって、事後帰属はなしえるのである。

私の理解では、アニマル主義とパーソン主義は、互いに境界線事例を通じて混じり合うものであり、おそらく、法的な思考様式のときにはパーソン主義がより前面に出て（アニマル主義が消えてしまうわけではなく微少に残存しているが）、道徳や倫理を語るときには、アニマル主義が優勢になる。そうして、事実として両側面が実践のさまざまな場面で連続的に振幅しており、そうしたあり方が規範的にも好ましいと言えるのではないか。だとしたら、犬猫殺処分、動物実験、肉食、避難死、放射線被曝牛の安楽死、といった明らかに道徳が問われる場面では、私たちは主としてアニマル主義に立ち、事前根拠としての人と動物の共通性に目線を向け、事態の改善を図っていくべきだろう。換言するならば、動物としてのあり方をこそ基本様態として敬意を払う、ということである。[15] すでに私たちが濃密に動物、とりわけ犬と、共生しているという事実をさしあたり踏まえて言うならば、そうした示唆は、動物としての本性を顕現させている犬をむしろ主軸に立てて、犬たちが私たち人間を相棒として選んでくれた、だから私たちはマナーとして犬たちに返礼すべきなのだという見方、私が別の箇所で「返礼モデル」として記述した見方、を採ることを促すように私には思われるのである。[16]

9　しかし、ペスト・コントロール

けれども、ここまで論じてきて、やや自分自身心が落ち着かない感覚を覚えることを告白しないではいられない。返礼モデルは道徳的に美しいし、素晴らしい。しかし、それはもしかしたら「犬」だけにのみ、あるいはせいぜい人間に身近な犬以外のペットや家畜にのみ、当てはまるのではないか。ほかの動物、とりわけ野生動物にまで射程を広げたら、果たしてどうなのか。私の議論は、哲学倫理などを生業にして、動物倫理などというういかがわしい（？）領域の議論をなまじ齧ったばっかりに生まれてしまう、歪んだ、偏向した、妄想なのではないか。あるいは単に、私の犬好きの個人的性向に引きずられた一面的で素朴な見方にすぎないのではないか。

実際、これまでの議論に反するように聞こえるかもしれないが、私の素朴な思いが、もしかしたら本当にある種の妄想、虚構、かもしれないという反省を抱くきっかけとなったのも、東日本大震災と福島原発事故に関わる被災動物の問題だったのである。こうした私の心の揺れ動きを本章の後半で説明していきたい。

私の素朴な思いの発端は、なぜ家畜たちを安楽（？）死させなければならないのか、という疑問であった。家畜として役に立たなくなってしまったからだろうか。放射線被曝を相応にしてしまった家畜が商品として流通してしまうことへの懸念からだろうか。なるほどたしかに、法的には家畜は飼い主の所有物なので、処分する権利があるだろう。けれども、道徳的・倫理的にはどうなのだろうか。先に述べたように、家畜たち自身のせいで被曝したわけではない。家畜たちに殺されるいわれはないのではないか、という気持ちが湧く。いや、そうではない。そもそも最終的には食肉として処理されるのだから、いちいち道徳的にどうのこうの言う必要性はないのではないか。そんな風に言って果たしてよいのだろうか。

こうした問いを扱う分野こそ「動物倫理（animal ethics）」と呼ばれる領域である。私の落ち着かない感覚を説明するため、この段階で改めて、動物倫理の概要をまとめておく。大まかに言って、動物倫理は三つのレベルにおいて論じられている。まずは、（一）「動物福祉（animal welfare）」というレベルがある。このレベルで動物倫理を展開するときには、動物実験や肉食は容認するけれども、実験動物に対する福祉的考慮、すなわち3Rと呼ばれる考慮を払うべきことなどが言われる。3Rとは、「削減（reduction）」、「洗練化（refinement）」、「代替（replacement）」である。できるだけ実験数を減らし、実験をするにしてもできるだけ苦痛のないようにして、そして別の代わりのやり方で間に合うなら動物実験はしない、という対応のことである。また、肉食に関しても、あまりに狭いケージに身動きでないように閉じ込めることなどはせず、たとえ最後に食肉にされるのだとしても、福祉を考慮してやるべきだ、というような提言が出されたりする。日本の「動物愛護管理法」といった法律は、動物福祉の立場に立った法律である。

次に言及すべきレベルは、（二）「動物解放論（animal liberation）」である。ピーター・シンガーに代表される立場で、奴隷解放、農奴解放、女性解放といった、人類の歴史の中で成し遂げられてきた／成し遂げられつつある解放運動のその先に、動物の解放がある、という考え方である。人間に搾取されてきた動物は、その快苦を感じる能力に照らして、その搾取から解放されなければならないとされる。シンガーの場合、功利主義（私は大福主義と呼んでいる）の立場に立っているので、全体的な視点から快苦を勘案して、動物に対する態度を決定することが提案される。基本的にベジタリアニズムが推奨される。こうしたシンガーの議論は私たちの日常生活に直接的なインパクトを与えるものであって、多くの人々がシンガーの議論によってベジタリアンになった。それゆえに、シンガーは「現代で最も影響力のある哲学者」などと呼ばれることもある。ただ、シンガーの議論は、言い方を変えれば、快苦が想定しえない生物、すなわち中枢神経や脳幹部をもたないような、一般的ヒエラルキーで言うところの下等動物に対しては道徳的考慮は特段必要ないので、食してよい、ということにもなる。シンガーは、初期には、もし線引きをするとすれば「小えびとカキのあいだのどこかで線を引くのが一番妥当であろう」（Singer 2002, p.174）などと述べていた。

そして、三番目のレベルは、「動物権利論（animal rights）」である。この立場は、動物解放論とは異なり、快苦能力ではなく、動物それ自体に道徳的な「権利」があると捉えて、動物解放論よりも徹底した形で、ベジタリアニズムや動物実験反対を提唱する理論的傾向性をもつ。トム・リーガンという哲学者がその代表的提唱者である。ただ、リーガンは、権利が帰属される動物の条件として、信念や欲求をもち、未来感覚をもち、福利への関心をもつことなどを課していて（Regan 1983, p.243）、実際上、動物の権利の帰属は、おもに哺乳類の成獣にほぼ限られている。リーガンは、動物権利を帰属すべき動物とそうでない動物との線引き問題について、保守的戦略を採ると述べて、「一歳かそこら以上の精神的に正常な哺乳類」（Regan 1983, p.xvi）という暫定的基準を挙げている。シンガーは快苦に関する利害を、リーガンは権利概念を軸にするという点で、動物解放論と動物権利論は発想を異にし、互いに対して批判などもしているが、結果的には、とても似た内容を提示するに至っていると言える。

いずれにせよ、これらの動物倫理のいろいろな立場に共通している発想は、動物を「感覚体」、すなわち、快苦や幸不幸を感じられる存在者として捉える点にあると言える。それが、動物にも倫理的考慮が求められるとする主張の基盤となっているわけである。当たり前と言えば当たり前だが、あえて素朴な言い方をすると、動物たちには「いのち」がある、という基本的理解、これが動物倫理を立ち上げるモティベーションだ、ということである。だとすると、感覚体を処分することは、いのちを殺めること、「殺す」こと、になる。このように素朴に考えていくと、動物実験に伴う致死的処分や食肉にするための屠殺には、倫理的問題があるということになる。人類が、文化的あるいは宗教的に蓄積してきた「殺生戒」などに照らしても、そのように考えられるだろう。

けれども、ここで問題に突き当たる。まず、そもそも事実として、殺生戒を貫くということは現実的に可能なのだろうか、という疑問が浮かぶ。さらに、規範的判断として、価値判断として、私たちは本当に殺生戒を貫くべきだと、殺生戒を貫くことが善であると、捉えているのだろうか、という疑問も湧いてくる。このような疑問が浮かんできてしまう背景にあるのは、私たち人間の利害と、動物の存在・動物の利害との間に、コンフリクトが生じる場合があるという事態である。その場合、動物に配慮をすることは、すなわち、人間にとって有害だということになる。逆に、人間の益を優先することは、殺生戒を堂々と破ることにつながる。そして、私が注意を向けたいのは、こうしたコンフリクトは、実際これまで何度もいろいろな形で発生していたし、そうした場合、倫理的あるいは政治的判断として、人間の益を優先すべきだと考えられて、そういう方策を実行してきたという事実である。そうした状況は「ペスト・コントロール（pest control）」という場面にほかならない。ペスト・コントロールとは、人間にとって害を及ぼさない程度にまで有害な生物を駆除するという考え方、すなわち、「有害生物駆除」のことである。

具体例を出した方が分かりやすいだろう。鳥インフルエンザに感染した蓄獣、ＢＳＥに感染した牛、そうした動物たちを、私たち人間社会は、そうすべきであるという規範的要請に従って、殺処分している。なぜだろうか。人間にとって益にならないからだ。いや、そのままにしておくのは有害だからである。実際問題として、鳥インフルエンザに感染した蓄獣に対して、一匹一匹に医療処置を施し、治癒を目指させるというのは、たとえ理論的に可能だとしても、社会的にベストな方策として容認されるとは到底思えない。コスト的にもまず無理だし、感染を拡大させてしまう恐れもある。つまり、私たち人間は、どうしても私たち人間自身の益という観点から、動物を処分することを事実としてせざるをえないし、むしろ、規範的にそうすべきだとも捉えているのである。ペスト・コントロールは、鳥インフルエンザのような場合以外にも、もっと身近な、ネズミ、ゴキブリ、ハエ、蚊、ダニ、ハチに関する害を避けるため、それらを除去する形でも実行されている。すでに述べたことだが、私が理解する限り、原発事故後の家畜安楽死指令は、相当量の放射線被曝をした家畜は人間にとって益にならない、そのままにしておくのは人間にとって有害である、という、ペスト・コントロールの場合と同じ考え方に基づくものだと思われる。

けれども、こうした考え方は、動物倫理の主要な立場とどのように整合するのだろうか。私の落ち着かなさ・心の揺れ動きは、まさしく、この疑問に由来するのである。

10 鳥獣害

ここで、ペスト・コントロールの問題に連なる、もうひとつ別の深刻な事例に言及することで、私の心の揺れ動きにリアリティを与えて、福島原発事故に伴う被災動物の問題に、より普遍的な問題性が宿っていることの指摘につなげたい。深刻な事例とは、日本で近年大きな話題になっているところの、農作物や人間の安全性に害を及ぼす「鳥獣害」の問題である。動物倫理の議論がこの問題を整合的に処理できない限り、動物倫理の正当性に対する疑問が残ってしまうと私は考えている。そういう意味で、鳥獣害の問題は「動物倫理の暗闇」だと思っている。まず、人間に対する直接的な危害の恐れのあるイノシシ害とクマ害から確認しておこう。

イノシシは、農業被害も与えるが、人的被害も大きく、近年は思いのほか深刻化している。一例として、神戸市の「イノシシ条例」を見てみよう。神戸市のウェブページによると、「庭やクリーンステーションを荒らされるといった生活環境への被害や、人が噛み付かれたり、イノシシが原因で交通事故が起こるなど、イノシシ問題は、地域の住民の方にとって重大な問題となっています」。そして、餌付けの禁止やごみ出しマナーの遵守を謳う「イノシシ条例」が市議会にて可決された。しかし、「一部の住民が餌付けをやめなかったことから、依然としてイノシシが市街地に出没していました」。それゆえ、パトロールを強化したり、餌付け者の氏名公表などのペナルティをもうけたりするに至ったわけである。[17] 動物をかわいいと思う感覚と、それによって促進されてしまう被害のはざまで、人々は揺れ動く。

また、クマ害については、一九一五年十二月に北海道にて発生したいわゆる「三毛別羆事件」に言及しておこう。北海道苫前郡苫前村（当時）にて七名の死亡者、三名の負傷者を出してしまった、日本のクマ害史上最悪の事件である。これほどの規模ではなくても、クマ害は現在でもしばしば発生している。クマによる負傷者数の推移のグラフを上に示しておく（図1）。

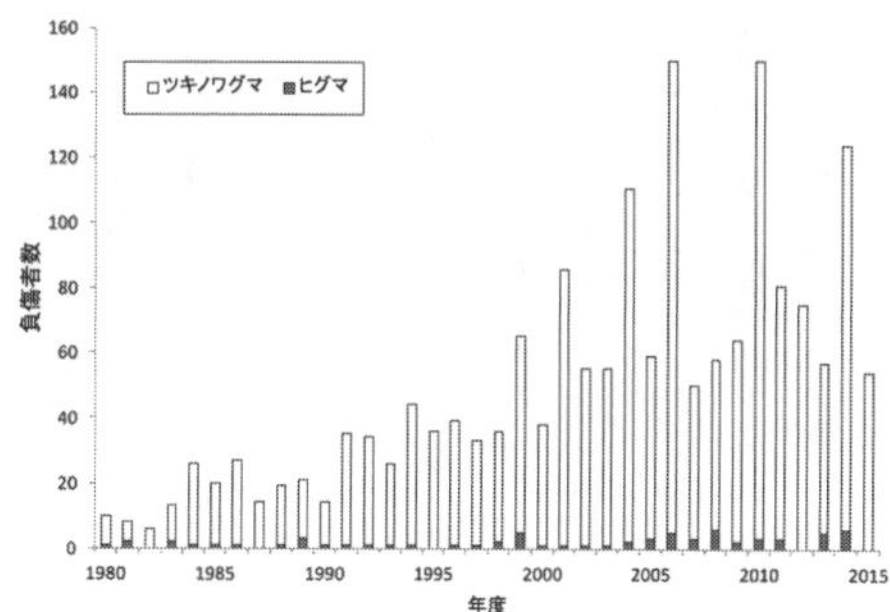

図１　クマ類による負傷者数の推移[18]

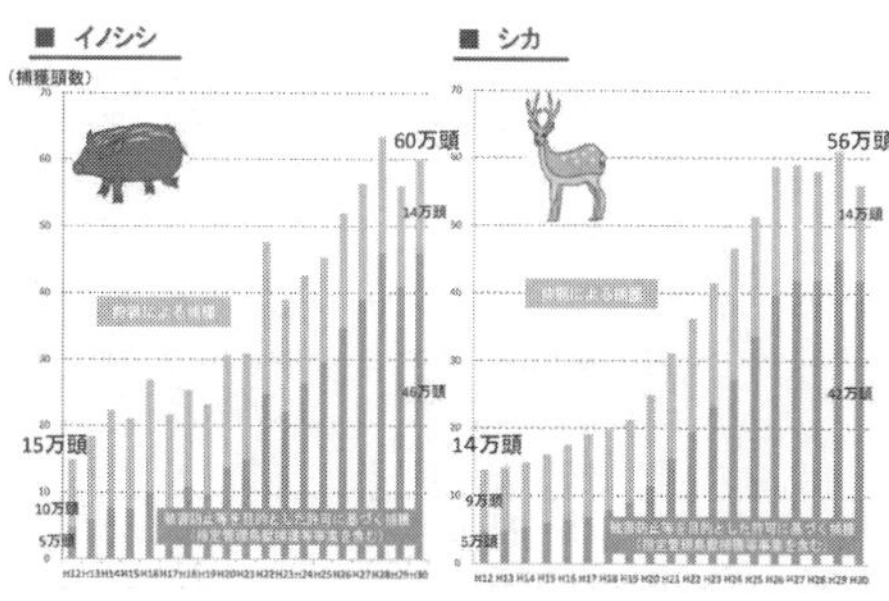

図２　イノシシ、シカの捕獲頭数の推移[19]

これに対して、サルやシカの場合は、イノシシやクマとは違い人的被害はさほどではないが、農地に現れ、遠慮なく農作物を食い荒らす（図2）。祖田修『鳥獣害』によれば、サル、シカ、そしてイノシシによる農作物被害は、二〇一四年度は一九一億円であったと報告されている。そのうち、シカ害が六十五億円、イノシシ害が五十五億円、サル害が十三億円、カラスを含むトリ害が三十八億円に上ると言う（祖田 2016, pp.45–46）。そして、「こうした被害のため、次第に農地を放棄し、栽培を止めていった農家は数知れない。栽培しなければ、賠償額として現れてはこない」（祖田 2016, p.48）。野生鳥獣による農作物被害面積の推移のデータを次頁に示しておく（図3）。

シカ害が著しく大きいことが見て取れる。現在の日本列島は、実は、シカによって占拠されているとさえ言いたくなるほどの規模なのである。このことは、春日大社の神鹿としてシカが扱われている奈良市でさえ、二〇一七年には、付近の農家に対する農作物被害対策のため、捕獲をはじめるというニュースに象徴的に現れている。[21] また、青森県では、県内各地で急増するニホンジカ対策のため、「1日当たりの捕獲数上限を撤廃し、事実上の「全頭駆除」を狙う。放置すれば急速に進む森林被害を食い止める構えだ〔…〕人家が近いなど、ライフルの使用が難しい場所では、わなを設けることで捕獲に注力する」。[22]

これもある種のペスト・コントロールと見なせるだろう。しかも、ペスト・コントロールということで一般に思い出されるネズミ、ゴキブリ、ハエ、蚊、ダニ、ハチなどと比べると、シカやイノシシなどはサイズも大きく、動物倫理で道徳的配慮の対象となる哺乳類の成獣にほかならない。当然、倫理的問題が起こる範囲である。では、駆除を行う当事者の方々は、現実に、どのように事態に対応しているのだろうか。シカ柵などの設置による共存の道ももちろん探られており、一定の成果が上がってはいるが、それだけでは全面的解決とはならず、駆除もまた実行されているのが現実である。イノシシの駆除についての祖田の報告を引いておく。「ウリはかわいい〔…〕こいこいといったらお尻を振りながらちょろちょろと寄ってきた〔…〕百姓としては一匹でも殺してもらいたい〔…〕保護団体は保護しろというが、田に近づかないようにしてくれたらいいが、何もしない」(祖田 2016, p.70)。また、サルの駆除について、こうも記されている。「サルたちは決まったコースを、後戻りすることなく定期的に回遊していることがわかった。それを待ち伏せして撃った。サルが木の上で、胸の辺りに手をやり、こちらを見ている姿は、あたかも「南無阿弥陀仏、どうぞお助けを…」と唱えているように見えたが、迷いを払いのけ、有井は撃ったという」(祖田 2016, p.71)。こうしたレポートからも窺われるように、当事者たちは、迷い逡巡しながら、そうした揺らぎの中で行為しているのである。同様なことは、鳥インフルエンザや口蹄疫に感染した動物の処分、飼い主のいない犬猫の殺処分、そして、本章の主題たる原発事故被災動物の殺処分などに関しても当てはまるだろうと容易に想像される。鳥インフルエンザに感染したニワトリたちを、生き埋めにして殺処分するとき、係員が何も感ぜずにそうしているとは、人間本性に鑑みて、到底想像できない。苦渋の行為のはずだ。そのことに思いをいたさず、残酷なことは止めろ、と非難するだけでは、かえって非難する人々の方こそむしろ残酷だ、ということにさえなりかねない。非難したり、何かを発信したりすることは、それ自体が発信者の行為である以上、ひるがえって、自分自身を構成する要素となり、他者からの評価材料になっていくのである。

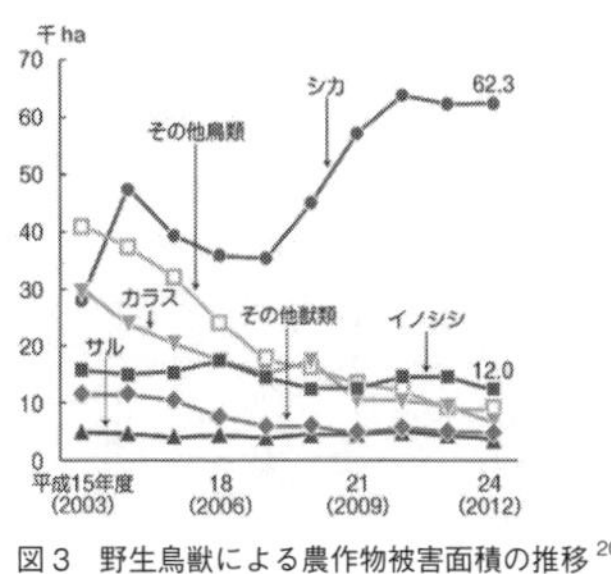

図３　野生鳥獣による農作物被害面積の推移[20]

11　動物倫理はどこに向かう

いずれにせよ、動物倫理は万人に承認された理論をいまだ提示しえていない。それどころか、動物を扱う人々からも、そしてそれを外部から見る人々からも、その双方から批判を浴びせられている。たとえば、少し前の議論だが、動物を扱う医療者であるブルックスの報告によれば、アメリカ合衆国での動物権利論活動家はしばしば度が過ぎた活動に走り、過激派のテロリストのような活動（radical terrorist activities）を行う傾向があるという。獣医師のラボを燃やしてしまったり、動物を扱う研究施設に侵入し実験動物を盗んでしまったり、研究者を殺すぞと脅したり、彼らの家を爆破するぞと脅したり、家や車に赤スプレーを掛けたりと、違法行為を行うまでにエスカレートすることがあるというのである（Brooks 1988, p.15）。では、なぜそのような動物権利論に多くの人々が魅せられていくのだろうか。ブルックスによると、多くの人々にとって、とりわけ動物倫理が話題になるような比較的裕福な先進国の人々にとって、「「動物利用」という言葉を聞くといつでも、彼らが目にするものといったら彼らの愛する伴侶動物たちだけなのだ」（Brooks 1988, p.14）とされる。つまり、ペットへの愛情が、あまり深く考察されることなしに、全動物に拡張され、人間社会にとっての動物そして動物の研究の貢献の多様さが隠蔽されてしまっている、という指摘なのである。

もっとも、動物倫理を展開する哲学者とて、ペットへの愛情ですべての問題を扱えるとは考えていない。たとえば、家禽問題を扱っているカレン・デイヴィスの報告によれば、動物解放を訴えるシンガーは、二〇〇四年にNewsdayという雑誌において、鳥インフルエンザに感染した鳥たちを大量駆除するのは、鳥インフルエンザの感染から人間を守るために擁護される、と述べたとされる。たしかに、動物権利論と異なり、動物解放論は功利主義（大福主義）の立場を取るので、結局は、動物駆除も費用便益分析によって評価されることになるのだろう。数を制御したり殺処分したりするときの利益と損害との比較で、利益が上回る場合には正当化できる、というロジックなのだと思われる。つまり、シンガーの拠って立つ考え方に素直に従うならば、凶暴な動物やほかの生物に感染の恐れのある疾患などに罹った動物（福島の原発事故被災動物もさしあたりこのカテゴリーに含まれるだろう）などに関して、それを制御したり駆除したりしない場合に比べて、結果が生物の世界全体にとってよりよいと判断できるならば、ペスト・コントロールや動物駆除は正当化できる、というわけである。

しかし、これに対してカレン・デイヴィスは強い疑問を投げかける。

このロジックに従えば、インフルエンザやエイズのような感染症に、罹っている疑いのある、あるいはすでに感染が判明している、すべての人間を殺すべきだという理屈になる。実際おそらく、もし私たちがエイズ感染の疑いのある人々をすべて最初から駆除していたならば、エイズ流行は食い止められたであろうから（Davis 2004）。

こうした論点は、二〇二〇年以降の新型コロナウイルス感染症の患者にも、理論的には適用可能である。想像しただけで空恐ろしい。さらにデイヴィスは、そもそも鳥インフルエンザなど、人間の側の自己中心的で虐待的な鳥の扱い方から発生したものなのであって、鳥たちには責任はない、それを人間のためだということで殺処分するというのは、到底道徳的に正当化できないのではないか、とも論じ及ぶ（Davis 2011）。さらに私の方でもうひとつの論点を付け加えるならば、生物全体にとってよりよいという結果を一体誰が予測し評価するのだろうか、という問題もあるだろう。結局、それは人間ではないか。その動物個体にとっては要するに殺されるわけである。食肉にするための屠殺も同じだ。一体何がよい結果なのだろうか。

福島原発事故による被災動物の問題は、こうして動物倫理全般の問題へと連なっていく。むろん、性急な単純化、カテゴリー化は避けるべきであろう。そもそも、福島の被災動物が本当に人間にとって有害なのかどうか、この辺りもっと確認が必要である。このまま生かしておいて、草を食べてくれたりという意義があることは本章第5節ですでに触れた。では、どのような有害性、危険性があるのだろうか。鳥インフルエンザとは違って、放射性物質が感染するということはありえない。では、放置しておくと、自由にされた牛たちが繁殖し数を増やし、他県まで広がって農作物を荒らすと、そういう懸念なのだろうか。必ずしも明らかではない。安楽死させよ、という指令がどこまで合理的であったのか、後世の人々が判断することだろう。

いずれにせよ、被災動物の問題は、動物と人間の利害がコンフリクトするという場面をどう扱ったらよいのか、どう説得的な仕方で扱えるのか、という「動物倫理の暗闇」を明るみにもたらしてくれた。私たちは、将来のよい方向への展開を期待しつつも、現時点では、この不気味な暗闇の前で立ちすくむだけなのである。

さて、次の第5章では、第2章で扱った合理性の問題について、さらに掘り下げて、病災害に対する対応の説得性について考える基盤を探っていきたい。なお、本章を、愛犬しずかに謹んで捧げたい。「虹の橋」での再会をこいねがって。

第５章　合理性のほころび

１　不合理な心

人の心は合理的ではない、ということを疑う者はいないだろう。かつて「ホモ・エコノミクス」といった、合理的人間像を前提した経済学の議論があったが、行動経済学、社会心理学、実験哲学などの分野が華やかな今日、人間の行動や選択がつねに合理的であると断定することは、事実に反しすぎていて、論外の趣がある。実際、私たちは、自分に対しても他人に対しても、嘘をつく。ごまかして自分を正当化する。怠けていてはだめだと理解しているくせに、まあ気晴らしも必要だ、と自分に言い訳する。ある種の自己欺瞞である。自己欺瞞とは、自分自身が理性的に理解し判断している事実を自分自身がねじ曲げ、事実に対する自分の理解をなかったことにする、なかったと思い込む、営為の意である。しかも、場合によっては、本当にそうした事実はなかったと感覚するところまでいってしまう。けれども、私たちの禍福は、当然ながら、事実認識に則らなければそもそも成り立ちえないことを考えると、これは不合理の極みである。怠けているという確固とした自己認識がなければ、私たちの行動の改善はない。

自己欺瞞にいささか似た、意志薄弱もまた、不合理の典型であろう。ダイエットしようとしているのに、どうしても食べすぎてしまう。運動しようとしているのに、どうしてもさぼってしまう。短気は損気、怒りにまかせた言動を行えば、自分に不利益になることが分かっていても、激怒して振る舞ってしまう人も中にはいる。自己欺瞞と違うところは、意志薄弱の場合、自分が意志薄弱だということを（自分を欺すことなく）自覚している点である。しかし、自覚していようがいなかろうが、不合理であることに変わりはない。ある目的や望みがあって、それに向かおうとしているとき、そのゴール到達を阻害することをしてしまうのである。人間とは、なんと不合理で、弱い存在なのか。

ただ、発想を変えて、問いを投げ返すこともできる。むしろ、哲学を標榜する思考であるならば、そうすべきであろう。すなわち、「そもそも合理的とは何か」、「禍福と言うが、どうして私たちは幸福を求め、禍を避けるようとするのか、そしてそうした要請を満たす行動をなぜ合理的だと見なすのか」。「合理性（rationality）」は、大変に手強い概念である。むろん、字義的には、理性・理屈に適ったあり方、という意味になるはずだが、残念ながら「理性」というのが何だかはっきりしない。数学や論理の真理を覚知する能力のことなのか。しかし、それだけでは、行動や選択を導くことはできない。望み、目的、計画がまずあってこその合理性だからである。そういう前提に照らした、いわば手段としての理性のことを、何が正しいか正しくないかの判断という本来の働きをする理性に対して、「道具的理性」などと呼び、揶揄する姿勢がもてはやされた歴史もあったが、少なくとも理性が合理性とリンクしてゆく文脈に限るならば、理性そして合理性は何かのゴールに照らして語られていることは疑いない。いや、そもそも何が正しくて何が正しくないかを判断する本来の理性の働きとて、正しいことを貫くため、そうした真理を守る態度を実行するため、という目的相関的な実践であると解することができる。論理的に妥当な判断をして矛盾を避けるということさえ、実はひとつの態度の選択なのである。実際、「矛盾許容論理（paraconsistent logic）」などを考慮に入れるとき、矛盾を許容しない、コンシステントな思考をすること自体、厳密には、目的相関的でない絶対に理性的なあり方、と言うべきではなく、ひとつの選択つまりは態度決定なのである。

では、そういう意味で語られるとして、そうした目的相関的な合理性が成立しているかどうかの判断基準は何なのだろうか。これは壮大な問いで、ここで簡単に答えられる性質のものではないが、ひとつの回答候補は挙げることができる。すなわち、「確率」を考慮すること、である。すでに発生したこととか、論理的トートロジーとかの、確率１も含めて、確率こそが合理性を成り立たせしめる基本的な要素ではないだろうか。どこかに行こうとしているときの経路を、所要時間や安全性や娯楽性などの要件をにらみながら、そうした要件が実際に実現する確率を考慮に入れること、このことなしに合理性は語れない。東京から大阪に安く早く行きたいとき、わざわざ札幌経由で行くことは不合理だし、ヒッチハイクで行こうとするのも不合理きわまりないだろう。なぜ不合理なのか。札幌経由でも大阪に行けるし、ヒッチハイクでも（相当苦労するけれど……）大阪までたどり着けなくもない。しかし、安く早くという目的を実現する確率が著しく低いのである。だから、不合理なのである。逆に言えば、飛行機や新幹線を使って大阪入りすることは合理的だが、確率が介在している以上、その合理性は確実性と同じではない。交通手段に絶対確実はなく、事故や気象条件による遅延やキャンセルの可能性がつきまとうのは当たり前だろう。合理性というのは、目的相関の中で、確率を考慮しながら、もっとも目的を実現する見込みが高い選択をする、ということなのである。

2　確率と時制

ただ、そう言ったからとて、合理性に関する疑問が氷解するわけではない。いくつか注記すべきことがある。まず、実は確率というものがやっかいなのである。確率論は数学の一分野だが、それでも、確率の初期値はどうあてがわれるのかという問題に関しては数学では解けず、哲学が関わってくる。私が明日死ぬ確率はいくつか、というのは数学では解決できない問いなのである。しかし、無意義で意味不明な問いではない。では、そうした確率は何を意味し、どうやって数値を付値するのだろうか。こうした問いをめぐって「確率の哲学」という巨大な分野が立ち現れてくる。確率とは何かについて、主観説、論理説、間主観説、頻度説、傾向性説など、多様な見方が提起されてきて、多様なパズルも発見され、論争はただいま現在白熱している最中である（一ノ瀬 2006, 第一章、ロウボトム 2019）。確率が合理性の核心をなす契機のひとつだと判明しても、だからといって合理性の意義が直ちに解明されるわけではない。

実際、確率は扱いにくい。私たちは「ベイズの定理」を適用することが本当に不得手である。あるいは、ツベルスキーとカーネマンが指摘したような「連言錯誤（conjunction fallacy）」などもしばしば発生する。彼らの議論は「リンダ問題」として知られている。人々に、「リンダという三十一歳の独身女性がいて、彼女は大学で哲学を専攻し、差別と社会正義の問題に深く関心をもち、反原発デモにも参加していた」といった情報を与えた上で、「リンダは銀行の出納係である」（T）が真である確率と、

「リンダは銀行の出納係であり、フェミニスト運動の活動をしている」（Ｔ＆Ｆ）が真である確率とで、どちらが高いかを尋ねると、多くの人が（Ｔ＆Ｆ）の方が高いと判断するというのである（Tversky & Kahneman 1983, p.297）。むろん、これは確率のいわゆる「単調性」の性質に反する判断で、誤りである。集合で考えて、大きな集合（上の例ではＴ）に当てはまる確率と小さな集合（上の例ではＴ＆Ｆ）に当てはまる確率は、理の当然ながら、大きい集合に当てはまる確率の方が大きいのである。「私がサマージャンボ宝くじを当てる」のと、「私がサマージャンボ宝くじを当てて、かつ、年末ジャンボ宝くじも当てる」というのとでは、前者の方がまだしも確率が高いことは自明である。しかし、人々は、こうした宝くじの例ならば誤謬に陥らないのに、人々の性格や属性などということになると、イメージや先入観があり、誤りを犯しがちなのである（竹村 2012, p.15）。ただ、こうした確認は、合理性に確率が絡み、そして確率には不合理に至る罠が仕掛けられている、という論旨だとして押さえると、そもそも私たちの心は不合理である、とするもともとの見方を別な角度から示唆することになるかもしれない。

さらにもうひとつ、時制に関する問題に注意しておきたい。先に、合理性とは、目的相関の中で、確率を考慮しながら、目的を実現する見込みがもっとも高い選択をすることだと記したが、このことの含意として、合理的な選択をしても実際には目的が達成されない場合もある、という論点も注記した。しかし、ここでひとつ疑問が湧く。たしかに、これから生じる未来に関する選択の場合は、私の記した合理性の規定がそのまま妥当するかもしれないが、問題は、合理的だと判断して行った選択が当てが外れて結果的に失敗した場合である。この場合、選択は合理的だったのだけれど、運が悪かった、とすっきり割り切れるだろうか。過去に遡って思い返したとき、しかも、不合理だと思われる選択をした他者が案外に結果的にうまくいっていたときには、果たして自分が過去に行った選択は本当に合理的だったのだろうか、もしかして考慮に欠落があり最初から合理的ではなかったのではないか、という思いがよぎるのではなかろうか。私は、こういう後悔や悔恨を伴う過去への遡及的思考にも合理性は深く関わっているのだと考える。つまり、結果から見る合理性、である。

先に東京から大阪に向かうという例を挙げたが、たとえば、私が大阪行きの新幹線に乗って、折り悪く富士山噴火に遭遇し、途中で立ち往生してしまった場合、しかも、同じように大阪に向かおうとしていた知り合いが、なぜか札幌経由の空路から大阪入りを果たしていた場合、どう評価すべきだろうか。自然災害だから仕方ない、と割り切るだろうか。本当に青天の霹靂と言うべき事象ならば、割り切れるかもしれない。しかし、そうはいっても、大阪到着・不着の相違が顕在化して、大きな損失を現に被ってしまったならどうだろうか。気象や地震の情報に則って噴火の可能性を考えに入れておくべきだった、もしかしたら札幌経由を選んだ相手はそういうことも考えていたのかもしれない、という悔恨がじわじわと湧くことはないだろうか。こうした遡及的思考は、言ってみれば「失敗学」の基本であり、その特定の事象固有な観点からすれば無意味だが、将来に対する教訓となる。すなわち、過去に遡って、それが反転して未来に向かうという、ブーメラン的な合理性がここに指摘できるのである。むろん、この場合の合理性も確実性と同じではなく、過去に遡って、その時点における反事実的仮定の上での確率的評価に基づくものであり、その意味で、合理性が確率と連携しているという事情は一切微動だにしていない。しかし、いずれにせよ、ここで湧き上がる合理性は、定義からして、達成されることのない合理性である。現に失敗したことによって立ち上がる、反事実的な文脈での合理性だからである。

かくして、未来に向かう合理性は、確率概念の適用がなかなかに困難であるため必ずしも適切に活用されるとは限らず、さらに達成に失敗する可能性を本質的に内包し、さらには過去に遡る合理性は、定義からして実現されない、という事態が浮かび上がる。つまり、哲学的な仕方で「合理性」とは何か、と問いかけることによって、結局、私たちの心は合理性を完全には実現できず、不合理たらざるをえない、という最初の気づきに舞い戻るのである。

3　幸福概念の蒸発

もうひとつ、なぜ私たちは合理性の判断基準の根底に、幸福の獲得と禍の回避という事態を見てとるのだろうか、という問いにも一瞥を与えておこう。明らかなように、この問いは恐ろしく根源的で、簡単に論じられるようなものではない。それゆえ、ここでは、本章に関わる、ごく限られた視点から見た二つのポイントだけを提示しておく。まず第一に、幸福とは、少なくともその核心は、結局はきわめて主観的な感覚に依存するものであり、それが何であるかは自明ではなく、しかも、人間の性(さが)として、仮に幸福感を達成したとしても、それは一時的なもので、すぐに空中に分解し蒸発していってしまうという点、これを指摘したい。幸福の候補となる事態は、常識的に考えて、いくつか思い浮かぶ。裕福、健康、平和、安楽、愉快、勝利、希望充足、名誉、家族団らん、などなどだろうか。しかし、そのいずれも、それが獲得され、幸福の頂点に立ったかのように思われたならば、あとは奈落に落ちるように下降していくしかないものばかりである。いや、裕福な者の財産は、さらに増えていったり、維持されたりということはいくらでもあるではないか、と反論されるかもしれない。これに対しては、こう答えよう。私が言っているのは幸福の感覚のことである、と。幸福の感覚は、多くの文学作品が文芸的に表現しているように、一過性のものであり、人間の欲望は果てしなく、いつも次の満足を渇望し止むことがない。財産を得て裕福になっても、それを守るために猜疑心が増したり、傲慢になり心がすさむことにもなりかねない。健康も同様である。健康を得ても、そのことによってかえって、わずかな不調にも敏感になり、心気症的になってしまうこともあるだろうし、健康以外の悩みがかえって顕在化してしまいもするだろう。

つまり、幸福というのは、一時的な状態にすぎず、達成されたと感覚した途端にすでにして雲散霧消し、空中分解しゆく命運のもとにあるのである。だからこそ、「幸福とは何か」という問いが回答不能で謎のようにも思えてしまうのではなかろうか。幸福とは、実体としては杳としてつかみきれないという本性をもつ、幻のような事態なのである。もちろん、これはあくまで個人のレベルでの幸福感覚に焦点を合わせた理解であり、社会全体の幸福といった、規範倫理の文脈で論じられる、もっと別の、もう少し客観的かつ公共的に捉えられる、捉えられるべき幸福概念もあるだろう。そうした、たとえば功利主義（大福主義）に即して言挙げされるような幸福は、国民総生産だとか社会福祉予算だとか人口維持だとかインフラ整備だとか長寿だとか貧困撲滅だとか犯罪減少だとか、そうした計量化可能な指針によって表象される。私はこうした幸福概念を否定しない。人類が歴史の中で経験的に学んできた、万人に関して平均的に当てはまる満足感を集約したものであり、一定の証拠と説得力が備わっている幸福概念だからである。おそらくこれらは、幸福実現のための（十分とは言えないとしても）必要な要素として幸福概念に組み込まれていると言えるだろうか。いずれにせよ実際、幸福を論じるときに、社会のインフラ整備などを考慮要素として一切取り入れることのない言説を、私は信頼できない。恩知らずのように思えてしまう。ただ、ここでの問題は、そうした幸福概念が十分かどうか必要かどうかということではなく、そうした幸福を達成することが合理性の暗黙のゴールとして解されているという、その思考構造なのである。なぜ犯罪抑止政策を一切顧みない政策が不合理なのか。なぜ箱物建築だけに予算を充てる方針が不合理なのか。なぜ少子化を食い止める施策に合理性があると思われるのか。すべては、社会全体の幸福を追求する、という私たちが暗黙に是としているゴールに照らしての判断である。

しかし、厳密に冷静に考えてみれば、不思議である。なぜ私たちは幸福にならなければならないのか。なぜ不幸や禍は忌むべきなのか。むろん、先に述べたように、幸福概念は謎であり、内包が確定していない。よって、死にたいという自殺念慮がある人にとって、死にゆくことが幸福なのだ、と言い抜くこともできる。「安楽死」という概念が実際有意義な言葉として成立している。自傷行為をする人にとって、自分の身体を傷つけ、血を出させることが、一過性のものだとしても、満足を得ることにつながるのだと言えるかもしれない。だから、人が何をしても、社会がどういう政策を選んでも、それは人々の幸福を目指す営為なのだと述べて、幸福を希求することはトートロジカルな仕方で成立しており、疑問を挟む余地はないと、いささか歪んだ開き直りも可能かもしれない[1]。けれども、私は、人間とそのほかの動物を比較対照したとき、こうした開き直りは、言辞上は可能であったとしても、上品ではないと感じる。人間の幸福を求める行為によって、ほかの動物が外的な仕方で犠牲になっているという事情をそれとして受け入れるならば（鳥インフルエンザでの鳥の処分を見るとき私は明白にこういう事情を受け入れられる）、人間が幸福を追求することは、トートロジカルかつアプリオリに受容されるべき根源的規範ではないのはもちろん、それを受容することがもしかしたら道徳的に悪徳な事態にさえなっているかもしれないという懸念が湧くのである。

4　合理性の変容

なぜ道徳が必要なのか。なぜ幸福が求められるべきなのか。こうした問いを素直に追求すると、かつてハンス・ヨナスが喝破したように、倫理的問いの岩盤にいたり着く。「人類が存在し続けるという無条件的義務」（Jonas 1984, p.37）があるのであり、倫理に関する「第一の規則は、それゆえ、人類の存在が要求されるそもその理由に矛盾するいかなる在り方も、人類の将来の子孫の在り方として認められるべきではない。人類あるべしという命法こそが、人間だけに関する限り、第一の命法なのである」（Jonas 1984, p.43）。ヨナスの論の運びは大変に率直である。人類保存、この命令こそがすべての倫理・道徳の、記述的かつ規範的な岩盤であり、それ自体の正当性を問うても意味がない。というより、その命法の正当性に疑いを向けるということは、自己破滅的な論になる、ということである。けれども、さらに問おう。自己破滅はなぜいけないのか、と。正直、私は、理論的破綻の匂いを濃厚に放つことを承知しつつ、冷静に語るならば、人類破滅を許容する規範的議論が成り立つ可能性を払拭できないと述べたい。人間以外の動物の倫理的主体性を人類よりも優位に置く思考に一分の理があるとするなら、人類破滅は道徳的に許容されうる。こうした理論的可能性（のわずかな余地とも言うべきか）を頭の片隅に入れておくことは、冷徹な視点から倫理的議論を展開するに当たっての必要条件のように思われるのである。

いずれにせよ、幸福概念は、個的なものであれ公的なものであれ、実のところ明晰でも判明でもない。だとしたら、幸福追求を実質上根底に据える合理性の概念もそれほど確固としたものではない。だから私たちが不合理になってしまうのも、そもそも合理性に従うことが何であるかよく分からないのだから、当たり前で罪はないとも言えるし、あるいは、私たちの心は不合理だという診断それ自体、実際上は確定的な内実をもたない空虚な裁定なのだと、そのように言い及ぶことができるかもしれない。けれども、ここでまた私はあえて、自己反発をしてみたい。もしかしたら、こうした裁定は、合理性の概念は完全に明確に確定できない、だから無意義なのだというような、一かゼロの思考法に陥ることになっていないだろうか。確定はできないけれども、少なくとも、比較的に受容可能な合理性概念は成立しうるのではないか。いや、成立しているのではないか。

つまり、私は合理性には（したがって不合理性にも）受容可能性の度合いが、有り体に言ってみれば、ランキングのようなものが、あると思うのである。しかも、そうした度合いの相違は、共時的に比較されるだけでなく、通時的にも変容してゆき、同じ事柄の合理性の度合いは別なときには相違しうるのだと、そんな風に捉えたいと思う。この点は、第2章で論じた「合理性のキネマティクス」の考え方と対応している。一例を挙げてみよう。かつては健康診断で、胃のバリウム検査をすることには、一定の合理性が認められていた。しかし、今日ではその合理性は弱まっている。病変の発見率がさほどでもないし、検査自体の副作用や放射線被曝が問題となるからである。このことは、現時点において合理的だと認められている事柄も、将来的には合理的でなくなる可能性があるということを強く示唆する。すなわち、合理性には本質的にほころびがあるのである。私は、このことを明確に自覚することが、合理性を論じるときに必要なことだと主張したい。

しかし、だからといって、現時点において、一定の合理性が強く認められる事柄があるということは認められなければならない。安全性の確保、健康長寿促進、福祉の充実化、動物への配慮、これらを目指すことは健康的な合理性と言うべきだろう。さらに私は、私たちが死を迎える場面で、純粋に個のレベルで、自分の人生をよい人生だったと思うことも合理的なこととして許容できるように感じる。事実としては、退屈で平凡で、焦燥、嫉妬、落胆にまみれた苦しかった自分の人生であったとしても、よい人生だったと総括することは、人生真っ盛りの人が自己欺瞞に陥るのとは違って、もはや自分の幸福追求の過程には関わらないし、他者に迷惑を掛けるわけでもない。だとしたら、人が、そうやって納得して終末を迎えることは、合理性概念の消失点ぎりぎりに成立する、ささやかな合理性なのだと、そう思う。

5　科学技術と健康長寿

さて、では、さしあたり健康的な合理性の雛形となりうるものとして挙げた、幸福の標準的形について少し立ち入ってみよう。たとえば、健康長寿促進である。近代以前の人間の平均寿命は二十歳代、日本人だけで言うと縄文時代の平均寿命はおよそ十四歳、ただし五歳まで生き延びた人の平均寿命は二十一・二歳であった。つまり、幼児期に亡くなってしまう人がきわめて多かったということである。また、室町時代になっても日本人の平均寿命は十五歳から十七歳にとどまっていた。時代が移り、江戸時代後期から明治初期での日本人の平均寿命は三十歳代、しかし二十世紀を迎えて日本人の平均寿命は四十歳代へと上昇し、二十世紀半ばには六十歳を越え、当時の欧米の平均寿命におおよそ追いつくに至った。そして、一九九九年には日本人の平均寿命はおよそ八十歳代に突入し、世界のトップに躍り出ることになった。[2] 二〇一九年についてみると、日本人男性の平均寿命が八十一・四一歳、女性が八十七・四五歳で、世界トップとは言わないまでも、最長寿国のひとつとして君臨している。[3]

こうした状況は、少なくとも江戸時代の観点からすると、素直に考えて、幸福の度合いが著しく高まった社会に私たちは生きているということになるだろう。むろん、長寿が何だ、人生自体の充実度は長く生きたということだけでは測れないだろう、という反論は容易に予想がつく。けれども、私は、こうした反論をする人はものごとを鳥瞰的・統計的な仕方で見ることが苦手なのだと感じる。喫煙し続けても九十歳代まで元気に野良仕事をする人がいるからといって、だから喫煙は害がない、と言えるだろうか。同じようなことが長寿と幸福度についても言えそうである。夭折した人で充実した人生を送ったと言えそうな方がいたとしても、だからといって長生きは幸福とは関わりがないと言えるとは思われないのである。いまの時代の、たとえば、四十歳前後というのは、むしろ若者であると言ってよいほどの年齢であり、これから結婚したり、起業したり、子育てしたりと、活躍しはじめる人が少なからずいる。そうした年代のときに、新型コロナウイルス感染症のような病を得、亡くなるとしたら、いかにも悲しい。自分がその身に置かれたら、と想像してみれば少しはその感覚が理解できるかもしれない。もちろん、短く太く生き充実した四十年を全うする方々もいることは確かだろうし、そもそも死ぬことそれ自体が安楽な状態であり、憧憬の対象にもなりうる。だから、万人に普遍的に、長寿が幸福である、という価値観が通用するわけではない。これはまさしく、幸福概念それ自体が本来的に胚胎するほころびの現れである。けれども、統計的な視点で、社会全体を母集団とするときの幸福感覚や、人々が長寿を選好する度合いなどに照らしたとき、やはり、健康で寿命が長いということは、幸福のひとつの実現なのである。[4]そういうおおよその了解のもとで、私たちの社会は営まれている。

　だとしたら、健康寿命を促進する方策は文字通り「合理的」であり、それを阻害するようなやり方は「不合理」だということになるだろう。それゆえ、もし喫煙と健康阻害との因果関係が濃厚に疑われるとするならば、喫煙を奨励したり放置したりする法律は「不合理」なのであり、改めるべきなのである。逆に、最大の死亡原因である「がん」の発症を抑制する有望な研究に多くの予算をあてがうことは「合理的」政策なのである。こうした、因果関係への疑いとか研究予算などという言い方からも示唆されるように、実は、幸福を実現する合理的な判断には、科学技術研究が深く関わっている。私たちの健康寿命が延び、その限りでの幸福の度合いが増してきたことは、科学技術の発展に負うのである。これは、改めて文字化するまでもなく、自明なことだろう。自然科学や医療技術が発展し、私たちの生活は安全になり、快適になった。これは歴然とした事実なのである。いや、むろん、発展途上国についてはこれは必ずしも当てはまらない。そのことは別の問題系として意識しておかなければならない。格差や貧困は厳然と存在する問題である。ただ、私が述べたいのは、地球上の一定の場所（日本も含めてよいだろう）においては、生活の利便性が増し、人々は数十年前と比べても、はるかに健康になったということである。さしあたり、本章ではそこに焦点を合わせたいのである。

『リスクにあなたは騙される』の著者ガードナーはこう書いている。「私たちは歴史上最も健康で、最も裕福で、最も長生きな人間である」と（ガードナー 2009, p.19）。にもかかわらず、いや、だからと言うべきなのか、私たちは少数の特異的な犯罪報道や事故の報道に接すると、それに引きつけられ、非常に、あるいは過度に恐怖を感じる傾向にある。実際は、近年は、刑法犯や少年犯罪数は減ってきているのに[5]、特異的な事件が起こると報道機関が飛びつき、大々的に報じる。そして、あたかも現在の私たちの社会が危険であるかのように人々に感じさせるのである。ガードナーは先の文に続けてこう記す。「そして、私たちはますます怖がるようになりつつある。これは現代の大きなパラドックスのひとつである」（ガードナー 2009, p.19）。

6　科学技術の両義性

便利になり、安全になり、快適になると、余計なことを考える余裕ができてしまうのか、かえって不安になる。これは人間の本性なのだろうか。あるいは、そうでない環境に暮らした・暮らす人々との対比で、何か後ろめたさを感じるのだろうか。それとも、科学技術の発展が予想外に急で、このまだとどうなってしまうのだろうという未来に対する漠とした不安が顕在化するということなのだろうか。おそらく、そのすべてが混在しつつ、私たちは快適さの中で不安がっているのではないか。こうした事態は、いささか自己欺瞞に似ている。科学技術の恩恵を目一杯受けながら、それを恐怖と捉え、忌避感を抱き、そうしながら科学技術の恩恵を受け続ける。たぶん、こうした現象も、幸福概念のほころび、と私が表現した事態のひとつの現れなのだろう。幸福がある面で実現していて、それを享受しているのに、その途端に、それが悪徳であるかのように思われ、自分から遠ざかろうとするが、しかし実際には遠ざかることはできない。私たち人間は、なんと他律的で、弱い存在なのだろうか。

二〇一一年の東日本大震災と福島第一原子力発電所事故の混乱の中で、こうした幸福概念のほころび、そしてねじれが、姿を現してきた。たとえば、「お金といのち、どっちが大事か」とか、「いのちと経済、どっちが大事か」などのスローガンのもと、反原発運動が盛り上がった。しかし、運動それ自体は（優先すべき活動かどうかは別にして）問題ないし自由だが、このスローガンはいかにもねじれているし、あまりに浅薄である。ある程度の利便性を備えた、裕福を頂点として望むような、経済的にやりくりできる生活というのは、すでに述べたように、幸福概念のひとつの、あるいはかなり核心的な側面であり、実際それが欠落した生活環境というのは「貧困」であり、貧困が現代の世界の政治的・倫理的な最大の問題であることは、今日の常識であろう。実際、国連サミットで採択されたＳＤＧｓの第一の目標が「貧困をなくそう（No Poverty）」である。「貧困」こそ、立ち向かうべき、世界最大の喫緊の問題なのである。

哲学倫理学の国際学会などに出席すると、大変多くの若い研究者が貧困の問題を倫理的課題として取り上げ、熱心に論じている。実際、貧困が蔓延する社会では、栄養状態や衛生状態が悪く病気になりやすく、冷暖房や電気水道などのインフラ利用にも支障が生じ体調を崩しやすく、犯罪も起こりやすくなり治安悪化をもたらし、死傷者が出やすくなる。そして、貧困は戦争にさえつながりやすい。こうした冷厳な事実を顧みたとき、経済的充足を軽視するということは、先のスローガンとはまさしく真逆に、いのちを軽く扱うことになってしまうことに思いを致すべきである。[6]経済よりいのちの方が大切と本当に信じていた方々は、おそらく、ご自身が経済的に充足しているので、貧困の問題性を実感できなかったのではなかろうか。あのようなスローガンを提起した方々、それに説得力を感じた方々は、ぜひとも世界の現実に目を向け、ゆめゆめあのような無意味な二項対立のスローガンを提起したり受け入れたりしないでほしい。同じことは、江戸時代を理想化・美化して、江戸時代に戻りたい、とするいわば反科学的に響くような言説にも言える。ある面で江戸時代に学ぶべき点があることは間違いないが、三十歳代で多くの人が亡くなり、医療もいまよりも未熟で、冷暖房も十分でなく、トイレなどの衛生設備も不十分な、そういう環境で、現在の人々がいま以上に幸福を感じるというのは、アーミッシュのような例外的な方々はいるとしても、総体的には非常に想像しにくい。こうした事実から目をそらして、一面のみから見た理想を表明するだけでは、哲学倫理学の議論はできない。

とはいえ、科学技術が幸福を実現することは確実かというと、やはりそういう評価にためらいを覚えることにも理がある。現在の水準で科学技術が発展し、人工知能が高度化していくと、いつか人間の脳の能力を凌駕する人工知能が出現する、と予測されている。そのときは「技術的特異点(technological singularity)」と呼ばれる。このような時点の後、人間はどうなってしまうのか。容易に予想され懸念されることは、労働の必要性が次第になくなり、生身の人間の職業が奪われていくのではないか、人工知能が自律的な思考をすることによって人間の存続を阻害するような動きを取るようになるのではないか、といったことであろう。また、生命科学・医療の進展の突き進む先にも、私たちの多くは漠然とした不安を抱く。現在計画されている限りでのｉＰＳ細胞による再生医療ぐらいまでは、ある程度先が見通せるので、実用化にそれほどの抵抗はないし、それどころか心待ちにしている方も多いだろう。しかし、もっと踏み込んで、遺伝子操作とかゲノム編集などによるエンハンスメントとなると、将来世代にどういう影響が及ぶのか不明である、という点で不安を感じる人々が多い。こうした領域において近年の注目すべき話題としては、ヒトの臓器をヒツジやブタといった大型の哺乳類を使って再生するというプロジェクトだろう。東京大学の中内啓光によれば、これは「異種間での胚盤胞補完法」という方法によって可能となるという。遺伝的に異なる細胞が混ざった状態を「キメラ」というが、従来それは作成不可能と思われていたが、中内らは異種間のキメラが作製できること、そして異種間での胚盤胞補完法が成立することをマウスとラットを使って実証した。[7] 今後の再生医療に光を投げかける研究として注目されている。けれども、果たしてこれは安全なのか。ブタの遺伝子が混入することはないのか。また、ブタ自身がヒトの遺伝子を受け継いでしまわないか等々、不安は尽きないだろう。

けれども、冷静に考えると、過去においても新しい医療技術に対するこうした不安は、多かれ少なかれいつもつきまとっていたことに思いが至る。新薬開発、開腹手術、輸血、歯科インプラント、臓器移植、などなどを想起すればよく分かるだろう。技術的特異点の議論と併せて論じられる概念に、「トランスヒューマニズム」というものがある。科学技術を用いて人間の能力を飛躍的に進展させ、私たちの生き様を向上させようという一種の運動である。人間は、従来の人間以上の存在になるべきだと主張する。過激で突飛な主張のようにも聞こえるが、提唱者の一人であるボストロムによると、ポストヒューマニズムは決して過激でも奇抜でもなく、人間存在を改造するという発想でもなく、むしろポストヒューマンになろうという「主張を拒否することこそ、多くの常識的に受け入れられている倫理的信念や是認されている行動を拒絶するよう私たちを強制するという点で、強力に人間存在を改訂する志向性をもっている。私は、私のポストヒューマニズムの立場は、技術的手法を通じて人間のエンハンスメントの可能性を適応させていくという、伝統的な倫理と価値観の保守的な延長なのだと理解している」(Bostrom 2013, p.32)。「ほとんどの人々は健康な状態で自分たちの生存が連続するということに非常に高い価値を与えているのである」(Bostrom 2013, p.33)。たしかに私たちは、新しいエネルギーや交通手段を開発し生活を便利で快適なものにして、そして医療的な新しい技術を絶えず開発して健康寿命を延ばし、さらには、確率的思考やリスク概念の洗練化を通じて生活の安全性を飛躍的に高めてきた。数百年前の人々の生活に比して、格段のエンハンスメントを現に成し遂げてきたのである。だとしたら、なにゆえ、今後はこうした人間の歴史的・伝統的に続いてきた生活向上の志向性は打ち止めにするべきである、という主張をしなければならないのか。そうした突然の拒否にどういう正当性があるのか。

私の理解では、ポストヒューマンの主張にも、科学技術に対する漠然とした不安感にも、どちらにもそれなりの理があるのであり、私たちの判断はいつも両義的に揺れ動く、というのが実態なのだと思う。これはおそらく、行けるところまで前に進んだ、そうすれば、何か問題が発生しても、そのときどきで私たち人間社会は解決策を見つける、実際そうしてきたのだ、というある意味で健康的で全体的な視点からする未来志向性と、何かあったとき、少なくとも個人レベルでは犠牲が生まれ、苦しみや後悔が発生してしまうのではないかとする、防御的で個体的な視点からする、起こった後で振り返るという構造に立脚するという意味での、遡及志向性との、[8] 人間が必ず併せもつ両面のゆらぎなのであろう。

こうしたゆらぎの事態は、なにも科学技術に対するスタンスという、大きなサイズの主題に限るものではなく、もう少し個別的な、私たちの日常での意思決定や決断にも当てはまる。たとえば、雪山で道に迷ったとき、遠くに目視できる対象を確認して、そこに向かって進もうかどうかという判断に迫られたとき、行ってみようという気持ちと、いま来た道を戻ってたどり直した方が安全ではないかという気持ちとが交錯するはずである。さらに卑近な例で言えば、来客をもてなすため、作ったことのない料理にトライしようかというとき、やっぱりまずかったらどうしよう、という迷いが湧くものである。これもまた、未来志向性と遡及志向性とのゆらぎの構造に回収できる現象である。

７　バランスの崩れ

おそらく、こうしたゆらぎのもとにあることで適切なバランスをもって事態が現象している場合は、私たちの日常という意味で、特段の倫理的問題はなく、科学技術の日進月歩と、それに対して私たちが感覚する期待や懸念、それらのせめぎ合いの中で、私たちは未来に立ち向かっている。そして、短期的には行きつ戻りつしながらも、歴史的な長い目で見た場合は、私たちは幸福の実現に少しずつ前進し、そしてすぐにそれに飽いて、次を求める、という繰り返しをしていくのだろう。こういう歴史の大きな流れに対して、それに抗する思想、たとえば隠遁思想やディープエコロジーなどが提起されるのは、いままでもそうだったし、これからも必至であるし、哲学倫理の思想としてそうした考え方を称揚し提唱することにも意義があるが、しかし同時に、歴史の大きな流れを、過去の人間本性の発露としての人類の歩みを冷静に眺めて、人間が前進し続けるということをほぼ不可避に予想される現実として受け入れるという度量がなければならない。そうでなければ、結局は、大局的な観点に立った、実効性のある思想は提示できない。人間は前に向かうものなのである。きりがなく、前進しようとするものなのである。それは、いいか悪いかということを越えた、人間という生き物の業なのである。このことを、好き嫌いを別にして、率直に認めなければ、実のある思想は紡ぎ出されないだろう。

むろん、こうした前進を志向するという人間のありようは無限に継続するわけではなく、ＡＩにも阻害されず、また生物的な意味で人類がずっと存続しえたとしても、それでも間違いなく、何十億年後の太陽の消滅という、大きな区切りを迎え、根本的な変化または終焉に面しなければならない。私は、人類保存という、ヨナスのいう倫理の岩盤もまた、厳密に考えるならば、太陽の消滅という宇宙の物理的事態に対する予期や含意が伴うべきだと強く考えている。はるか遠い未来の話ではあるが、時間は冷厳であり、その瞬間に立ち会う存在者は必ずいるのである。うがった見方をすれば、こうした現実の終末を私たちは意識下でうっすらと理解しているがゆえに、未来志向性のもとでのみ暮らすことの底に、無常観やむなしさをほぼ本能的に沈殿させ、それがときに遡及志向性としてその姿の一部を垣間見せると、そう言えるのかもしれない。「まえがき」と第2章で触れた宇宙視線と人生視線の対比を振り返ってほしい。終末を思うがゆえにむなしさを感じるというのは、宇宙視線と人生視線の交差する現象のひとつとして捉えることができるだろう。

けれども、こうした未来志向性と遡及志向性の絶妙なバランスが崩れ、単なる通常レベルでの行きつ戻りつなどという程度を越えた規模で、どちらかに一方的に片寄ると、非日常的な事態が生まれてしまう。そうした非日常的な事態は場合によっては実害をもたらしてしまう。むろん、そうした偏りも、長い目で見た場合はいわば誤差の範囲であり、私たち人類は、それらを通過しつつ、少しずつ前進していくと総括する視点をもつことはできるし、たぶんその言説は正しい。これは程度問題であり、どこまでを非日常的な実害と見るかによるだろう。ここではさしあたり、だいたい百年単位ぐらいで考えて、そうした期間での、日常とはかけ離れた、特異事象としての大規模な実害を問題として主題化する方針を採りたい。

そうした方針を採ったとき、未来志向性が行きすぎた場合の例として、話の趣旨を明確化するためあえて単純化して言えば、ナチス時代の「第三帝国」構想が挙げられるかもしれない。当時のドイツは、自国を「第三帝国」と呼んでいたが、もともとはこれは「来たるべき理想の国家」の意であり、ある種のユートピア国である。ナチス時代の歴史は、こうした未来志向性を過度に前面に出したことが、大きな不幸をもたらしてしまった一例と見なしうるのではなかろうか。あるいは、日本の「大東亜共栄圏」の思想ももしかしたら同様かもしれない。もっとも、「第三帝国」であれ「大東亜共栄圏」であれ、たとえ二十一世紀初頭の今日の一般的観点からの評価として、結果的に不幸をもたらしたと捉えられているとしても、そうした評価が絶対的かつ確定的なわけではない。歴史的事象の評価は難しく、断定することはできない。それは通時的に変容しうるだろう。ここでは単に、現時点での一般的評価を仮に前提して、未来志向性の行き過ぎた例として触れただけである。

もっとも、少し冷静に考えてみるなら、理想を追求することにのみ焦点を合わせすぎて、失敗可能性を真に考慮に入れられず、それゆえ実際に失敗し、害や損失が発生しても、その修復を試みずに突き進んでしまうというのは、規模の大小を問わなければ、私たちの日常にも多く発生している事態であろう。卑近な例で言えば、清潔さを求める余り、それが過度な潔癖症になって、神経症に陥ってしまうといった例が挙げられる。あるいは、もう少し大きな規模の可能的例としては、リベラルな政策を性急に貫徹しようとして、大企業への税率を上げ富の再配分を強く図ろうとした結果、企業の海外移転が進み、経済停滞そして貧困化をもたらしてしまう、というようなケースも想像できる。

8　抑制による被害

では、遡及志向性を過度に前面に出すことで、困難や実害が発生してしまう場合とは何か。すなわち、心配や懸念が強く現れすぎて、かえって害をもたらしてしまう場合である。基本的に言って、これに該当する事態においては、結局は何かを試みることが抑制され、それ以前のままの状況が継続されるという状況となるので、何か有害な出来事が生じているとしても、遡及志向性のゆえにそれが発生しているという認識が成り立ちにくい。遡及志向性によって少なくとも現状において抑制されている事例としては、ゲノム編集などが典型的に想起されるが、これらの技術によって大々的な損失が、つまり、それらを実行することによって生まれるはずの便益が阻害されているという意味での損失が、発生しているとしても、それはこれまでと変わりがない状況なので、私たちの認識の上では、有害性として主題化されにくい。しかし、過去の、輸血の例などを顧みるならば理解されるだろうが、輸血技術があれば救命できた例は枚挙にいとまがなく、そういう意味では、とりわけ、輸血技術がすでに発見された後に、何らかの有害性や副作用への懸念からその使用を控えて落命してしまった場合に注目するならば、遡及志向性が害を及ぼしていると理解される余地は十分にあるだろう。ただし、こうした有害性は、技術が発見される以前の事例に関しては、詮方なき後知恵にすぎず、当該時点においては選択の余地はなかったと、そのように呑み込んで納得することができるかもしれない。

けれども、未来志向性の可能的害として言及した「第三帝国」にまつわるような規模の大きな不幸ではないとしても、明らかに目に見えて、それとして認識できるような形で、遡及志向性による有害性が露わとなる場合があるように思う。さしあたり、二つの場面が指摘できる。ひとつは、特定の選択肢を実際に実行した後で、事前に心配や懸念をしていた有害現象が現に表面化して現れてしまう場合である。実行してしまった側からすると癪に障るとしても、「だから言ったのに」という言葉が、当てはまってしまう場合である。こうした場合の中には、事前の心配や懸念の存在自体が不安要素となって、当該選択肢の実行そのものにためらいをもたらし、結果として失敗を導き、害を引き起こす、というケースが含まれるだろう。成功見込みをもって試みた事業やプロジェクトの失敗という、ある意味でありふれた事例から、津波被害の可能性が懸念されていた場所に家屋を建てて居住していて実際に津波被害に遭ってしまう、という深刻なケースまで、事例はたくさん挙げられる。二〇一一年の東日本大震災で甚大な被害を被った地域の中には、歴史的に何度も津波の被害に襲われ、居住に適さないとされていた場所が少なからず含まれる。津波が発生する時間幅や、家が建てられてしまった後の風景などの影響で、人々が居住し始めてしまったのである。

けれども、よく考えてみれば、これは遡及志向性が被害をもたらしている事態なのではなく、もともと遡及志向性に従っていれば被害が生じなかった事態であり、遡及可能性の有害性なのではなく、むしろ遡及可能性が有効に機能しうることを示す事例である、という理解可能性に思い至る。もっとも、だからといって、未来志向性の意義を反証する、というような事例でもない。もともと未来志向性の中には、問題が発生する可能性が織り込まれており、そういう場合でも対処しながら前進していこうという態勢が未来志向性だからである。だとするなら、これは、遡及志向性とは無関係で、未来志向性を論じる文脈でのみ主題化されるべき案件であると、そう論じた方が正確であるように思われる。

もうひとつの、遡及志向性が目に見える形で害をもたらす場合というのは、心配や懸念のゆえに特定の選択可能性の採用を控えることによって、まったく別の角度からの有害性が認識可能な形で発生してしまうケースである。この場合、前段のケースとは違って、懸念が伴う選択肢を採用しないのだから、原則的に、その懸念が現実化することはない。しかし、そのように抑制することで、新たな害を実際に呼び込んでしまうことがあるのである。これは、前段のケースとは本質的に異なる状況であり、遡及可能性が現実に害をもたらす場合である。大規模な被害ということに焦点を合わせているので、再び東日本大震災から例を出そう。仙台居住の人から聞いたことで、データに基づくことではなく、真偽のほどは厳密には定かではないが、津波の警報が出て、多くの人が避難しようとするときに、車に轢かれて死んだ人が多くいる、とのことであった。つまり、ある人々は車で避難しようとし、別な人々は走って避難しようとするとき、全体にパニック的な状況になっているので、交通規則も何もなく、無秩序が発生し、そうした中で、車の事故が起こってしまったということなのだろうか。もしこれが真実なら、これは、津波被害に対する懸念にのみ注意が集中して、事故死に至ってしまったという大変に不幸な、やるせない場合であり、遡及志向性が有害に働いてしまった事例だと感じられる。

ただ、この場合、遡及志向性に従ってどういう行動を抑制したことになるのだろうか。逃げずに留まるということだろうか。だとしたら、その行動を取ったとしても、津波による被害にもろに遭ってしまう可能性が高く、よって、遡及志向性だけでなく未来志向性を尊重したとしても、悲劇は避けえなかったのではないかと推定される。あるいは、避難するにしても、津波以外の危険要素を考慮していたならば、もしかしたら悲劇は避けられたかもしれないと、いまになってみれば言えるかもしれないが、詮なき言説だろう。当たり前だが、私たち人間は、緊急的なパニック時には慌て狼狽してしまうのであり、それを事前に予想して、様々な可能性を考慮して、未来志向性に則って行動するというのは、よほど前もっての深慮と覚悟が必要なのである。たぶん、これを全面的な仕方で実行することは、私たちにはできない。私たちは、咄嗟のときには、事前にそれを予期した準備や訓練をしていない限り、いわゆる「ヒューリスティックス」に頼り、場合によっては危険を呼び込んでしまうことがあるのである。それが私たち人間なのである。いまとなっては、緊急的に発生した災害で亡くなった方々に対して謹んで哀悼の意を表すること、それが誠実な態度であると言うべきである。

けれども、実は、東日本大震災に関しては、遡及志向性にのみ従ったがゆえに、もっと明白な形で実害が発生してしまった事例がある。いわゆる「震災関連死」である。この震災関連死については、その原因指定の問題を第３章で扱ったが、次の第６章においては、それを促した考え方、本書ですでに何度も言及した考え方、すなわち予防原則について改めて詳細かつ本格的に取り上げていく。そうした議論は、ヒューリスティックスに頼らざるをえない咄嗟の判断とは違い、きちんとした知識をしっかりと探査して獲得することが可能であるケースに関わっており、それにもかかわらず遡及志向性に偏りすぎたがゆえに大きな害をもたらしてしまった事態を扱う。「労を惜しまず知識を探査して、合理的な判断をしていこう」という本書のメッセージに直接結びつく議論になるはずである。ともあれ次章で私は、本来のテーマであるリスク概念を巡りながら、予防原則について「条件文」に絡めて議論を進めていきたい。震災関連死だけでなくコロナウイルス問題も考える素材となる。

第６章　予防原則・条件文・因果性

1　放射線とコロナウイルス

本書が形をなしつつあった二〇二〇年、日本も含めて世界中のニュースが「新型コロナウイルス感染症問題」でもちきりになってしまった。たしかに、あっという間に日本も含めて多くの国で死者が累積し、ロックダウンだとか、緊急事態宣言だとか、おどろおどろしい事態になってしまった。私たちはかなりの期間、「ステイホーム」しなさい、という制限を受けることになってしまい、大学の講義などもオンラインで行う、という仕儀に至った。外出したり、マスクを着けていなかったりした人や、自粛要請の期間中に開店している店に対して、激しい非難を浴びせる「自粛警察」なる人々も出現してしまった。

どうも既視感があると思ったら、二〇一五年に福島・浜通り地区の国道六号線で開催された地元の高校生を中心にした清掃ボランティア活動に、東京から来た活動家たちが追行し、もともと放射線量が高い草の中の線量を測りながら、「高線量で危険だ」「若者を殺す気か」「子どもへの虐待だ」などと激しい非難をした出来事がそれだった。どうにも難しい問題だが、こうした子どもを交えたイベントを福島で開催する以上、主催者たちは周到に線量計測などをしたであろうこと、そして子どもたちも純粋に地元を綺麗にしたいという思いで参加したであろうこと、それを「子どもへの虐待だ」などと非難しながら追行することが子どもたちの心にどう響くのか、心に傷を負わせることになるのではないかということ、こうしたことへの想像力が欠如した出来事であったことは間違いない。とはいえ、たぶん、活動家の人たちの視点からすれば、危険な行為なので止めさせたい、そうすることが正義だ、という思いがあっての行動だったのではあろう。

コロナ問題における自粛警察もこれに大変似ている。マスクをしない人の中には、そもそもマスクが品薄でマスクを買えなかった人や、感覚過敏に苦しんでいるとか持病のゆえにマスクを着けられないという人もいるかもしれないし、開店しているお店の人も経済的困窮のゆえにやむにやまれぬ開業だったのかもしれない。けれども、自粛警察の人は、そうしたことはあまり考慮せず、あるいは思い至らず、ひとえに、自粛しないことは身勝手な行いであり、社会に迷惑を掛ける振る舞いなのだから、自分の行為は正義だ、という考えでそうした活動をしていたのであろう。たしかに、新型コロナウイルスに感染して亡くなってしまった方々が少なからずおり、それを食い止めたいという気持ちには十分共感できるし、それゆえに自粛しない人々に怒りを感じるという感情も理解できる。だから、困ってしまうのである。

「正義」というのは、本当に悩ましい概念である。私は、「正義」というと、なぜか戦争を想起する。戦争は、ほとんどいつも、正義を盾にして発生するからである。これは、いわゆる「正戦論」にのっとった場合も同様である。「正しい戦争」というお題目は、戦争するどちらの側もそのように宣言するのが普通なのである。それが戦争というものである。こうしたことが示唆するように、「正義」というのは、ほぼ本来的にと言ってよいほど、対立や軋轢を含意すると思われる。やっかいである。

私は本章で、すでに、東日本大震災と福島原発事故をめぐって、何度か繰り返し言及してきた「予防原則（the precautionary principle）」の問題を再検討したい。「正しい」や「正義」という概念が惹起しがちな困難性、あるいは元々の意に反した暴力性を代表する問題だと思うからである。ここでは、すでに少し示唆をした一般的な論点をおさらいしつつ、新しい整理軸を交えながら展開していきたい。すなわち、予防原則の根底に因果関係に対する想定があり、しかもそれが「条件文」によって構成されていることに目を向けて、相応の分析を果たしたいのである。その際、アメリカの法学者・法哲学者キャス・サンスティィーンの議論をおもなスプリングボードとしていきたい。

その前に、まず東日本大震災での被害状況のデータについて、第1章を振り返っていただきたい。すでに何度か問題提起したように、このデータを見てどうしても問わずにいられないのは、なにゆえ、福島県は津波震災の被害が被災三県の中で最も少なかったのに、震災関連死が突出して多くなってしまったのか、という疑問である。そして、この疑問に対して、「福島の震災関連死の数がとくに多い原因は放射線被曝によるものである、つまり放射線障害によるものである」という理解は、線量のデータについての事実に照らしてありえないことはすでに判明している。

福島第一原発からの放射性物質の漏洩は、チェルノブイリ原発事故の場合の七分の一ほどであり、被災地周辺の一般住民の方々の放射線被曝の実効線量は事故後一年で多くて五ミリシーベルトほど（例外的に多くてもせいぜい十ミリシーベルトほど）である。まことに不幸中の幸い、JCO臨界事故のような放射線障害など生じるはずもないし、晩発性のがん発症もほとんど考えなくてよい量であった。実際、これで晩発性のがん発症が多発するならば、世界の高線量地域の住民や、胸部CTスキャンを複数回受けた人などでは、がん死が続発していなければならず、しかし必ずしもそうなっているとは判断されない以上、論理的に考えて、健康影響は心配する必要はないはずである。これらの点の詳細は、UNSCEAR[1]やIAEA[2]が公開している報告書なども参照してほしい。

2 「関連死増大の原因」再確認

では、福島県での関連死の突出した多さの原因は何なのだろうか。もちろん、震災関連死のような、大きなスケールでの、多様な要因が絡むと容易に想像できる死について、特定の唯一の原因を抜き出すというのは不可能である。けれども、疫学的に見て、大まかに主因を絞り込んでいくことはできるし、将来的に人々のいのちを守るための教訓を学んだり、場合によっては責任の追及が絡んだりするときに、要因は多様で複雑なので原因を指定できないとして放置することはできない。原因を絞り込むことが、私たちに課せられた使命なのである。

この問題については、本書中何度も提起して論じてきたし、避難行動の過酷さに主因があるという私の理解もすでに展開した。ここでは、確認の意も込めて、そして私の理解の補強の意も込めて、PLOS ONEに掲載された英語論文「福島原発事故後に避難した介護施設入居者の死亡リスク――後ろ向きコホート研究」に沿って、すでに分かってきている事実について再確認しておく。

「被災地での放射線被曝に対する恐怖心は非常に激烈であり、避難を不可避なものとするに十分であった。南相馬市のほとんどの住民が比較的短期間のうちに避難をした。それゆえ、高齢の住民の避難行動における安全性についての問い、そして放射線被曝と避難死という二つの競合するリスクをどうバランスを取っていくかについての問い、それこそが最大級に重要な問いとなる」。「インフラが壊滅し、建物のダメージが激烈だとしても、そのこと自体は避難行動で助かることを保証するものではない。そうした場合、放射線による死亡リスクについて、注意深い判断と決断をしていく必要がある。というのも、避難過程そのものが、放射線被曝によって予想されるよりも高い致死率をもたらすことがありうるからである」。「この研究で判明したことが示しているのは、避難はいのちを守る戦略としてベストなものではないかもしれない、ということである。施設などに留まっての救援や介護もまた、災害時の救援設計でのもうひとつの代替戦略として考慮されるべきである」(Nomura *et al.* 2013)。

要するに、被災地の多くの住民の方々は、放射線被曝に対する恐怖心のゆえにある種のパニックに陥って、直ちに避難するという決断をして実行したが、非常に不幸なことに、そして皮肉なことに、そうした避難行動そのものが福島県での多くの死者をもたらしてしまった、という最終報告がなされたということである。パニックのようになってしまったのは、なにも被災地の方々に限らない。東京など、関東圏の方々でも放射線被曝への恐怖心のゆえに、西日本などに避難した方々も少なからずおられた。私は、こうした人々の気持ちはよく分かる。線量の確かな情報がなく、しかも、私たち一般の日本人は、放射線被曝がどういう意味で危険なのかについて十分な教育を受けていない状態で、放射線が原発から漏れた、といきなり言われたのである。恐怖を感じるのはやむをえない。私がもし相双地域の住民だったとしたら、やはり避難を選択したであろうことは間違いない。

しかし、そうだとしても、避難行動というものが、危険性を、場合によっては死をもたらす危険性を、胚胎する行動であるという事実は否定できない。すでに本書のいくつかの箇所で触れたことだが、いわゆる寝たきり状態の高齢者が突然観光バスに乗せられて避難することがどれほど危険であるか、何ヶ月も何年も仮設住宅にて避難生活を送ることがどれほどストレスフルか、そうしたことを少しでも自分事として想像してみれば、避難行動というものの危険性について比較的容易に理解できるのではなかろうか。そうした避難者の方々が身体的そして精神的健康を失いがちになってしまうことは自然なことであると言わなければならない。

3 「予防原則」再考

以上のような悲劇が促されてしまったひとつの要因として、改めてここで取り上げたいのが「予防原則」である。研究者や活動家が放射線被曝の問題に「予防原則」を適用するよう促したこと、これがまことに痛恨の誤りであったと私には思われるのである。

予防原則は、二十世紀半ばにアメリカにて意思決定原理あるいは政策決定原理として提起された。最初は水道へのフッ化物添加や原子力について提起され、そして近年では環境問題や遺伝子組み換え食品などに対して取り沙汰されている。基本的に、予防原則とは、ある目標を達成するための、様々に想定されうる選択肢のコストとベネフィットを確率込みで考慮して「期待効用（expected utility）」を算出し、それを比較することで意思決定していく「費用便益分析（the cost-benefit analysis）」のライバル理論として導入されたと一般に理解されているものであり、理念的に概括すれば、確率は考慮せずに一点集中的にワーストケースを避けることを何より目指す原則である。当該事象のワーストケースを想定した上での意思決定原則として提起されたということは、どうしてもおのずから、悲惨さや恐ろしさを際立たせることになる。ジュリアン・モリスは、予防原則を紹介するに際して、このように記述している。「[予防原則の]提唱者たちは、[当該事象の]発生確率は度外視して、カタストロフィーの可能性をとくに強調することによって、科学技術に対する恐怖心をすり込ませることができた」(Morris 2000, p.2)。為政者や政治的活動家などが、特定の意思決定を誘導したいという何らかの意図がある場合、予防原則に訴え、人々の恐怖心を煽ることには一定の有効性がある。

さて、やや詳しく言うと、予防原則には一般に、「弱い予防原則」と「強い予防原則」があると言われる。「弱い予防原則」は、一九九二年の「リオ宣言（Rio Declaration）」第十五原理に代表される。それはこのように宣する。

> 環境を保護するために、各国により、その能力に応じて予防的方策が広く適用されるべきである。深刻な、あるいは不可逆的なダメージの恐れがある場合には、完全な科学的確実性の欠如は、環境悪化を阻止するための費用対効果の大きい対策を延期する理由として使われてはならない。[3]

この「リオ宣言」の条文には、一読した限りでは本質的な問題はないように聞こえる。つまりこれは、危ないことが結果する可能性があるときには、本当にそのような結果が招来されるかどうかは別にして、予防した方がよいでしょう、という考え方なのであり、それは首肯できると思うのである。実際、私たちは、ダメージが発生しうると想定されるとき、できる限り予防したり阻止したりする。それはある種の常識であり、普通のことだろう。たとえば、生命保険や地震保険を掛けたり、車に乗るときシートベルトをしたり、外出するときに家の鍵を掛けたり、それはすべて、ごくごく日常的で当たり前の予防的行為である。

あるいは、もっと規模の大きい国家レベル・国際レベルの政策に関しても、当たり前の予防政策というのは多々ある。たとえば、一九七二年に発せられた「ストックホルム人間環境宣言」は、「各国は〔…〕自国の管轄圏内または管理下の活動が、他国または国家管轄権の外にある地域の環境を害することのないよう確保すべき義務を負う」として、環境損害の防止を謳うものであり、それは「その後、海洋、大気、オゾン層といった国家領域を超えた地球環境——それらの環境は、地球共有物（global commons）と呼ばれた——の保護に関する多数の条約において確認され、この義務は、環境に関する国際法体系の一部になった」（藤岡 2005, p.37）。予防的行為は、環境保護の文脈において、国際的にも義務として課せられているのである。

けれども、「ストックホルム人間環境宣言」でのこうした考え方は、「一般に「(未然）防止原則（preventive principle)」と呼ばれ、科学的に特定された因果関係・予見可能性・相当の注意義務といった要素から成る」（藤岡 2005, p.38）ものであり、リオ宣言のような、害の発生見込みの科学的な立証を要求しない予防原則とは異なる点、注意しなければならない。そして、自動車のシートベルトとか家の戸締まりとか、そうした日常的な予防的行為は、その有害な帰結や、その帰結の発生する蓋然性や確率が容易に確認できるものである以上、こうした防止原則に対応している行為であり、予防原則とは直接は関わらないと言うべきだろう。だとしたら、リオ宣言のような弱い予防原則が、一見問題がないかのように見えるとしても、それはリオ宣言を防止原則の一種として誤って捉えているからではないかと予想されてくる。

言い方を変えれば、もし弱い予防原則が一定の説得性をもっていると感じられるなら、それは、暗黙のうちに、「科学的確実性の欠如」と言いつつも、実は真の「欠如」ではなく相応の見込みがある場合を対象にするという、表向きの字面に背反する了解をひそかに忍び込ませてしまっているのではないかと思われる。だとしたら、それはもはや「予防原則」とは言えないだろう。むしろ、科学的な根拠に則った、そして予防原則のライバル理論であったはずの、費用便益分析に近づいていってしまっているのではなかろうか。[4]

4 「弱い予防原則」の困難

しかも、弱い予防原則には内在的な問題性がつとに指摘されてきた。モリスがまとめている弱い予防原則の問題性について列挙してみよう。(一)ダメージの「恐れ」がどういうものであるのか明確でない。非常に低い確率のものまで「恐れ」に含めるとしたら、五十年に一回発生すると予想されるテムズ川の氾濫とか、エイリアンの襲来まで、そうした「恐れ」の対象にならねばならない。(二)「ダメージ」ということで何が意味されているか明らかでない。例えば、橋梁の経年「変化」と「ダメージ」をどう区別するのか。(三)「不可逆的(irreversible)」が理解困難である。熱力学第二法則によれば、世界全体で考えて、森羅万象は不可逆的であり、エントロピーは絶えず増大している。なかでも、人の「死」はまさしく不可逆的なダメージであると思われるが、毎日大量に発生していて、そもそもそれを予防する方策はない。(四)「深刻な(serious)」ダメージと言うが、深刻さは主観的な概念にすぎない。一匹の象が撃たれるのを深刻な悲劇だと捉える人もいれば、その象が撃たれたことは、その象の個体を見捨てようとしていた象の集団に対して、労力や資源の無駄を省き、その結果かえって象という種の保全に有用だと捉える人もいる。(五)現代科学をもってしても、森羅万象に関して不確実性が存在することは不可避であり、その意味で弱い予防原則が述べていることはほぼ意味不明である(Morris 2000, pp.13–14)。

以上のようなモリスの挙げた問題点に加えて、私自身、弱い予防原則を意思決定や政策決定の原理として捉えた場合の問題点を指摘したい。すなわち、弱い予防原則は予防的方策をいつどのくらいの規模で適用すべきなのか、といった点で理論的疑問を呼び込むと思われる。事実、私たちの社会の多くは、地球温暖化を少しでも抑制すべく、CO_2排出削減を行うために、環境税や地球温暖化対策のための税などを企業に課している。たとえば日本では、環境省によると、CO_2排出量一トンあたり二八九円、という税額である。[5] では、もっと税額を上げて一トンあたり二万円にしたらどうだろうか。あるいは、百万円にしたどうだろうか。それだけ税金が得られるならば、温暖化対策も推進されるのではないか。しかし、果たしてそんなやり方が説得性をもつのか。要するに、問題は、リオ宣言のような弱い予防原則を環境問題に適用しても、どのくらいの規模の予防的方策を採るべきなのかは、明白には引き出されない、という点である。たぶん、「費用対効果の大きい(cost-effective)」という条件がここに生きてくるのだろう。

けれども、この条件は、別の疑惑を生じさせる。すなわち、「費用対効果の大きい」を重視するならば、ここでの弱い予防原則は、先にも示唆したように、とどのつまり、最初にライバル理論として拒絶しようとした費用便益分析と実際上同様な考え方になってしまうのではないか、という疑惑である。「有名無実」とか「本末転倒」といった言葉が頭をよぎる。ただし、費用便益分析の場合は期待効用の比較という意思決定のための手続がある程度明確だが、「費用対効果の大きい」という条件にはそのような基準が明確でなく、「大きい」という典型的に曖昧な述語をどう処理していくのかは判然とはしない。[6]

こうしたリオ宣言つまり弱い予防原則の問題点を反映してか、予防原則は、たとえ弱い予防原則であれ、国際的に承認されてはいない。藤岡はこう指摘している。「国際環境法上の予防原則は、従来の（未然）防止原則とは区別されたものとして登場・発展してきた。その内容、要件、効果等について、未だ統一された理解は存在せず、学説・判例上も法規範性は一般的に承認されていない」（藤岡 2005, p.40）。実際、よく知られているように、予防原則について欧州と米国とでは温度差がある。

たとえば、一九九〇年代に発生したＷＴＯホルモン牛肉事件、すなわち、成長ホルモン剤が投与された米国産の牛肉の輸入をＥＣが予防原則を適用して禁止したのに対し、米国がこれを貿易協定違反としてＷＴＯに提訴した事件、において、こうした欧州・米国間の確執が跡づけられる。米国側は、その論争の過程で「予防原則という一般的に承認された国際法の原則が存在するという主張は国際法の問題としては間違っている。それは「アプローチ」として性格づけられる」と述べている（藤岡 2005, p.42)。その際のＷＴＯ上級委員会での最終判定では、ＷＴＯ協定のひとつである、通常のリスク評価手続に基づく「衛生と植物防疫のための措置」を予防原則によって覆すことはできない、とされた（藤岡 2005, p.42）[7]。あるいは少なくとも、環境問題に関しては予防原則は一定の説得性をもって適用できるかもしれないとしても、それと、食品や放射線被曝のような、環境問題以外の問題に予防原則を適用することは「その発動要件および内容において区別する余地がある」（藤岡 2005, p.48）と述べることはできるだろう。

ちなみに、放射線被曝に関して言えば、先に言及した「費用対効果の大きい」あるいは期待効用に対応する考え方として「ＡＬＡＲＡの法則」と呼ばれるスローガンがあるので、注記しておこう。「ＡＬＡＲＡ」とは、“as low as reasonably achievable”のことで、要するに、「放射線被曝を合理的に達成可能な限りにおいて低く抑えよう」というスローガンである。言い方を変えれば、合理的に達成可能でないような、無理な放射線被曝回避はしなくてよい、ということである。いや、「しなくてよい」というよりも、「そうした無理をすると、放射線被曝するよりもかえって害が大きくなってしまうから「するべきではない」」という考え方である。放射線被曝に対する激烈な恐怖心に襲われているときにはなかなか理解できないかもしれないが、よくよく冷静に考えるならば、放射線被曝によって亡くなってしまうことと、避難生活の困難のゆえに亡くなってしまうこととで、その悲劇性に違いはないのではなかろうか。ただひたすら放射線被曝による死の方が怖い、だから、どんな微量でも余分な放射線被曝はしたくない、どんなに苦しくても避難したい、たとえ避難生活で病を得ても、放射線被曝するよりはよい、と考えるとしたら、どこか本末転倒のような響きがすると感じるのは私だけだろうか。災害や事故時の最大のプライオリティは、本書で何度も強調したように、「いのちの保全」である。それに反する選択は、道徳的に言って、推奨できないはずである。

5　「強い予防原則」の困難

さて、次に「強い予防原則」について見ておこう。強い予防原則として一般に引き合いに出されるのは、一九九八年の「ウィングスプレッド宣言（Wingspread Statement）」である。次のような宣言である。

ある活動が人間の健康や環境を害する恐れを高めるときには、たとえ原因結果の関係が科学的に完全には確立されていないとしても、予防的方策が実施されなければならない。この場合、一般公衆ではなく当該活動の提案者が［害する恐れについての］挙証責任を負う。予防原則を適用する手順は、オープンであり、情報が開示され、民主的でなければならず、そこには潜在的に影響を被る集団が含まれなければならない。また、当該活動を行わないという選択肢も含めて、広範な他の選択肢を吟味することも含まれなければならない。[8]

「費用対効果の大きい」という条件を付けていたリオ宣言とは異なって、「予防的方策が実施されなければならない」と無条件的に述べられている点で、ウイングスプレッド宣言は明らかに大変強い要請となっている。ただ、正直に言えば、私自身は、このウイングスプレッド宣言を知るに至ったとき、何か間違っているのではないか、という直観を抑えることができなかった。たとえば、携帯電話はどうなるのだろうか。その電磁波は、つとに危惧されていたように、長期的に見て人間の脳に有害であるかもしれない。たしかに、携帯電話が使われ始めたときからの時間幅からしても、まだそうした有害性があるかどうかは科学的に確証されていないのだけれども、いや、だからこそ、そうした危惧は依然としてくすぶり続けている。では、ウイングスプレッド宣言を適用して、いま直ちに携帯電話やスマートフォンを禁止すべきなのだろうか。しかしそうなると、どうも、何か極端な提言のように聞こえてくる。

同様なことは、バターやハムや、もしかしたら牛乳の摂取などに関しても当てはまってしまうかもしれない。だからといって、そうした食品を一切直ちに禁止するというのは、社会的に見て合理性や説得性があるだろうか。どうにも疑問である。おそらく、ここから浮かび上がる注意すべき点とは、実は、「害する恐れを高める」という文言は、それだけでは文意が明確でない、という点であろう。誰がどのような基準で「害する恐れを高める」と判断するのだろうか。まさか、どこかの誰かから、何でもかんでも、ほんのちょっとでも「害する恐れ」が申し立てられれば、それをすべて禁止する、ということではないだろう。もしそのような主張だとしたら、ほぼ冗談にしか取れない。食品の健康影響に敏感になりすぎる「フードファディズム」や「疑似科学」といった、きわどい問題もここに絡んでくるだろう。それとも、まさしく「害する恐れを高める」ことを「科学的に確立」するべきなのだろうか。こうした意味で、ウィングスプレッド宣言は、その肝心の文言のところで腰砕けになると言わざるをえないのではなかろうか。むろん、予防原則がおおよそ環境問題に特化したような形で適用が模索されている現状からすると、私が挙げたような疑問は的外れだということになるのだが、想起してほしいのは、私が主題にしているのは放射線被曝に対して予防原則を適用するという方策についてなのだ、という点である。その文脈での予防原則適用の問題を検討しているのである。

アメリカの法学者・法哲学者のキャス・サンスティーンは、予防原則について理に適った冷静な分析を加えた学者として世界的に有名である。サンスティーンによれば、強い予防原則は次のように言い換えられる。

> 予防原則は、他者に対してあるいは将来世代に対して、著しい健康被害や環境破壊のリスクがある場合、そしてそうした被害の本性やリスクの尤度に関して科学的には不確実な場合、科学的証拠によってそうした被害は発生しないだろうと示されない限り、あるいはそのように示されるまでは、当該活動の実行を阻止するよう、意思決定がなされなければならないと、そのように指令する（Sunstein 2005, p.19）。

この強い予防原則について、まず二つ注意点を記しておこう。第一に、予防原則の表明の中には、一九二一年に経済学者フランク・ナイトが提起した、「リスク」と「不確実性」についての標準的な区別についての不明瞭さあるいは混乱が見受けられる、という点注記しておきたい（Fischhoff and Kadvary 2011, p.10）。リスクとは何かについては、本書でもすでに何度か触れたことだが、たとえばニクラス・メラーによれば、大別して五つほどの考え方があるが、原子力発電所に対する確率論的リスク評価を始めて導入した一九七五年の「ラスムッセン・レポート」以降は、リスク分析において標準的となったリスク概念の規定は、

当該出来事の帰結の害の深刻さ×その帰結の生起確率

という、いわゆる「期待値」になるとされる(Möller 2012, p.59)。すなわち、「リスク」とは、確率の値が分かっているときに成立する概念だ、ということである。これに対して、「不確実性」とは、確率値などが未知で、計算不能な状態のことである。

こうした点で言うと、費用便益分析のライバル理論として予防原則が提起されたとする一般的理解に照らすならば、予防原則はリスクや確率には基本的に無関係であり、むしろ、不確実性の概念に適合することが想定される。それに対して、費用便益分析はリスクと確率の概念に親和するわけである。こうした特性は、リオ宣言のような弱い予防原則では、「費用対効果の大きい」という表現によって薄まっているが、ウイングスプレッド宣言のように強い予防原則では依然として十全に生きている。

けれども、厳密には、「リスク」と「不確実性」との区分が妥当か、ということも問われて然るべきであろう。「不確実」ということは、それが発生する確率pが、ゼロから一の間の領域のいずれかの値を取るということしか言えないということであり、しかしそうであるなら、確率込みの「リスク」概念と両立可能かつ滑らかに連続的な仕方で論じることが可能だということになるであろう。実

際、確率でさえ、七〇パーセントから九〇パーセントの間の確率、というようにある種の領域として語られることも珍しくない。この意味では、本来的に不確実性に基づく予防原則がリスク概念に言及することはさほど奇妙ではない、とも言えるかもしれない。

さて、第二に注記しておきたいのは、強い予防原則を代表するウイングスプレッド宣言の文面から判断するに、強い予防原則は例の悪名高き「ゼロリスク」を要求しようとしていると考えざるをえないだろうという点である。サンスティーンはこの点を精確に指摘している。

予防原則の同等に強いバージョンにおいては、次のように述べられる。すなわち、「予防原則が要求するのは、他者に対して、あるいは将来世代に対して、健康や環境に関する重大なダメージを与えるリスクがある場合、そしてそうしたダメージの本性やリスクの尤度について科学的不確実性がある場合は、科学的な証拠によってそうしたダメージは発生しないだろうということが示されない限り、あるいはそれが示されるまでは、当該の活動が実行されるのを防止する意思決定がなされるべきである」、ということである。「発生しないだろう（will not occur）」という言葉はまったくリスクがないことを当該活動の提唱者が論証することを要求しているように思われる。それはしばしば、満足させることの不可能な負担である（Sunstein 2005, p.19）。

実際私たちは、つねに何らかのリスクに巻き込まれているのであり、そして、特定のリスクに限っても、それが論理的に矛盾していない限り、ゼロにはならない。いま自室で文章を書いている私が、トラックが突っ込んできたことによっていのちを落としてしまうリスクでさえ、(きわめて微小な値だとしても) ゼロではないのである。

以上に論じてきたことは、サンスティーンの次のような予防原則に対する暫定的な定式化に対応するだろう。それは、サンスティーンが弱い予防原則と強い予防原則の両方を含めた仕方で、予防原則のエッセンスを作業仮説としてまとめたものである。

6 リスク・トレードオフと自己麻痺

リスクに壊滅的な最悪のシナリオが伴う場合、たとえ規制当局が既存の情報によってその最悪のシナリオが実際に発生する確率について信頼できる判断を下すことができないとしても、そのリスクを除去するために特別な方策を講じることには意味がある (Sunstein 2007, p.119)。

すでに触れたように、歴史的経緯からすると、予防原則は元は環境問題や遺伝子組み換え食品などにおもに適用されることを想定して導入されたものであったが、放射線被曝問題のような、そのほかの多様な事案にも適用しようとする傾向の人々が存在する。しかしながら、すでに述べたように、弱いバージョンであれ強いバージョンであれ、直観的に感じられる妥当性や正当性にもかかわらず、予防原則には当初から多くの批判が投げかけられてきた。それどころか、予防原則を適用することで、最悪、まったく予防原則の本来の狙いに真っ向から反して、かえって私たちが深刻な危険に曝されることにもなりうるのである。なぜだろうか。

それは、予防原則一般に関して投げかけられる根本的な難点があるからである。それは、予防原則は総じて、特定のリスクに関する最悪のシナリオにのみ焦点を合わせるという本性のゆえに、「リスク・トレードオフ（risk tradeoff）」という問題圏にほとんど留意しないという、このことである。つまり、リスクというのはいわば天秤のようなもので、気になって焦点を合わせている方のリスクを低くすることに成功しても、他方の全然別のリスクが高くなるという、そういう性質をもっているのだが、予防原則ではそれがうまく処理できない。前者の、主題化されているリスクを「目標リスク（target risk）」、後者の、思いがけずに高まってしまう別のリスクを「対抗リスク（countervauling risk）」と呼ぶ。再びサンスティーンの言い方を引いてみよう。

> 同様の案件は、ある種の抗うつ剤が（わずかな）乳がんのリスクをもたらすのかどうかについてずっと続いてきた論争によっても提起される。予防的アプローチをとるなら、潜在的な発がん性を理由として、そうした抗うつ剤の使用が反対されると思われるかもしれない。しかしながら、そのような抗うつ剤を使用しなければ、そのこと自体によって確実に精神的な面でのリスクがもたらされ、あるいは身体的なリスクさえもがもたらされるかもしれない（Sunstein 2007, p.127）。

予防原則は、食品の遺伝子組換えに関連してしばしば引き合いに出される。遺伝子組換えによって潜在的にもたらされる様々なリスクを考慮するならば、もっともな懸念であろう。けれども、農作物の遺伝子組換えを許容しないことによって結果として多数の死者を発生させてしまうのではないかと信じる人々も多い。その理由は、遺伝子組換えによってより廉価で栄養価の高い食物を生産する見込みが生まれるからである。たとえば、途上国で多数のいのちを救うことになるであろう「ゴールデン・ライス」などである（Sunstein 2007, pp.127–128)。

サンスティーンを待つまでもなく、少し冷静に考えればこんなことは当たり前で、同様の例は日常的にも枚挙にいとまがない。「彼方を立てれば此方が立たず」、「前門の虎、後門の狼」といったことわざがこのことを表現している。リスクはいたる所に存在し、ゼロになることはありえない。コロナ問題に絡めて言えば、夏場でも感染リスク低減のために終日マスクを着けていれば、熱中症にかかるリスクが高まる。感染リスクを下げるため自粛して「ステイ・ホーム」を続けると、経済が立ちゆかなくなり、失職のリスク、果ては自死に追い込まれるリスクが高まる。感染リスクを抑えるため手洗いを頻繁に行うと、逆に皮膚の「ばい菌バリア」を壊してしまい、黄色ブドウ球菌が増殖し食中毒に至るリスクが高まる。[9] あるいは、コロナ感染リスクを避けるため窓を開けて換気しながら人と会っていると、蚊が入ってきて刺され、ジカウイルス感染症などの別の病気に罹患するリスクが高まる、などなどである。事実としては、こんなことは誰でも分かっている。たとえば、自分がコロナ感染症で亡くなってしまうという最悪のシナリオだけをひたすら恐怖して、それを避けるすべてのことを、ほかはすべて犠牲にして完璧に行うなどということは、日常生活を送る以上実行不能だし、立場によっては職務怠慢になってしまうし、むしろそうした恐怖心を過度に抱いていること自体が不安神経症のような精神病理を疑ったほうがよいことになりかねない。「過ぎたるは及ばざるが如し」という中庸や案配の感覚は、誰でもが実際は体得しているはずである。

かくして、サンスティーンは、明らかに皮肉を込めて、次のように結論する。

このように理解される予防原則に関する真の問題は、それが何らの指針をも示さない、ということである。予防原則が間違っているというよりも、その規則自体を含むあらゆる行動方針を禁止してしまうのである。予防原則を真剣に受けとめると、予防原則が要求する措置そのものを予防原則が禁止するという麻痺状態になってしまうのだ。もしあなたが強い予防原則を受け入れたならば、あなたは一日たりとも無事に過ごすことはできないだろう。何もしないということも含めて、あらゆる行為が、あなたが生きるために頼ろうとしている原理そのものによって禁止されてしまうからである（Sunstein 2007, pp.125–126）。

たとえば、予防原則は、乳がん罹患のリスクのゆえに抗うつ剤の使用を禁止するが、同時にその同じ予防原則は、精神状態の面でのリスクのゆえに、抗うつ剤の使用を要求する。すなわち、予防原則を採用したとき、うつ症状に苦しむ人は、抗うつ剤使用をすべきか回避すべきか、自己麻痺状態に陥ってしまうのである。だとすれば、そのような状態に陥らせ、結局は健康悪化のリスクを高めるのだから、予防原則そのものがまさしく予防原則自身によって適用禁止となる。しかし、そうなると、予防原則を適用して予防原則を禁ずる、という方策も自己矛盾となって採用できない。一体どうしたらいいのか。こうして、予防原則は無意味化の道に進む。

7 思い込み、思い詰める

とはいえ、なぜか予防原則は、放射線被曝問題に限らず、多くの人々を惹きつける。少し考えれば、その不条理さは直ちに感知されるはずだと思われるが、それにもかかわらず人々は予防原則に訴えて、何ごとかの決定を促そうとする。サンスティーンも、こう述べる。「あらゆる面においてリスクが存在するという事実に直面してもなお予防原則が魅力的に思われることには、多くの謎がある」(Sunstein 2007, p.133)。この問いに対しては、一般に「認知バイアス」によって答えられることが多い。サンスティーンは、まずは、ツベルスキーとカーネマンの仕事以来一般に流布するようになった認知バイアスである、「利用可能性バイアス(availability bias)」や「損失回避(loss aversion)」を挙げ、この謎になにがしかの解答を与えようとする。「利用可能性バイアス」とは、「ある出来事が大々的に報道された後では、人々はそうすべきである程度をはるかに超えて恐怖を覚えることがしばしばある」(Sunstein 2007, p.6) といった現象のことである。原発事故と放射線被曝に関しては、事故直後からメディアが、放射線漏出と放射線被曝を大々的かつ集中的に報じたので、そこにこのバイアスが働いて、人々は放射線被曝への恐怖心を募らせてしまった。放射線被曝はひたすら危険であると思い込んでしまったのである。そして、そうした報道は放射線被曝に対する予防原則の適用を暗に示唆したので、多くの人々に対して、無理にでも避難すべきだと促してしまった。これが累々と重なる震災関連死という悲劇を招いてしまった背景なのだとしたら、メディアの責任は大きいと言わざるをえない。メディアは、福島原発事故による放射線量が相対的に微小であったこと、放射線は自然の中に遍在していて福島原発事故の程度を越える放射線被曝を常時している人々が世界には多く存在すること、そして避難行動の困難さや避難弱者の問題にも、同様の重みを付けて報道すべきだったのではないか。

また、「損失回避」とは、文字通り、「現状からの損失は、利得が望ましいと感じられるよりもずっと苦痛である」(Sunstein 2007, p.132) というバイアスのことで、有り体に言ってしまえば、一万円損をするのを回避することと、一万円得をするのを望むこととでは、一万円の損を回避する気持ちの方が圧倒的に強い、という私たちのメンタリティのことである。これによって、余分な放射線被曝をして健康影響が出るという損を回避する気持ちが非常に強く働いて、それが放射線被曝に対する予防原則の適用といわば共鳴して、まずは避難、という動機を後押ししてしまったということである。こうした事情について、サンスティーンは次のように総括する。

> 予防原則が指針を示すと思われてしまうのは、人々が実際に発生しているリスクの一部だけを取り出しているからなのである。言い換えれば、予防原則に訴えている人々というのは目隠しを着けている人 (blinders) なのである (Sunstein 2007, p.131)。

たとえば、遺伝子組み換え食品を許容することによって引き起こされる最悪のシナリオにだけ焦点を合わせる、思い詰める傾向の人々は、遺伝子組み換え食品を禁止することによって引き起こされる数多くの死について目隠しを着けているのである。放射線被曝の被害だけに注目する人は、放射線被曝を避けようと無理に避難して発生する被害、たとえば、持病悪化による死、自死、孤立、離婚、貧困、いじめ、などに対しては目隠しを着けてしまっていると言うべきなのである。もしこうした事態が事実ならば、そして予防原則適用（少なくとも放射線被曝に対する適用）が実際に被害や死を引き起こしているとするならば、「いのちの保全」という基本的なプライオリティに照らして、予防原則に対する人々の愛好をそのまま放置してはいけない。直ちに、予防原則の適用を止めなければならない。

以上のような、思い込み、思い詰めを促すような予防原則は主として強い予防原則のことだと思われるかもしれないが、事態の一部だけを抜き出して、そこに焦点を合わせる、そして対抗リスクについてはあまり深く考えない、というのは弱い予防原則にも共通している。言ってみるなら、ひとつの心配事だけに焦点を合わせて、思い込み、思い詰め、そのような焦点の合わせ方をすることが別の災禍を招くという可能性に対しては目隠しを着ける、それが予防原則というものの本性なのである。加えて言えば、一般に、予防原則に訴えて何か方針を立てようとするとき、人々は、無意識的にか、強い予防原則の方へと見方をシフトさせて行っているように、私には思われるのである。ならば、なおさら、思い込み、思い詰めは予防原則を適用しようとする人々の心性を形作る本質的ありようだと言ってよいのではないか。

それゆえ、次のように最終的判断を下さなければならない。予防原則は自己矛盾的であり、意思決定原理としては無効である、と。[10] いや、それどころかむしろ、予防原則は有害になりうると言うべきである。なぜなら、もし私たちがひとつの単独のリスクにだけ予防原則を適用して対抗リスクのことをあまり考慮しないよう仕向けられるとしたら、予防原則によって私たちはもっと危険な状態に陥るかもしれないからである。このことは、もちろん、予防原則を放射線被曝問題に適用しようとする際にも完璧に妥当する。私たちは、予防原則が致命的な被害をもたらす可能性を真剣に考慮しなければならない。たしかに、私たちは放射線被曝によって放射線障害死や晩発性のがん死に見舞われるかもしれない。けれども、「かもしれない」ではなく、「現実として」、多くの人々が過酷な避難生活のゆえに、いわゆる震災関連死として、本当に亡くなってしまっているのである。この「かもしれない」と「現実として」の相違を目隠しを着けて見ない、というのは道徳的に問題があると私は確信している。誤解を恐れずにあえて言えば、私は、自分や自分の家族がいま「現実として」亡くなってしまうことに比べたら、たとえば四十年後に放射線被曝のゆえの病気によって亡くなってしまう「かもしれない」ことは決して重くないと感じる。二者択一でどちらかを選ぶしかない、と言われたら、四十年後の「かもしれない」という死の可能性を躊躇なく選ぶだろう。かくして、こう言いたい。私たちは放射線被曝問題だけに焦点を合わせるべきではない、避難生活の過酷さや危険性をも同時にかつ真剣に考慮に入れるべきである、と。

二点、誤解を避けるため、付記する。第一に、私は、予防原則に引き寄せられ、わざわざ危険を呼び込み、害を被ってしまう方々、そして他者をも害に巻き込ませてしまう人々に対して、そうした態度を攻撃し、排除しようとしているのではまったくない。むしろ、そうした方々の根底に宿る善性を十分に尊重し、なんとか自身のバイアスに気づいてほしい、そしてその善性によって社会をよりよい方向に導いていくことへと貢献してほしいと希望しているのである。そしてそのことが、予防原則に引き寄せられがちな人々の幸福につながるのだと信じている。そして第二に、私は「予防」という概念や行動を否定しているのではまったくないということ、これも改めて強調したい。先に述べたストックホルム人間環境宣言においては、不確実性ではなくリスクが問題となる場面で、予防原則ならぬ防止原則が適用されるべきことが宣されていたが、私もそうした場面での防止原則の適用に一片の疑いも抱いていない。環境破壊であれ、感染症であれ、はたまた交通事故であれ、大きなリスクが見込まれる事故や被害を未然に防止しようとすることは、私たちの社会の責務である。それを「予防」と言うなら、私は「予防」政策推進論者である。加えて確認すれば、第3章で展開した私の因果論は、まさしく「予防」可能度に基づくものであった[11]。

8　確率と因果

そもそも考えれば、リスクではなく不確実性に関わるという「予防原則」の原義に沿う限り、放射線被曝問題に関して、予防原則適用は最初から完全に不適切だったのである。どのくらいの線量の放射線被曝がどのような健康影響をもたらすかについて、この一世紀の間の疫学的調査によっておおよそ明らかになってきた。広島・長崎の被爆者や放射線技師の追跡調査などに基づく研究である。そして、「シーベルト」という単位が、まさしくそうした疫学的研究の成果にほかならない。一シーベルト以上の放射線被曝をすると、健康影響が確実に出てくるのであり、一シーベルト以下の放射線被曝ならば、健康影響は確率的に発生が予想される。これが「シーベルト」の意味であり、そこには、いわば核心をなす概念として「確率（probability）」が関与している。

では、予防原則はこの点どうなのか。サンスティーンは、繰り返し繰り返し、予防原則の本質的考え方を「確率無視（probability neglect）」と記している。そうであるならば、放射線被曝問題が確率的思考によって処理されてきた経緯からして、定義的に、予防原則は放射線被曝問題とは根本的に無関係だと考えるべきである。ここで私は、予防原則が放射線被曝問題に関して無関係であることの実相を、以上に整理した観点とは異なる観点から、新たに解析してみたい。その観点とは「因果関係」である。予防原則の中に想定されている因果関係に焦点を合わせることによって、なにゆえ予防原則が無意味化の道を辿らねばならないのかを明らかにしたいのである。

そもそもウイングスプレット宣言には「原因結果の関係」という言葉がストレートに出てきているが、リオ宣言においても、「完全な科学的確実性」という言葉には因果関係についての知識ということがおそらく含意されていると考えられる。それでは、予防原則に関して、果たしてどういう種類の因果関係が問題となっているのだろうか。この点については、次のように要約できるだろう（矢印は因果関係を表す）。

［特定の行動や政策］→［大惨事］

因果関係の哲学的議論については、第3章において少し詳細に触れたので、ここでは立ち入らない。さしあたりここでは、条件文的アプローチを採用して論を進めていく。このことは、すでに第3章において展開したように、今日の因果関係に関する哲学の中で最も有力かつ影響力のある理論のひとつである「反事実的条件分析」に対応的な仕方で因果関係を理解するということをまずは意味する。反事実的条件分析は、ヒュームの因果論にその萌芽があり、二十世紀になってデイヴィッド・ルイスが詳細に展開した理論である。第3章でも触れたが、ルイスはその考え方を次のように定式化している。

$$O(c) \,\square\!\!\rightarrow O(e) \ \&\ \sim O(c) \,\square\!\!\rightarrow \sim O(e)$$

(Lewis 1986b, p.167)

□→は「反事実的に仮定する」を意味する記号である。そして、Oは「発生する」を意味する記号である。すなわち、cが現に発生していないときに、cが発生したと反事実的に仮定して、eが発生すると想定でき、かつ、逆に、cが現に発生しているときに、cが発生しなかったと反事実的に仮定して、eも発生しないと想定できるならば、「cはeの原因である」と言えるとする議論である。

ところで、条件文と因果性ということで言えば、以上のような反事実的条件分析によるアプローチ以外に、もうひとつの道筋がある。それは、条件文と条件つき確率とを等値するという「ストルネイカーの仮説」(もっと古典的な言い方では「ラムジー・テスト」)と「確率的因果 (probabilistic causality)」の考えを受け入れるとき、条件文と確率概念を通じて、因果関係を定式化することが可能となる、とする道筋である。そうしたやり方は、反事実的条件分析によるアプローチに劣らず、因果関係の理解として常識的に受け入れられやすいと思われる。ここで言う「ストルネイカーの仮説」とは、次のような等式である。

$$\Pr(C \rightarrow E) = \Pr(E \mid C)$$

（ただし、$\Pr(C) > 0$）　(Stalnaker 1981, p.75)

ここで注意すべきは、この場合の条件文は反事実的条件文ではなく、「直説法条件文（indicative conditional)」である点である。次に、「確率的因果」は、簡潔に言えば、一般に次のように定式化できる。

$\Pr(E \mid C) > \Pr(E \mid {\sim}C)$ であるならば、CはEの原因候補である。

だとすれば、この「確率的因果」の定式化は、「ストルネイカーの仮説」と合わせて、直説法条件文の確率として、

$\Pr(C \rightarrow E) > \Pr({\sim}C \rightarrow E)$ であるならば、CはEの原因候補である。

と表現できることになる。

むろん、こうした「ストルネイカーの仮説」から「確率的因果」の考え方のもとでの因果関の定式

化を正当化するには、二十世紀の哲学史の中でひとつの事件として知られていること、すなわちデイヴィッド・ルイスの「トリヴィアリティ結果（triviality results）」の議論、に直面しなければならない。つまり、「ストルネイカーの仮説」は、そこに現れる$C \to E$や$E|C$に関してEへの条件づけを施すと確率1になり、$\sim E$への条件づけを施すと確率0になり、そしてそれに$C \to E$に対する全確率の法則を当てはめると、結局のところ、

$$Pr(E|C) = Pr(E)$$

というトリヴィアルな形に変換されてしまい、CとEはまったく確率的に独立で、Cを組み入れる意味はなくなる、ということを証明するのが「トリビアリティ結果」の議論である。[12] だとすると、そもそもこれを因果関係の理解に利用することも意味をなさなくなることが帰結してしまう。

私は、ここでこの問題と格闘して解決を見出すことはしない。それはここでの主題からかなり外れてしまうものであり、別途行うべき課題である。ただ、ひとつの示唆だけを示しておきたい。すなわち、確率的健全性と真理関数的健全性は本来異なるにもかかわらず、ルイスの「トリビアリティ結果」の議論は、確率を問題にする文脈に対して、1と0という二値性に沿った真理関数的な構造を前提することによって提起されており、それゆえ逆に、もし条件文に対する真理関数的アプローチを拒絶したならば、さしあたりは、ルイスの「トリビアリティ結果」による攻撃に曝されることなく、確率的因果の考え方を適用することができるだろうと、そのように私は見越している。実際、詳述はしないが、

後に触れるアダムズやエジントンらは、そのようなアプローチを採用してルイスの「トリビアリティ結果」の議論をかわそうとしている（Adams 1975, pp.11–12)。

9　二つの条件文

以上を踏まえて、ここで私は、右の二つの因果性に関する哲学的アプローチについて私自身の論点を記しておきたい。まず第一に、典型的に言って、ルイス流の因果の「反事実的条件分析」は基本的に「過去の出来事に対する因果的判断」に関わっていて、それは刑法で言うところの「なかりせばテスト」に対応するのに対して、私がストルネイカーの仮説を援用しながら導入を試みた、直説法条件文に基づいた確率的因果は、少なくとも私の意図としては、「現在の観点からする未来に向けた因果的推論」に焦点を合わせるという傾きのもとにある。以後簡便のため、前者を「過去因果」、後者を「未来因果」と呼ぶことにする。一般に流通した用語に照らすならば、過去因果は「現実因果（actual causation）」または「単称因果（singular causation）」または「トークン因果（token causation）」と称されているものと同じで、未来因果は「潜在因果（potential causation）」または「一般因果（general causation）」または「タイプ因果（type causation）」と呼ばれているものに相当する。前章での議論に沿うならば、未来因果は未来志向性に、過去因果は遡及志向性に対応すると言えるだろう。

ということで、ここで立てるべき問いは、このようになる。予防原則における特定の行動や政策と大惨事との間の因果関係は、果たして「因果的判断（過去因果）」と「因果的推論（未来因果）」とのどちらのカテゴリーに属すのだろうか。この点を明確にするには、まずもって、「直説法条件文」と「反事実的条件文」の性質と両者の相違を理解しなければならないだろう。この二つの条件文の区別は、日本語ではやや漠然としていて、欧米語ほどの自覚的区別はあまりないかもしれないが、必ずしも日本語にないわけではない。たとえば、「もし私が彼の意見に賛同したら、彼はきっと驚くでしょう」は日本語としてまったく普通であり、明らかに直説法条件文に対応する。それに対して、「もし私が彼の意見に賛成していたならば、事態は全然違ったものになっていたでしょう」もまったくもって普通の日本語であり、そして事実として、この「私」が彼の意見に賛成しなかったことを含意しており、明らかに反事実的条件文である。

さて、直説法条件文と反事実的条件文の区別問題に関しては、ドロシー・エジントンとアーネスト・アダムズの議論がとても明快で分かりやすいし、日本語として考えても理解可能なので、それに依拠することにしたい。まず、条件文に対するエジントンの理解を引いておこう。

人は、Aでないということを知っていると自覚しつつ、Aであると想定することもできるし、Aでないということを知っているとは自覚しないまま、Aであると想定することもできる。典型的に言って、仮定法条件文あるいは反事実的条件文は最初の種類の想定の結果であり、開放条件文あるいは直説法条件文は二番目の種類の想定の結果である。こうした点を実際に明確化する見かけ上の困難は、次のような事態である。すなわち、私は、いま見ている絨毯が赤ではないと知っていると自覚しているとすると、そのとき私は、「もしこの絨毯が赤だったなら、カーテンと釣り合っただろうに」と言うことができるだろう。しかし同時に、この状況において、「もしこの絨毯が真っ赤ならば、私は色覚異常なのか、何らかの錯覚をしていることになるだろう」と述べることもできるだろう。仮定法の場合、私は、絨毯が赤ではないと思っている点で自分が正しいことを当然視している。しかし、直説法においては、自分が間違っているということを想定している。つまり、赤でない見えにもかかわらず、それが赤であるということを認識的可能性として考慮しているのである（Edgington 1991, pp.178–179）。

次に、アダムズの理解も引いておこう。

二つの条件文が相違する典型的な状況というのは、二つに共通な後件が偽であると知られている場合の状況であり、そのとき反事実的条件文はしばしば肯定されるが、直説法条件文は肯定されない〔…〕二人の男が森の中を歩いていて、木陰の中にある鳥を見つけ出したとする。その鳥の色ははっきりと判別できない。一方の男が他方の男に向かって直説法条件文を使って「もしあの鳥がカナリヤだったら、黄色だろう」と述べることがありうる。さて、しかし、その鳥が日光の中へと飛び立って、明らかにその色が見えて、それは青であって、黄色ではなかったと想定してみよ。この状況のもとでは、最初の男がその直説法条件文を肯定し続けるという見込みはまずないし、実際肯定し続けるべきではないだろう。なぜなら、後件が偽であることをすでに学んだことにより、最初の直説法条件文を肯定し続けるのを正当化することは、まったくありえないことになっているからである。他方で、最初の男は、直説法条件文を反事実的条件文に替えて、「もしあの鳥がカナリヤだったなら、黄色だっただろうに」という文を肯定することは、ありそうなことであろう（Adams 1975, p.104）。

二人の哲学者の議論をまとめてみよう。典型的なケースに焦点を合わせる限り、

（一）直説法条件文は、話者が、実際に何が起こったか・何が起こっているか（このことは前件に対応する）について確実には認知しておらず、何が起こるだろうか・何が起こらないだろうか（このことは後件に対応する）についても確実には認知しておらず、現在の視点から未来に向かって、確率概念込みで、展望的な仕方で思考する場合に、非常によく適合している。（ただし過去時制で直説法条件文が使用されている場合についてはここでは検討しない。）

（二）反事実的条件文は、話者が、すでに何が起こったか・何が起こらなかったか（このことは前件に関わる）について確実に認知していると想定されており、そして実際に何が起こっているか・起こっていないか（このことは後件に関わる）についても確実に認知していると想定されており、基本的には確率概念なしで、過去に向かって回顧的な仕方で思考する場合に、非常によく適合している。（ただし、確率概念を反事実的条件文に適用することの問題、そして反事実的条件文と仮定法条件文との入り組んだ関係性の問題については、ここでは検討しない。）

10　予防原則における因果関係と条件文

さて、では以上を踏まえて、予防原則において前提されている因果関係、すなわち「特定の行為や政策」が「大惨事」の原因となる、という因果関係はどのように理解したらよいだろうか。「もし〈これこれの行為・政策の実行〉ならば、〈大惨事の発生〉」という因果関係を表す条件文（以下ＣＲＰＰ（causal relation in the precautionary principle）と略す）は、直説法条件文なのか反事実的条件文なのか。

最初に自明な仕方で確認されると思われるのは、ＣＲＰＰは「未来条件文（future conditional）」であるという点である。であるならば、定義的に、ＣＲＰＰは直説法条件文である、ということが示唆されるように思われる。加えて、このＣＲＰＰでは、前件も後件も発生していると確実に認知されているわけではない。放射線被曝の問題で言えば、前件は「こうした余分な放射線被曝を何年も受け続けるならば」ということであり、それはいまだ、現に発生している、とは言えない。大惨事の発生については、むろん、確実にそうだとは誰も確言できるわけではない。こうした、前件も後件も確実には認知されていない、という性質は、直説法条件文に合致しているように思われる。だとすれば、ＣＲＰＰは直説法条件文であると断じてよいだろうか。すなわち、ＣＲＰＰは、

もし人々が長期間放射線を被曝し続けるならば、彼らは大惨事に直面するだろう、

という形で定式化できる、ということになるだろうか。

しかしながら、この定式化には致命的な欠陥がある。すでに見たように、予防原則は確率無視として性格づけられる意思決定原理である。それに対して、因果的推論で用いられる直説法条件文は、すでに言及したように、基本的に確率概念によって定式化される。それゆえ、CRPPは直説法条件文とは親和しない、と言うべきであろう。

それでは、CRPPは反事実的条件文と理解すべきなのだろうか。一見する限り、こうした解釈を採用するのは困難であるように感じられる。なぜなら、反事実的条件文は基本的に過去に向かう回顧的な性質をもっているのに対して、CRPPは未来条件文だからである。しかし、早合点することは控えて、少し熟考してみよう。

もしCRPPを、ルイスの議論に従って、反事実的条件文として表現した場合、次のようになることが考えられる。

もし人々が長期にわたって放射線被曝をし続けたとするならば、彼らは大惨事に直面していたであろう、

あるいは、

もし人々が長期にわたって放射線被曝をし続けなかったとするならば、彼らは大惨事に直面す

ることはなかったであろう。

どちらの条件文も奇妙に聞こえる。なぜならば、両方の条件文に関して、前件の否定も後件の否定も、いずれも確実に認識されているわけではないように思われるからである。そうした否定が確実に認識されていることが、反事実的条件文の基本的特性であったはずである。だとすれば、こうした事情は反事実的条件文の本性に反するよう思われる。

けれども、少し立ち止まって、いま述べた反事実的条件文の後件について考えてみよう。サンスティーンは実は次のように指摘していた。「視覚化あるいは心像、それこそが人々のリスクに対する反応において非常に重要なのである」(Sunstein 2005, p.81)。そしてこう記す。

危害に関しては、災害の鮮明なイメージや具体的な映像が、ほかの種類の思考を「締め出して」しまいうる。つまり、その災害の発生する確率は非常に小さいという重要な思考も含めて、多くの思考が締め出されうるのである。「もし誰かが心配しやすい傾向をもっているならば、起こりにくさの度合いがいくら高くても何の慰めももたらさないように思われる。むろん、その危害が発生することは絶対的に不可能だということが証明されれば別なのだが、そんな証明はどだい無理なのである」(Sunstein 2005, p.82)。

これこそが、すでに触れた、予防原則における確率無視そしてゼロリスク要請の立脚点にほかならない。つまり、私たちには、ときとして、まさしく目の前に最悪のシナリオを生き生きと思い描いてしまう傾向があり、そういうときは最悪のシナリオが文字通り実際に発生していると捉えられてしまう。おそらく、こうした最悪のシナリオを心に思い描くということこそが、予防原則の内奥にある核心的発想を形成しているのではなかろうか。だとするならば、ＣＲＰＰの後件は、最初に理解されたのとは異なる仕方で解釈されなければならないことになる。すなわち、ＣＲＰＰというのは、精確に定式化すると、先ほど挙げた二つの表現の二番目、すなわち、

もし人々が長期にわたって放射線被曝をし続けなかったとするならば、彼らは大惨事に直面することはなかったであろう、

となるべきなのであって、しかもその場合、後件の否定は確実に真であると認識されているのである。こうした事態は、紛れもなく、反事実的条件文の本性に合致していると言わねばならない。しかも、たしかに、ＣＲＰＰが確率無視という様態のもとにあることも真であり、そのことは、反事実的条件文と共通するのかもしれない[13]。

とはいえ、残念ながら、ＣＲＰＰが未来条件文であるのに対して、反事実的条件文が最善の形で機能するのが過去回顧的な文脈であることは否定できない。加えて、ＣＲＰＰの前件のステイタスをどう理解すべきか、という問題が残る。反事実的条件文の基準に沿うように、前件の否定を確実に認識しているとはなかなか言い難いのである。そうした意味で言うと、ＣＲＰＰを反事実的条件文として

同定することはやはり困難であるように思われる。

実のところ、こうしたどっちつかずの状況というのは、未来条件文についての論争が現在展開されているありようを反映しているのかもしれない。ここで詳述はしないが、論争の構造を概観するならば、まずギバードとハーパーは未来条件文は反事実的条件文であると捉え（Gibbard & Harper 1981）、モートンは未来条件文には反事実的条件文であるものと直説法条件文であるものがあるとし（Morton 2004）、ベネットやデローズは未来条件文は直説法条件文であると論じている（Bennett 2003, DeRose 2010）。

11　大惨事の視覚化から因果的物語へ

この錯綜した問題に対して、私自身は、未来条件文一般を論じるのではなく、あくまで議論をCRPPに絞って、予防原則を適用する人々においてCRPPの後件すなわち大惨事が視覚化されているという現象に、改めて特別に焦点を合わせることで解明を果たしていきたい。この現象が含意するのは、字義通りに考えて、次のような事態であると私は確信している。すなわち、放射線被曝問題に予防原則を適用する人々は、大惨事をいままさしく生き生きと目の前で見ているかのように表象している。換言すれば、多くの人々が放射線障害や苦痛を伴うがんによって絶え間なく亡くなっているという大惨事をいま見ているかのように表象しているのではないか。であるなら、そうした人々の心の中では、CRPPの後件（「大惨事に直面することはなかったであろう」）の否定が実際に認知されていて、しかも、そうした地点から、彼らは回顧的な仕方で思考しているのである。そしておそらく、その想定で言えば、CRPPの前件（「人々が長期にわたって放射線被曝をし続けなかった」）の否定も、確実に成立していると認知されている。放射線障害死や放射線被曝に由来する晩発的がん死がリアルに表象されているのだから、ロジカルに言って、人々が長い間放射線被曝を実際にした、ということが見込まれているはずだからである。こうした事情を勘案するならば、前件や後件の否定の真実性を支える部分で「かのように見ている」という様態が介入している点が破格であるとは言え、構造としては、CRPPは直説法条件文として解釈するよりも、反事実的条件文として解釈する方がはるかに適切であるように私には感じられるのである。言い方を変えるならば、予防原則での因果関係は、一見「未来志向性」に基づく未来因果のように見えるが、実は構造的に「遡及志向性」に方向づけられている過去因果なのではないか、ということである。

しかし、である。いま「破格」と述べたように、冷静に考えて、この大惨事の認知は真正の認知ではなく、単なる疑似認知であるにすぎない。そうした心的表象は、真正の認知どころか、むしろ正しくは、錯覚あるいは想像上の虚構であると、そう言うべきであろう。換言するならば、これは現実と虚構の倒錯的混同である。であるならば、CRPPは因果関係の主張としては極端に破格、いやむしろ、まったくもって不適切な主張であると言わなければならない。先に述べた、反事実的条件文に依拠した「因果的判断」、そして直説法条件文に依拠した「因果的推論」に対して、私は、CRPPにおける因果関係の主張を「因果的物語（causal narrative）」と呼びたいと思う。日本が海中に沈没してしまうとか、蘇った恐竜に蹂躙されるとか、そうしたSF的な次元での因果関係の主張と同等ではないのか、と論じたいのである。

最後に二つほど、注記したい。第一に、もし危害や大惨事を理解するために人々の心理的恐怖心を考慮に入れるべきだとするならば、因果的物語も、合理的視点から何らかの行為や政策を実行するための意思決定をする際に、ひとつの考慮要素になりうるかもしれないこと、これを記しておく。合理性というのは複数の階層に適用可能な様態であって、ある次元で非合理的なことでも、そうした非合理的な言動や反応があるということを事実として世界理解の中に算入して、それを考慮すべきひとつの要素として眺めるメタ次元の視点も当然ありうる。放射線被曝問題に限って言っても、今後再び原子力災害などにより放射線被曝問題が発生した場合には、予防原則を放射線被曝のリスクのみに適用して、かえって困難な世界に自身を、そして他者を、巻き込んでしまう人々が現れることは、おそらく高い蓋然性をもって推定できる。だとしたら、そうした人々の非合理性をあげつらうのではなく、むしろそうした事態が発生することを予め想定して、対応を考えておく、ということが高次のメタ次元での合理性ということになるはずである。人々の思い込みというのは往々にして激しく、非合理だということを理屈として説いても、なかなか覆るものではない。リスク・コミュニケーションの困難さである。だから、そうした困難さがあることを前提した対策が必要なのである。

第二に、いくら私が予防原則における因果的物語の虚構的本性を述べ立てたとしても、それでも意思決定原理としての予防原則に多かれ少なかれ何らかの説得性を感じてしまうという場合もあるかもしれないが、実は、その場合は、現在の視点からの確率を考慮する因果的推論の領域に暗黙的にそして徐々に入り込んでいるからではないかと、私は理解しているということ、このことを記したい。「予防原則」における因果関係の主張を因果的物語とまとめることに違和感や反発を覚え、予防原則が政策決定や意思決定の原理として機能していると解する人々がいると思うが、それは、実態としては、もはや確率無視を是とする字義通りの予防原則を念頭に置いた議論ではなくなってしまっていて、実は確率を込みにした因果的推論を主題にしようとしていることになっている、と私はにらんでいるのである。そしてその限りで、主題は費用便益分析にほぼ肉薄した、直説法条件文で表される因果関係に変容しつつあるのである。むろん、費用便益分析とまったく同じになっているのではなく、特定のひとつのリスクだけに着目する、というありようは残存している。それゆえ、非常にいびつな議論構成になってしまう危険性のもとにはあるだろう[14]。

実際、こうした考察が示唆しているように、因果的物語と因果的推論の境界線は本質的に曖昧である。因果的物語は確率無視なので、そのことは、当該案件の生起確率をpとおくと、$0 < p \leqq 1$、となっていると表現できる。つまり、因果的物語の場合、その確率は、ゼロ以外ならばどんな値でもよいのであって、ともかく「起こりうる」と言えさえすれば、「起こる」と物語れるのである。それに対して、因果的推論の場合も、当該案件にぴったり特定の値の確率を割り当てるということはまずなく、あてがわれる確率値に幅があるのが普通である。それはたとえば、$0.8 \leqq p \leqq 0.9$のような場合から、極端な可能性としては、$0.01 \leqq p \leqq 0.99$のようなものまでありうるだろう。だとしたら、因果的推論は、その本性上、因果的物語に近づいてしまう可能性があるということである。

12 「いのち」を守る

放射線被曝問題についての予防原則問題について、結論づけよう。まず事実として、二〇一一年の福島第一原発事故に際して予防原則を採用して、直ちに、あるいは長期にわたって、避難することを選択し、あるいは選択するよう他者を促し、その結果、多くの人々が望ましからざる悲劇に巻き込まれてしまった（福島県での震災関連死が津波震災の直接死よりも上回ってしまった）。回顧的・遡及的に評価するならば、そうした予防原則の適用というのはまったく推奨できるものではなかった。なぜならば、放射線被曝に対する予防原則の適用というのは事実として有害であったし、理論的に言っても、合理的に正当化できるものではなかったからである。かくして、何か災害に面したとき、私たちは注意深く「リスク・トレードオフ」を考慮した上で意思決定をすべきなのであり、決してひとつの単一のリスクだけに焦点を合わせて、盲目的に予防原則に訴えたりすべきではないのである。放射線被曝の問題について言えば、ひとえに、線量はどれくらいか、避難経路はどういう状況か、避難場所の環境はどのようなものか、ということを可能な限り迅速に考慮することが求められているのである。線量が非常に高くて放射線障害に罹り「いのち」を失う可能性が強ければ万難を排して直ちに避難するべきであるし、それほどの線量でなければ、避難の過酷さを考慮に入れて、暫時屋内退避をするとか、避難経路をしっかり確保した上で数日後に避難するとか、そうした選択肢を冷静に考えるべきなのである。

むろん、そうしたことは、事故現場の混乱した状況下では、つつがなく遂行することは難しいだろう。けれども、だからといって、パニックなんだから仕方ない、といって無方針で臨むわけにはいかない。被災者自身が混乱しているとするなら、被災者が抱く恐怖心のことも考慮に入れて、専門家や為政者や管理者が合理的な指針を上手に伝えなければならない。「いのち」を守ることが最優先だということ、これをつねに肝に銘ずべきである。そしてそのことを後世の世代へと語り継いでいくべきである。ただし、哲学に携わる者としてあえて付け加えれば、どのような努力を傾けても、私たちは「死すべき者」であり、いずれは死に至る。「常住死身」（武士道書の山本常朝著『葉隠』の言葉。いつでもいまが死にどきだと思って生きよ、の意）、"memento mori"（「西洋の格言。「死を銘記せよ」の意）、こうした古くからの言い伝えの重みを、たとえ心の片隅の奥底にだとしても、かすかに感じ取ることは、私たちの根源的な道徳性として必要なのではないかと感じている。私たちは「死すべき者」であるからこそ、それゆえに、私たちの「いのち」は尊いものであると言えるのである。不老不死で、どんなに粗末に扱われても死ぬことがないのだとしたら、「いのち」には希少価値はないだろう。そうした「いのち」の尊さへの想いと根源的な道徳性を基盤としつつ、私たちは日々、「いのち」を尊重し、互いを支え合い、未踏の未来へと一歩ずつ進んでいくべきなのではなかろうか[15]。

13　新型コロナウイルス問題

本章冒頭でも触れたが、最後に、補遺的に、今日のコロナウイルス問題について言及する。二〇二〇年当初から、日本も含めて世界中で新型コロナウイルス（SARS-CoV-2）感染（COVID-19）が発生し、ＷＴＯがパンデミックであると宣言し、大きな騒ぎになった。本書執筆中の二〇二一年一月の段階で、世界での感染者数は一億人に近づき、死者数も二百万人を超えている。日本国内で言えば、累積の感染者数は三十三万人に迫り、死者数は五千人に近づいている。西欧諸国と比べて、日本やアジア諸国の死亡率が低いことが目を引き、それをもたらした「ファクターX」が取り沙汰されてもいる。また、日本に関して言えば、緊急事態宣言が出され、感染者増加がやや沈静化したので、その宣言が解除されたら、再び感染者数増加が七月になって目立つようになり、さらに十一月から十二月には第三波とも思われる感染者増加が認められたが、データを見ると、重症者や死亡者の率はとくには上昇してはいない。というのが現状である。いずれにせよ、治療薬、ワクチンの有効性の確認が待たれている状況である。

コロナウイルス自体はおよそ一万年前から存在し、ＲＮＡウイルスの一種である。一般にＤＮＡウイルスとは異なり、ＲＮＡウイルスは修復システムがなく変異が起こりやすいが、きわめて例外的に新型コロナウイルスは修復システムを備えている。しかしながら、新型コロナウイルスを含むＳＡＲＳコロナウイルスは、スパイクタンパク質の変異によって生存してきた経緯から、巧妙に変異する、という性質を獲得してきた（水谷 2020, pp.33–35)。なかなかやっかいである。加えて、ウイルス学で言うところのＡＤＥ（抗体依存性の増強）という性質がもしかしたら新型コロナウイルスにもある可能性が必ずしも除外できない。「多くのウイルスは抗体が結合すると細胞に感染できなくなるのに対して、ネコ伝染性腹膜炎ウイルスは抗体が結合すると逆に感染力が増して」（水谷 2020, p.19）しまうのであり、そういう性質がＡＤＥと呼ばれる。しかるに、ワクチンとは、「体内で抗体を作らせることが目的なので、ネコ伝染性腹膜炎ウイルスにワクチンを接種すると抗体が病状を悪化させてしまう可能性があり、ワクチンの開発は困難にな」る（水谷 2020, p.19)。新型コロナウイルスのワクチン製造においても、ＡＤＥが発生するかどうか、慎重に見きわめなければならない。どうにももどかしいところである（ただし、ＡＤＥ発生の心配は現状ではやや薄れつつある、ということを水谷が口頭で伝えてくれた）。しかし、今日のウイルス学の水準で言えば、私たちが新型コロナウイルスと共存して暮らしていく状態に近いうちにたどり着くことは大いに期待できるし、社会や個人の防疫対策によって感染を防ぐことは可能である。

三つの点を述べておこう。第一に、すでに本章第6節にて触れたように、コロナウイルスを避けるための防疫措置を取ったとき、別の新たなリスクが高まるリスク・トレードオフを考慮しなければならない。主たる対抗リスクは、経済的困窮であろう。自粛を続けることで、そうした別のリスクに曝露されることになる。放射線被曝問題と同様、感染リスクだけに焦点を合わせて予防原則を適用し、自粛を厳格に継続させるとしたら、長い目で見て、結果的に私たちはさらに重大な被害を被ってしまう恐れがある。もしかしたら、感染症肺炎による死者よりも多くの死者が、経済的困窮によってもたらされるかもしれないのである。そして、そのことと連動して、根拠のないデマや風評が飛び交い、パンデミックならぬ「インフォデミック」が発生し、そのことでめぐりめぐって「いのち」に危険が及んでしまうことも考えられる。

もちろん一方で、コロナ感染症の拡大もできるだけ防止しなければならない。そして、そうした防止方策の実施とともに、「感染症倫理」と称される領域の課題も現れる。たとえば、ロックダウンされた都市に閉じ込められた未感染者が感染リスクの増大にさらされることや、感染リスクに曝露される医療従事者の職務上の義務をどう正当化するかや、感染を疑う自覚症状があるのに、差別や雇用不安定化を恐れて検査を受けず、その結果感染を広げてしまうことや、無症状キャリアの人々の行動をどのように制限しうるかなど、倫理的に詰めていかねばならない課題があり、それには注力する必要がある。また、自粛による経済的損失に対する「補償」の根拠は何か、など「感染症倫理」での課題は多々ある。たしかに、コロナ感染問題は、「いのち」の問題であり、人の死亡にもつながりうる重大な倫理的案件である。しかし、コロナ感染症による死亡だけが死亡ではない。経済的損失やその補償が言挙げされることが示唆しているように、コロナ感染症問題は、コロナ感染そのものの被害を越えて影響を及ぼし、場合によっては、感染症とは別の面から「いのち」を危険にさらしうるのである。まずもって、「いのちの保全」が最優先であることをいつも銘記しよう。やはり、多様なリスクを視野に入れて、一定の防疫対策を取りつつも、経済活動を維持していく、というのが、当たり前だが、最も賢明な方策となるだろう。「ゼロリスク」はないのである。私たちの生きている世界というのは、そういうものである。

第二に、災害や病気の被害について考えるとき、自分や社会を俯瞰的に眺めて、この被害はどのくらいの規模のものなのか、という相対的目安をもつことは、冷静な判断をするのに重要であるし、心を落ち着かせるのにも有効であるという点を強調したい。病災害については、個人として被害を受けたとき、それは取り返しがつかない悲劇になりうるが、それはどのような被害でも同様であり、私たちが生物としてこの地球に生存している限りでデフォルトと言うべき条件である。完璧に安全安寧に一生を過ごしたいと望んでも、実際上はほぼ不可能である。しかし、「安寧でない」ということにも程度というものがある。感染症パンデミックにも多様なものが歴史的にあり、深刻さの規模もいろいろであった。今回の新型コロナウイルス問題で、しばしば引き合いに出されるのは、およそ百年前の一九一八年に始まったスペイン風邪のパンデミックであろう。一九二一年まで世界中で猛威を振るい、世界でおよそ五千万人から八千万人の死者が発生したと推定されている。二〇二一年一月段階での新型コロナウイルスによる世界の死者数のおよそ三十倍である。日本だけでも、スペイン風邪による死者は四十五万人に上るとされている（石 2018, pp.211–221）。新型コロナウイルスでの死者が五千人弱ということに鑑みると、そのすさまじさが分かる。

それ以外に、もっと歴史を遡れば、十四世紀前半のヨーロッパの「黒死病」（ペスト）では、「四、五年の間に人口の四分の一から三分の一、二五〇〇〜四千万人が亡くなったという。街には人気がなくなり、無住の村々や集落が点在することになった。ある修道院に人が訪れたところ、百体以上の変わり果てた修道士たちの骸だけがあったという」（小長谷 2020, p.29）。絶句してしまう。コロナウイルスどころの騒ぎでは到底ない。また、十九世紀初頭のナポレオンによるロシア遠征の際の、複数の感染症のパンデミックもまた、その凄惨さにおいて特筆すべきであろう。一般にこのロシア遠征ではナポレオンは冬将軍に敗れたとされるが、実のところは疫病によって撤退せざるをえなかったと言える。出発直後の下痢の多発の後、最初は赤痢でおよそ八万人の兵が病死し、次にシラミを媒介したチフスがやってきた。フランスを発ったときには四十五万人の軍であったが、帰国したときには、戦死、病死と重なり、わずかな供回りでパリに戻ったという（小長谷 2020, pp.66–84）。わずか二百年前の出来事である。人間とは、戦争とは、そして病気とは、一体何なのだろうか。

いずれにせよ、何より驚くべきことは、こうした極限とも言うべき大惨事を経ても、私たちの祖先たちはたくましく、しぶとく生き残ってきたということである。こうした人類の疫病の歴史を一瞥するだけでも、事実として、今回の新型コロナウイルスは、規模や威力という面で、大惨事と呼ぶにはまだ遠いことが分かる。おののいたり、たじろいだりする必要はない。くじけず、ひるまず、前に進んでいくしかない。しなやかに。そしてそれが、今回のコロナ感染症で亡くなられた方々への想いを継いでいく道徳的な態度なのではないだろうか。

14 「信念の倫理」へ

第三に、そして最後に、「信念の倫理」について短く言及して、本章を閉じたい。「信念の倫理」とは、19世紀末に英国ケンブリッジの数学者・哲学者であったウイリアム・キングドン・クリフォードが提起した議論に端を発するとされるひとつの議論領域で、知識や信念の問題を扱う認識論と、善悪や責任などを扱う倫理学とを架橋するような主題を論じる。すなわち、不十分な証拠や根拠によって何かを信じることは道徳的に非難に値するかどうか、何かを信じたり知ったりするときにすべての利用可能な証拠を探索するのは私たちの義務なのかどうか、逆に、不十分な証拠しかない場合でも信念や知識を形成しなければならないときはあるのか、といった問いを扱う領域である。とりわけ発端をなしているクリフォードの議論はかなり厳格で、証拠を十分に精査しないで物事を信じるのは道徳的な悪だと論じる（Clifford 1999）。

「信念の倫理」はいまだ議論や検討が活発に行われている領域で、確定的なメッセージを取り出すことは難しいが、少なくとも、不確かな根拠だけで何ごとかを判断したり、それを人に伝えて流布させたりすることは道徳的に問題があることだ、という見方が有力な見解としてあることが分かる。ということは、放射線被曝問題についてでも、新型コロナウイルス感染問題にしても、福島では放射線でカエルの奇形が生まれたとか（実はオオサンショウウオであった）、予防原則は世界常識なので少しの放射線被曝も避けて何はさておき避難すべきだとか、中国でのコロナ騒動でトイレットペーパーがなくなるとか、コロナ感染症で日本でも何十万人もの人々が亡くなるとかの、根拠のあやふやなデマや風評というのは、単なる間違いで済まされるようなものではなく、道徳的非難に値する、という捉え方が引き出されてくる。思うこと、分かったと思うこと、そこにも道徳は関わってくる。緊急的な事態において、そしてとりわけ「いのち」が関わるような状況においては、正しく思うこと、正しく知ること、そして正しく発信すること、そして間違っていた場合には適切に修正していくこと、これらが私たちに課せられた道徳的責任なのである（クリフォードの議論について、私は多少の検討をすでに加えた。一ノ瀬（2021）を参照されたい）。

次に、「いのち」の教育に関わる議論を補章として加える。どのような学説も、どのように説得的なものでも、多くの人々に理解され、伝わっていかなければ効力を発揮しえない。そういう意味で、哲学においても「教育」のもつ意義ははかりしれない。そうした方向の議論のとっかかりとして、以下、高校新科目「公共」に寄せて多少の見解を述べたい。

補章　高校新科目「公共」についての哲学的覚え書き

1　哲学教育の意味

「哲学を学ぶことはとても大事です」。哲学関係者などが、こういう風なことを大学教育に関してしばしば述べる。ガイダンスの場だったり、人事案件の場だったり、あるいは大学の組織再編の検討の場だったり。それは、哲学に限らず、どのような学問でも、どのようなディシプリンでも同じで、その学問が教育体系の中に組み込まれ、そこで就業する教員がいれば、自身の仕事内容、自身の立場を訴え、それを擁護しようとすることは、自然の理なのであろう。当たり前のことだが、大学もまた、ひとつの働き場所であり、その労働内容のひとつの核が教育なのである。つまり、教員とは職業であり、教育活動は教員にとっての生活の糧なのである。職業は守りたい。意義を強調したい。おのずとそうなる。哲学教育の現場に身を置く私もまったく例外ではない。私は、哲学概論の授業などを受けもつとき、最初に「哲学は役に立たない」という考え方に言及するところからはじめる。学生の注意を引きつけるため、あえて、自己矛盾的で自嘲的な言い方を、哲学に対する流通する見方として引き合いに出し、講義に引き込もうという戦略である。そして、冷静に考えるとあまりに陳腐でお恥ずかしいことなのだが、「哲学は役に立たない」という一般的印象は正しくなくて、実は大いに役立つのだ、というような趣旨の話へと導く。なぜなら、哲学とは、私たちが暗黙のうちに受け入れてしまっていて、それ自体に疑問をもたない・もてないような根本的な前提にさえ問いを向ける営みであり、そうした営みの訓練を受けることは、自分が属する組織が行き詰まったときに、新しい発想を導く糧となるからだ、というわけである。

けれども、どうにも後ろめたい思いが残る。自分の述べていることに、完全な確信をもてない。哲学の問いというのは、たしかに、日頃疑問に思わないようなところに疑問を向ける。たとえば、私のお気に入りの問いは、「過去は本当に存在したのだろうか」というものだ。これは、哲学では、形而上学という分野で扱われる。もちろん、昨日の出来事が本当に起こって、その結果、今日の私の行動がある、というのは私たちの社会生活の基本了解であろう。昨日、誰それとミーティングをする約束をしたので、いまミーティングの部屋に向かおうとしている。ごくごく日常的な私たちの行動である。実際、こういう場面で、果たして過去は本当に存在したのだろうか、などと本気で問う人がいたならば、噴飯物である。社会ではやっていけない。けれども、哲学というのは、まさしく本気で、真直球で、過去の存在について疑問を提起するのである。なぜなら、ものすごく厳密に言うならば、過去の存在を証拠立てるものは何もないからである。記憶、記録、録音、メモ、人々の証言の整合性など、いろいろと証拠候補は言い立てられるかもしれない。けれども、それらはすべて、「現在」ここにあるものにすぎない。それが、真に、過去とつながっているかどうかは、完全な確証はもてない。この点、哲学に慣れていない人は、もしかしたらいぶかしく思うかもしれない。もしそうならば、過去は一体どこにあるの、という問いに答えようとしてみてほしい。ここにある、とは言えないはずである。どこを指しても、「現在」のどこかでしかないからだ。実際、よくよく考えてみれば、過去とは、文字通り、過ぎ去ったことであり、それゆえ、いまはどこにもない、ものなのである。ないのだから、それに対する確証はえられない。こうしたことは、普段は掘り下げて考えないとしても、実は大変にシンプルな真実なのであり、誰でも、虚心坦懐に考えてみれば理解できるはずである。そして哲学は、こうした問いを提起することで、私たちは根拠を示すことができないにもかかわらず、なぜ、どうして、過去が存在すると「考える」のだろうか、というように議論を進めていくのである。そうした議論は、しばしば、逆に「現在」があるって本当に言えるのだろうか、とか、そもそも「存在する」とはどういう意味なのだろうか、と問いを立てたときの前提へとさらに問いを沈潜させていくことになる。

けれども、こうした根源的な問いを突き詰めて考えることは、おそらく、社会生活で直面する困難や問題の解決に資することはあまりないのではなかろうか。ある商品の売り上げが伸びず、何か別の企画を考えようというときに必要とされる発想力というのは、何か、哲学の問いとは別なもののように思われるのである。もちろん、哲学の問いを提起し、それについて思考するという訓練が、新商品のアイディアを思いつくときの助けには絶対ならない、とは言えないかもしれない。人々の嗜好には根底にそれを促す思い込みがあり、したがって、そうした思い込みを強化するような製品はブームを起こし売れると推定されそうである（思い込みを煽ることになって非道徳的かもしれないが……）。だとすれば、そうした人々の思い込みをえぐり出すときに、隠れた前提へと問いを向けるという哲学の訓練が役立つかもしれない。たしかに、客観的に言って、そういう面はありそうである。しかしながら、そうだとしても、私は、やはり哲学の訓練が社会生活に有効に働く、という側面を強調して、哲学教育の意義をことさら訴えることには、もっと根本的な意味で、後ろめたさを感じてしまうのである。

2　両義的なゆらぎ

それは、そもそも社会生活で役に立つ、といった目的性を、哲学の外部からの価値づけとして哲学という営み全般に当てはめるということからくる、なんとも言えない居心地の悪さのゆえである。先に述べたように、哲学は、普段は疑問視されない前提にあえて問いを向ける、という営みである。しかるに、「社会生活で役に立つ」と大真面目で主張して、哲学教育の意義を強調するとき、「社会生活で役に立つ」ということは、それ自体は哲学的問いの対象にならないかのような、より高位の評価基準として機能しているように感じられる。つまり、絶対の評価基準として前提されているように感じられてしまうのである。それでいいのだろうか。ここら辺りに、哲学を学ぶこと、哲学を教育すること、の意義を理解する急所があるように思われる。

実際、誠実に考えれば、「社会生活に役に立つ」という評価基準それ自体にも、本当にそれは受け入れられるべきなのか、という疑問を投げかける余地が間違いなくある。そうした問いの及ぶ射程はいろいろありうる。「社会生活に役に立つ」教育（哲学教育も含めて）というのは、おそらく、個人のレベルで幸福で成功した人生を送る道筋を促してくれると同時に、社会全体が困難を解決し繁栄していくことを目標として暗に据えていると考えられる。けれども、である。それらはあくまで人類目線なのではなかろうか。人類はたしかにこれまで繁栄してきた。科学の力で高度な技術を獲得し、多くの病気を一定程度克服し、寿命を伸ばしてきた。しかし、それは同時に負の遺産の蓄積でもあった、ともいいうるのである。環境破壊、戦争。これらもまた、規模が拡大し、人類自身のみならず、ほかの動植物にも深刻な被害を及ぼしつつある。人類が繁栄するというのは、こうした負の影響をさらにまき散らしていくことにほかならないのではないか。しばしば言われる自虐的な物言いだが、人間は地球にとっては害虫である、というような考え方が出てくる素地はたしかにあると言わねばならない。

さらに、「社会生活に役立つ」と述べることは、一見それ自体としてまったく悪徳的な響きをもたないように聞こえるが、必ずしもそうも言えない。すなわちそうした物言いは、逆に、「社会生活に役立たない」事柄（行動、学問、ひいては人物までも含めて）を、たぶん意図せずに、貶めてしまう含意を伝えかねないからである。社会に役立つような活動が困難な人はたくさんいるし、社会的な有用性とは関わりない行動も（犯罪のような明白に有害な行動は別にしても）たくさんある。それが人類というもののありようである。しかし、「社会生活に役立つ」ことを最重要課題としてしまうと、そういうものやことが切り捨てられてしまうように感じられる。そういう意味でも、「社会生活に役立つ」という評価基準が、もし金科玉条のごとく振りかざされるとしたなら、それへの違和感は禁じ得ないだろう。

しかしながら、そのように述べてきて、やはりそうした違和感の表明それ自体にも私は別種の落ちつかなさを感じてしまう。どうにもゆれるのである。人類それ自体が害虫、という見方には、なるほどと思うと同時に、宇宙規模で見た場合、取るに足らないことなのではないかという冷めた感覚も湧く。地球温暖化と言ったって、視野を広くとるならば、ごくごく微少な領域の現象にすぎない。それに、人類の知性もまた、ある意味で自然現象であると捉えられるとしたら、こうした環境変化もまた自然の経過のひとつなのではないか、とさえ思える。たとえ、人類が消滅にひた走る道行きだとしても、それは宿命なのではなかろうか。それに、人類はひたすら環境破壊だけをしてきたかというと、それも違うように思える。人間の力で存続してきた動植物もいるし、トキやパンダに象徴されるように、特定の種に関しては、絶滅の危機からなんとか救おうともしてきた。あるいは、ソメイヨシノのように、人間の手で繁栄させてきた動植物もある。

かくのごとく、人類は地球にとっての害虫だ、というのは、必ずしも絶対の真理としては響かない。そうした物言いには、科学技術に対して、人間の尊厳を損なう道に進んでいるなどと言って、人文系の一部の学者が否定的な価値づけを与えながら、科学技術の恩恵を思いっきり受けて生活している、という状況に似た、自家撞着的な、ある意味で幼稚な一面性の響きを感じてしまう。[1] むろん、そうはいっても、自然に介入して大規模な工場や発電所や娯楽施設を作るときなど、やはり環境を破壊しているという罪悪感を感じるといったように、科学技術の負の側面もまた否定しがたい。これは、いわゆる自然エネルギーのための施設であっても同様である。たとえば、山の斜面の林を切り倒してソーラーパネルを設置するときなど、景観は損なわれるし、環境破壊にもなり、災害が発生したときの危険性も危惧されるし、やはり技術の負の側面はつきまとう。両義的なゆらぎを、正直感じざるをえないのである。

さらに言えば、「社会生活に役立たない」と捉えられる事柄についても、ほんとうにそうなのか、という疑問が自然と湧く。一見「社会生活に役立たない」ように見えても、別な角度から見たら、あるいは長期的に見たら、役立っているのかもしれない。たとえば、ゴキブリの存在など、なぜあんな昆虫が存在しているのか、何の役にも立たないではないか、と一見思われるかもしれないが、生態系的に見た場合は、何らかの役割を果たしていると見ることは十分可能である。人間の疾病などにもそうしたことが言えそうである。認知症やがんの存在など、決して社会生活に役立っているとは思えないかもしれないが、もしかしたら、人間という種の維持に対してプラスに作用している可能性も否定できない。[2]生物の適応度は想定を超えた形で発現しうる。たとえば、障害を減らすべきと暗黙に想定する考え方は優生思想にほかならないが、本当にそうした優生思想が長期的に人類の種の保存に有益かどうかは、いまのところ分からない。人間各人の道徳性を育むという点で、そして道徳性もまた種の保存に貢献しているという可能性に鑑みて、障害をもって暮らす方々との共生、いわゆる「ノーマライゼーション」の方こそが、人類の適応度を高めているという可能性は十分に成立しそうである。

逆に、「社会生活に役立つ」と捉えられる物事でも、長い目で見た場合は有害だ、という場合もざらにあるだろう。たとえば、キャリア教育を充実させることは、個人にとっても社会にとっても有益に思われるかもしれないが、そのことが晩婚化・未婚化、少子化、ひいては孤独死を促しているのだとしたら、人類の維持にとって有効とは言えない、といった論立てはたやすく思いつくだろう。かくのごとく、「社会生活に役立つ」かどうかという区分けは実は簡単ではないことに気づく。歴史的に言ってもこうした気づきは珍しくもなく、おそらく、ライプニッツの楽観主義とか、親鸞の悪人正機説などは、私たちにとって何がよくて何が悪いかは存外判断が難しいのだ、ということを暗示する思想のように思われるのである。以上のような点で、私は、「社会生活に役立つ」という判断基準それ自体の評価について、ひいてはその判断基準を哲学教育に当てはめることについても、両義的であらざるをえないし、正直大いにゆらいでしまうことを告白しなければならない。どのように態度決定をすべきか、断定的に言えないと感じてしまうのである。

3　倫理を教えること

けれども、このように論じてきて、哲学といっても、過去の存在への問いのような形而上学的主題ではなく、別の主題もありえるし、その点からして、哲学にもやはり社会生活とのダイレクトな接点があることに言及しなければ誠実ではない、と思うに至る。どういうことか。つまり、現代の私たちの社会生活には、多様な倫理的問題が満ちあふれており、したがって、そうした場面に関する原理的考察視点を提供する哲学・倫理の教育は、文字通りダイレクトに「社会生活に役立つ」と言いうるように思われる、ということである。

いくつか例を挙げれば分かりやすいだろう。まずは幾層にも重なる生命倫理の問題に私たちは直面している。不妊治療にまつわる問題は、もはやお馴染みだろう。精子ドナー、卵子ドナーの問題から始まって、代理母、イギリスですでに現実化してしまった三人の実親をもつ子ども、そして、いまや技術的に可能となりつつあるゲノム編集などによるエンハンスメント（この場合は、特定の特徴や高い能力をもつ子どもを生殖細胞の改変によって作ること）などは、いまルールを決めておかないと、なし崩しに広がっていくことは間違いない。では、どういう基準によってルール策定をしていくべきなのか。なんとなく不自然なので避けるべきだ、といった直観的なレベルの対応ではもはや通用しない。長いスパンにも耐えうる、ロジックが求められているのである。

さらには、老いや死にまつわる問題も多様に突きつけられている。少子高齢化社会での高齢者福祉をどうすべきか、胃瘻（いろう）問題を含んだ安楽死・尊厳死についての問い、そしてオウム真理教事件での死刑囚への死刑執行から再び巻き起こった死刑存廃についての議論、さらには新型コロナウイルスによるような感染症に対する社会的対策の問題。これらは、必ずしも目新しいものではないけれども、この二十一世紀の日本という文脈で、少しずつ様相を変えつつ私たちの前に現出している問題系である。そして、自然災害の多い日本においては、とくに環境に対する倫理的問題も切実なものとして姿を現している。それは、二〇一一年の東日本大震災と福島第一原発事故が大きな引き金となったと言えよう。エネルギーをどうするかは、社会生活にとって、そして国家の存続にとって、ひいては人類の存続にとって、まことに重大な問題であるという、当然の事実が、災害や事故を通じてリアリスティックな形で私たちの前に再登場してきたのである。そして、以上のような、生殖や死に関する生命倫理、環境倫理の問題については、端的に言って、現段階では万人が同意する落としどころはない。これを（解決とはいかずとも）乗り切るには、哲学倫理の思考法を応用することが、どう考えても必要なのである。そういう意味で、倫理的な問題に何らか応じることができる、ということが「社会生活に役立つ」ということの一部だとするならば（私はそうだと感じる）、哲学倫理を教育すること、学ぶことは、形而上学的な時間概念を考察していた文脈とはがらりと様相を変えて、明白に「社会生活に役立つ」のである。というよりも、切実にそうした教育が求められているのだと言ってよいような状況なのである。

しかし、ここでもちょっと立ち止まる必要がある。いま私は、倫理的問題の一例としてエネルギー問題に言及して、それを「社会生活にとって、そして国家の存続にとって、ひいては人類の存続にとって、まことに重大な問題である」と記述した。けれども、なぜこうした倫理的問題が重大な問題なのだろうか。こうした問題設定においては、「人類存続」ということが問答無用の前提すべき価値として立てられている。実際、第5章でも触れたが、かつてハンス・ヨナスは「人類にとって存在することという、無条件的な義務がある」(Jonas 1984, p.37)として、「人類の存続は命法であり」、「人類が存在しなければならないという命法は第一のものである」(Jonas 1984, p.43)と述べて、倫理的言説の岩盤まで問いを突き詰めていくと、「人類存続」を命じる指令に突き当たり、それは否定しえない倫理の基盤なのだと論じたのである。しかし果たして、そうした価値は絶対なのだろうか。そんな疑問は不謹慎だ、と言われかねないことをあえて承知の上で、哲学に携わるものとして、そう問いたい。

私がこうした究極に根本的な疑問を提起するとき念頭に置いているのは、いわば「宇宙視線」である。地球が生まれておよそ四十三億年、そして人類が生まれてせいぜい二百万年。どう考えても、人類に特権性はない。それに、あと数十億年したら、太陽が寿命を迎え、地球も消滅する。実際、宇宙には、誕生して、そして消滅した恒星が多々存在する。天体や、その上に住まう存在者が消滅していくのは、自然な、必然的と言いたくなるような、宿命でしかない。地球そのものの消滅まで行かなくとも、地球に半径数百キロもあるような巨大な隕石(むしろ天体あるいは小惑星?)が衝突した痕跡があるという説はしばしば言われることで[3]、その場合には地球上のほとんどの生物は死滅せざるをえず、生命の発展はリセットされていたはずである。そして、そうした巨大隕石の衝突は、(たとえ木星の存在によって一定程度抑止されているとはいえ）いつかは分からないとしても、将来的にもありうる。私たち人類は、実は、つねにこうした消滅の可能性込みの世界に暮らしているのである。

そうした観点からすると、仮に人類が消滅したとしても、宇宙全体にとっては、しばしば発生する、まったくの取るに足らない微小な出来事でしかないように思われるのではないか。だとしたら、人間を特権視して、人類存続を最重要課題とする倫理的言説というのは、やや鼻白む、視野狭窄の寝言のようにさえ響いてくる。自然に任せるしかないのではないか。人類が絶滅するとしても潔く受け入れるしかないのではないか。人類存続を前提する倫理など無力かつ無用なのではないか。そういう冷め切った台詞が頭をよぎる。

然り。けれども、である。私たちは、私たちの時間空間スケールの中で生活を営んでいる。時間が短くても、空間的に狭くとも、その中で懸命にいのちをつないでいる。そうしたことに注力する言説が無力だとするなら、人間よりも寿命の短い動物に関して立ち上がる動物倫理など、説得力は皆無だということになる。けれど、私たちは、次々と妊娠させられるために、妊娠ストールという身動きの出来ないような狭い檻に入れられている雌豚の姿を眼前に突きつけられると、その様子に戦慄を抑えられない。これでいいのだろうか。なんとか別の方法はないのだろうか。こういう、宇宙のスケールとは別枠の文脈の中で、倫理的言説は立ち現れるのであり、それはそれで固有の意義を有しているように思われる。宇宙的視点からする虚無感はもちろん許容せざるをえないとしても、それと同時並行的に、倫理的言説の意義をも受け入れることに、相応の説得性を私は感じるのである。すでに何度か述べたように、先の「宇宙視線」に対して、私たちの身近な事柄に対する倫理的言説を述べる視点を、私は「人生視線」と呼んでいる。私たちは、この二つの視線のあわいで、本質的に両義的なゆらぎの中で、一日一日生きていくしかない。

4 新科目「公共」

さてここで、話題を変えよう。私は、さまざまな成り行きで、二〇二二年に新たに必修科目として導入されることになった高校新科目「公共」の検討委員会のメンバーに指名された。高校の社会科教育についての素人にすぎない私が担った役目は、「公共」に現れる哲学・倫理に関わる部分に対して研究者の立場からなにがしかの意見を述べる、というものであったと思われる。これは私にとってとてつもなく貴重な経験になった。まず、日頃から抱いていた、哲学教育というものに対するモヤモヤした感覚を明確な形で意識化する、またとないチャンスになった。そのことの成果の一部が、前節までの論述である。

新科目「公共」は、もともと、十八歳選挙権の導入に合わせた主権者教育のために構想されたものであった。この点は、非常に重要である。なぜなら、この設置の目的を振り返るだけでも、「公共」の目指すところが、「時間とは何か」のような形而上学的問いを考えさせることではなくて、選挙権をもつ市民として社会の運営を担える人材の育成にあること、したがって、「公共」は社会の運営を円滑にできるようにするための教育科目であるという点が導けるからである。ここに、形而上学的問いや、自己の内面にだけ思考を向けさせるような問いを盛り込むことは、性質上無理があるのである。

哲学研究者としてはやや不満もあるが、与えられた単位数（二単位）などの制約も考えると、致し方ない。前節でも述べたように、私たちは両義性の中で一日一日重ねていくしかないのである。

さて、その「公共」だが、本章はその内容を詳しく紹介するためのものではないので、まずは概要だけ記す。「公共」は、全体として、次のような三部構成になっている。

A　公共の扉（たぶん使えるのは十時間から二十時間程度）

B　自立した主体としてよりよい社会の形成に参画する私たち（たぶん使えるのは四十時間から五十時間程度）

C　持続可能な社会づくりの主体となる私たち（たぶん使えるのは十時間程度）

このうち、哲学倫理に関わるのはAの「公共の扉」であり、Bは政治・経済・法・情報に関わり、Cはいわゆる「サステナビリティ」に関わる領域で、生徒自身に探求させることを目指す部分である。一般に、「公共」は、従来の「現代社会」の改訂科目だと受け取られていると思われるが、それは導入経緯からして必ずしも正しくない。すでに述べたように、「公共」は十八歳選挙権導入に沿って新たに構想された新科目なのであり、もともとは「現代社会」とは独立に企画されたものであった。ただ、具体化の過程で、「現代社会」と重なる主題が多いことになり、たまたま結果的に、「現代社会」を廃して「公共」を導入する、という形に帰着したのである。実際たしかに、三部構成のBの部分が、従来の「現代社会」と重複していることは否定できないだろう。

そして、哲学倫理が関わるAの「公共の扉」だが、これもまた構造上はさらに三つに分けられる。

（一）公共的な空間を作る私たち
（二）公共的な空間における人間としての在り方生き方
（三）公共的な空間における基本的原理

この三つである。（一）では、「自立した主体とは何か」を問うことがおもな課題となる。ここでは、「問う」というところが強調されている点、ぜひ注意したい。「自立した主体」というものが何であるかは、実は冷静に考えると理解が難しい。私自身、哲学研究者として、「自立性」あるいは「自律性」という、近代的概念を字義通りに受け取ることには強い疑義をもつ。人間に対して「自立性」や「自律性」を期待することが果たしてできるのだろうか。私が理解する限り、人間というのは、他者の影響を受け、悪く言えば洗脳されやすく党派的な行動を取りがちな存在で、主張も必ずしも首尾一貫せず、はっきり言えば、偽善的な存在、要するにむしろ「他律的」で「非合理的」な存在である。たとえば、なぜ大学受験をしたのか、なぜ自由が大切だと思うのか、こうした根本的な疑問をみずからに問うてみれば、そこに色濃く巣くう他律的契機を見逃すことはないだろう。こうした点を完全に拒否して、人間の自立性・自律性を疑わないという研究者がもしいるとするなら、そういう人とは多分私は会話ができない。事実認識が違いすぎる。むろん、「自立性」を達成すべきだ、といった理念的な主張は十分に理解可能である。しかし、それはあくまで統整的に掲げられる理念であって、それにどのくらい近づけるか、といった量的な形でしか実際には機能しないだろう。したがって、「自立した主体」というのは、「どういう条件・どういう意味のもとでそれを目指すべきなのか」という問いをいわば論理的に要請する概念である。「公共」でそうした事情が組み込まれたことは、評価されてよい。

（二）は、後ほども触れるが、いわゆる「功利主義」（私は「大福主義」という名称を提唱している）と「義務論」という、倫理学上の教科書的な対比について学ぶことを主眼とした単元である。そして、（三）は、全体の三部構成のBの部分とつなげるための単元で、民主主義、法の支配、自由と責任など、憲法に謳われている理念などをおさらいし、Bにおいて法的主体や政治的主体としての私たちについて学ぶ準備を行うことが目指されている。Bは、事柄の性質上、一定程度の知識の伝授ということが含まれざるをえないが、AそしてCの部分は、とりわけ、様々な見地からの多様な意見を考慮し、自由に意見を述べ合いながら「自分で考える」ということを極力強調した形になっている点、従来の「現代社会」とはやや（少なくとも文部科学省の示す思い入れとか勢いという点で）異なっていると思われる。しかも、今回は、全国の高校生全員に対して「必修」となっており、時間数は短いとはいえ、全高校生が哲学倫理の思考に必ず触れることになる。これは、大きな一歩であると言えるだろう。「公共」に関しては、「修身」の復活ではないか、といった極論的な反対意見や懸念もあったようだが、現代の社会状況からしてそんなことは想像できない。いずれにせよ、「公共」がどのような教科になっていくかは、自由に意見を述べ合いながら「自分で考える」、という趣旨がどのくらい貫徹されているかについての文部科学省の点検や指導、そして現場の先生方の指導の実際に大きく依存することになるだろう。

5　内在する問い

二〇一八年五月十八日に神戸大学において日本哲学会第七十七回大会「哲学教育ワークショップ」が開催され、そこで、高等学校新科目「公共」を考える、という主題のもとディスカッションが行われた。私自身、日本哲学会内部の役回りとして、この哲学教育ワークショップに関わってきたが、実際のところは理事会との橋渡し役にすぎず、これまで内容的な関わりはほとんどなかった。しかし、「公共」に関しては、私自身が検討委員として関わってきたこともあり、いよいよ内容的な面でコミットすることになった。何人かの提題者が話題を振り、それを手がかりにして議論をしていった。いくつか本質的な疑問が出たので、それを振り返り、応答する形で、以下論を進めていきたい。

第一に言及しなければならないのは「領土問題」である。きわめてデリケートな問題だが、今回の「公共」においては（「現代社会」においても相応にそういう方針ではあったが）、日本が面している領土問題について明確に伝え、国際社会の中での日本の主張や立場を高校生にしっかり知ってもらうということが強調されている。北方領土、竹島などが我が国固有の領土であること、そして尖閣諸島に関してはもともと我が国の領土なので領土問題は存在しないことなど、将来の日本を担う人々にしっかりと銘記してもらう、という趣旨である。むろん、背景には、昨今の国際情勢があるわけである。人によっては、もしかしたら、さきの「修身」云々という疑念と連動するかもしれない、特定の傾向性の現れと感じるかもしれない。しかし他方で、領土という国家の根幹に関して、これまでの教育が不十分であったと感じている人々にとっては、当然の動きであると好意的に受けとめられるだろう。

この領土問題についての教育の充実化という点について示された懸念は、領土についての日本の主張を断言的に教えることは、様々な立場からの意見を容れながら互いに議論して考察していく、という「公共」の基本的なスタンスと相容れないのではないか、というものであった。この疑問を最初に聞いたとき、私は、そもそも「議論していく」ということをどのように捉えているのだろうか、という逆の疑問を抱いたことを告白する。まず、「議論していく」というのは、特定の主題や案件について互いに感じたことを言い合うということとは違う、というのが私の理解である。それぞれ異なる見方や考え方を述べ合った上で、完全な同意とまではいかないとしても、互いに軌道修正したり摺り合わせたりすること、それが議論していくということの意味なのではないだろうか。少なくとも、自分と異なる見方の存在を認識すること、は議論することの最低限の目標だと思われる。最初から強固な自説があってほかの考えは受けつけない、というのでは「議論していく」ことは成立しない。そうした基本了解に加えて、「議論していく」ことには、それの前提として、私たちが現にこの社会に暮らしているという事実、しかもそうした社会は歴史的積み重ねをバックグラウンドとして伴っているという、これまた自明な事実、それへの眼差しが当然要求されるのではなかろうか。まるで、どこの国にも社会にも属さず、無国籍的で中立な地点に立っているかのような立論の仕方は、正直、私には欺瞞のように思える。かつてジョン・ロックは、単にある国に滞在しているというその事実だけで、その国家のありように「暗黙の同意（tacit consent）」を与えている、という洞察を示した（Locke 1960, Second Treatise, Sects. 119–122）。実際、滞在中に犯罪被害に遭ったならば、その国家の警察を頼るからである。これは、卓見である。私たちは、特定の社会で、特定の歴史の中で生きている。それから目を背けることはできない。[4]

けれども、先の疑問には、別な含意を読み取ることもできる。すなわち、そもそも「領土」とは何であり、どのように確定されるのか、という根本的な問いかけが実は必要なのではないか、という問題提起が先の疑問には陰伏的に横たわっているように思えるということである。哲学倫理のフレイバーを入れて「公共」を教えるということならば、むしろ、こうした問題提起は歓迎すべきであろう。この点について言えば、もともと領土とか国境というのは自然の事実や論理的真理として確定されるものではなく、あくまで人間が提示するフィクションなのであり、人間の主張し合いという文脈でのみ意味をなすものだ、ということは自明である。このことは、そもそも領土への権利を含む、「権利」概念一般について言える。「権利がある」というときの「ある」が、「水素原子がある」というときの「ある」とは本質的に異なるものであることは、少し考えればすぐに了解されるだろう。古いものだが、明晰な言い方なので引いておこう。「人間の権利というのは、権利がある、という事実をいっているのではなくて、道徳的な訴えだ」(村井 1964, p.61)、「権利はあるのではなくて主張されるものだ」(村井 1964, p.101)。しかし、もちろん、何でも主張すれば、それが権利として承認されるわけではない。では、何が決定的契機となるのか。ここでは詳細を追求しえない。さしあたり、「偶然」と「闘争」、とだけ答えておこう。

いずれにせよ、ここでも、哲学を教えることにつきまとう「両義的なゆらぎ」が顔をもたげている。新科目「公共」も、ここでたぶん、いわば両義的な方針を採ったのだと思う。すなわち、まずは事実を伝えて、それを根本的な問題を考えてもらうきっかけとしてほしいという、そういう暗黙の導きである。日本が国際的な文脈において歴史的に「どのような主張をしてきたかについての事実」をまずきちんと伝える。事実、私たち自身、そうした歴史の積み重ねの中でこの国に、さしあたり安全に暮らしている。それを直視しなければ、欺瞞になってしまう。そして、そうした事実を踏まえた上で、ではそもそも領土とは何か、国境とは何か、という根本的な問題について考えさせるという道筋をオープンにしておく、ということである。「公共」の議論重視のスタンスは、こういう意味で生かされると思われる。（ただし、先の疑問にポリティカルな含意があり、他国や隣国の主張を尊重すべきだ、という含みをもつのだとすれば、私はなんとも言えない。それは政治の問題であり、そういう含みに沿った領土政策を実現したければ、それに賛同する政権を選挙で選ぶしかないだろう。いずれにせよ、本論考の範囲外の問題である。）

領土問題と同様にかなり基本的で、デリケートでもある主題、すなわち「憲法」についても一言触れておこう。「公共」における「憲法」へのスタンスは、基本的に、中学校での学習を前提する、というものである。改めて一から学ぶ、というものではない。むしろ、「公共」での「憲法」に対するスタンスは、憲法そのものというよりも、憲法に表されている基本的発想に学習の主題が置かれる、というように表現できるだろう。こうした姿勢は、憲法に表されている基本的着想それ自体にも主体的思考を求めていくということであり、「公共」の基本着想に立脚している。つまり、人権とは何か、自由とは何か、そういう根源的な問いが出されてもよい、ということである。実際、哲学・倫理の研究の現場からすれば、「人権」や「自由」ほど物議を醸し、一定の理解にほど遠い概念はないと言っていいくらい混沌としているのである。人は生まれながらに人権を有する、といった常識的な言い方は、一皮むくと、疑問だらけである。

一例だけ挙げておこう。それは、第1章でも言及したことだが、緊急医療現場での「トリアージ」である。重傷で救助の見込みがない負傷者には黒タグが付けられて、医療サービスは提供されない。全体の利益を考えての、現実に適った功利主義（大福主義）的判断である。このトリアージは、事実として実行されているだけでなく、「実行すべき」という規範としても通用している。たとえば、神奈川県のホームページでは、「救命の可能性が非常に低い者よりも、可能性の高い者から順に救護、搬送、治療にあたるべきであるという考え方」として、する「べき」方策として、トリアージが示されている。[5] しかし、では、黒タグを付けられた本人、そしてその家族（遺族）の立場から見てどうか。人権が尊重されたと言えるだろうか。「黒タグが多数使われた過去の災害事例としては、二〇〇五年四月に発生したJR福知山線列車脱線事故がありますが、当該事故において、黒タグに発見時の状況の記録がほとんど書かれていなかったために、死亡原因の調査が困難だったという問題がありました。また、「本当に黒だったのか」「本当に救命できなかったのか」などの思いを抱いている遺族や、死亡時の詳しい状況を知りたいと願う遺族に対して、充分な説明ができなかったことなどの問題もありました」。[6] 私たちには人権がある、というシンプルなスローガンだけでは、こうした問題に対応できない。黒タグを付けられた人の人権はどうなってしまったのか、という問いに明確に答えることは難しい。現実は、思われている以上に複雑なのである。哲学・倫理が介入せざるをえない。「公共」において、憲法に触れながら、こうした深みの一端にでも触れる時間があるならば、これほど教養のレベルを高められる機会はそうはないだろう。

6 「人間」の規定

次に、新科目「公共」の検討委員として会議に参加していて、どうしてももやもや感が残ってしまった件について述べたい。それは、「人間」存在について何らかの規定をしているように感じられる部分についてである。すなわち、指導要領九十三頁の「A　公共の扉」の（イ）にある次の表現に関して、依然として、なんともすっきりしない感覚が残っているのである。私が問題に感じたのは次の部分である。

人間は、個人として相互に尊重されるべき存在であるとともに、対話を通して互いの様々な立場を理解し高め合うことのできる社会的な存在である

何の問題もないではないか。ごく真っ当な、そして「公共」特有の「対話」を強調した、前向きの表現ではないか、と思われるかもしれない。そうした反応には、私も大いにうなずける。けれども、である。この表現の後半部分を、たとえば次のように変えてみたらどう思われるだろうか。

人間は、個人として相互に尊重されるべき存在であるとともに、身体活動を通じて相互に支援

し合うことのできる社会的な存在である

はて。これを聞いたときどのように感じられるだろうか。そう、「身体活動を通じて相互に支援し合う」ことが条件的に難しい人々もいるのではないか。そのように思われないだろうか。私たち人間は、さまざまな条件や環境の中で生を享ける。万人が同じ条件の中で生きているわけではない。なかには、生来の条件のゆえに、身体活動による他者への援助ということがフィジカルな意味で難しい方々もいるだろう。また、人間の一生の中には、そうした身体活動による他者の援助ができない時期、というのもあるだろう。たとえば、乳幼児の時期や終末期、などである。では、そうした方々は「人間」ではない、ということになるのだろうか。

実は、これと同様な疑問が、先に引用した指導要領の文言には感じられてしまうのである。すなわち、私たち人間の中には、生来の多様な条件や、後天的なアクシデントなど、いろいろな事情により、「対話を通して互いの様々な立場を理解し高め合うこと」が困難な方々もいるのではなかろうか。そしてまた、「身体活動による他者への援助」の場合と同様に、乳幼児の時期とか、終末期など、「対話を通して互いの様々な立場を理解し高め合うこと」ができない時期というのもあるのではないか。そうした範疇に当てはまってしまう方々は「人間」ではない、ということになるのだろうか。まさか、である。私が感じた疑問は、こうしたデリケートなものだったのである。[7]

念のため、やや形式的に私の疑問を説明しておこう。別になんらテクニカルなことではなく、あくまで論点の（少しくどいくらいの）初歩的な明示化にすぎない。先に引用した部分の、問題となりう

る部分を、

人間とは、様々な立場を理解できる存在である（以下、M文と呼ぶ）

と縮約した上で、このM文を述語論理的に考えてみると、こうなる。

Hx：「xは人間である」
Ux：「xは様々な立場を理解できる存在である」とおくと、

$\forall x(Hx \rightarrow Ux)$

むろん、「→」は条件法の意である。そして、このM文は、その対偶と論理的に同値である。

$\forall x(\sim Ux \rightarrow \sim Hx)$

すなわち、

様々な立場を理解できる存在でないものは、人間ではない（M*文と呼ぶ）

要するに、M文とM*文とは論理的に等価であり、M文を認めるということは、M*文を認めることにほかならない。だとしたら、私たちの同胞の中には、「人間ではない」存在者が少なからずいる、ということになる。たとえ、そうした存在者が私たち社会の一員であることが明白であるとしても、である。私には、指導要領の人間規定には、このような含意をもたらしてしまう懸念が伏在しているように思えるのである。

むろん、絶対にまずい、というわけではない。「潜在性（potentiality）」という概念を介在させるならば、たとえば、乳幼児については、「対話を通して互いの様々な立場を理解し高め合うこと」のできる潜在性を有していると述べることができそうである。では、生来的な条件によってそうした「対話による理解し合い・高め合い」が難しい方々や、終末期の方々についてはどうだろうか。潜在性の概念によって、先の人間規定に含めることができるだろうか。できなくはない。できなくはないが、事実問題として、そして現状の医療技術からして、明らかに困難であると言うべき事例があると思われる。どうも、この辺り、正直、もやもや感が残ってしまった。

しかも、より掘り下げた論点を挙げるならば、先のような仕方で人間規定を提示することは、最悪の場合、「優生思想」を誘導してしまう懸念さえある。「対話を通して互いの様々な立場を理解し高め合うこと」ができない者は、人間ではない。そういう言い方は、そうした人間規定に当てはまらない存在者を排除するという圧力を、発言者の意図から離れて、かすかにもちうるのである。これが「優生思想」の恐ろしさである。「モーツァルト効果」という言葉がある。妊娠中の女性がモーツァルトの音楽を聴くことで、元気で情操豊かな子どもを得られるという触れ込みで、しばしば言及される、あれである。この説の真偽のほどは別にして、それを信じてモーツァルトの音楽を聴く行為には、おそらく何の罪もない。けれども、である。かすかながら、ここには「優生思想」に通じる芽が潜んでいる、と言えなくもない。元気で情操豊かである、という捉え方がよい子どもの規定として理解されたとしたら、裏を返せば、元気でも情操豊かでもない子どもはよい子どもではない、という含意を、モーツァルト効果を信じてそれに従う当事者の意図とは独立に、導いてしまいうるのである。もちろん、「公共」指導要領の先の人間規定がこの種の「優生思想」を意図しているなどということは微塵もない。それは、多少とも関わった私自身、確信している。ただ、哲学倫理の立場から掘り下げると、表現はおのずと一人歩きしはじめるものであり、その結果、文の起草者の意図せざるところで想像もしなかった動きをし始めたりするものだという、きわめて繊細な側面をここで指摘したかっただけなのである。

私自身は、以上の点に鑑みて、できるならば先の人間規定の部分は、次のようにするのが後顧の憂いがないし、いわゆる「多様性（diversity）」にも対応できて、よいのではないかと判断している。

人間は、個人として相互に尊重されるべき存在であるとともに、対話を通して互いの様々な立場を理解し高め合うことのできるあり方をひとつのありうる理想とする社会的な存在である

将来的な展開の一助となることを願っている。[8]

7　死生の問題

ところで、高校の授業に関して、なんとなく暗黙的に避けられがちな問題と言えば、「死」の問題が挙げられるだろう。戦争や殺人についての心理学的知見など、学術の世界では通常の研究テーマになりうるものでも、若い高校生の前で表立って主題的に述べることは躊躇われる。それはむろん理解できる。けれども、本当にそうした姿勢でよいのだろうか。私自身、グローバルCOE「死生学」プロジェクトの拠点リーダーを務めたこともあり、死生、とりわけ「死」の問題がタブー視されることへの危機意識をずっともっていた。「死」がタブー視されることによって、生物が死ぬ、という必然的な事態に対する感覚が適切に培われず、戦争、殺人、死刑、自殺、安楽死、災害死、動物の屠殺、といった本当は切実な問題系が視野から遠ざけられてしまい、「死」が単にゲームのような次元でのみ現出するような事象として扱われることにならないか。そのことによって、生き物に対する見方や捉え方にゆがみが生じることにならないか。哲学の場でも実は同様のように思える。哲学での「死」は、とても抽象的な観念として論じられることが多く、屍、血のにおい、腐敗、といった生々しいありようが主題化されることはほぼない。けれど、哲学とは、まずは事実を、リアリティを見つめるものなのではないか。死が生物としての現実的事象である、という平明な事実に立脚することなしには、哲学が説得性をもつことなど不可能なのではないか。私の杞憂ならばよいが、そんな風にずっと思っていたのである。

「公共」に関しても、そうした傾向性はないとは言えない。「公共」では「指導要領」九十四頁にあるように「思考実験」などを活用して授業を行うことが謳われているが、たとえば、サンデル教授のTV講義で有名な「トロリー問題」のような、人の死を含む思考実験は、なんとなく避けた方がよいという雰囲気がある。たしかに、トロリー問題は、人を殺す、という表象を含むので、こうした雰囲気が醸成されることには理があると思われる。けれども、だからといって、「死」について触れないで済ます、ということとは別問題であろう。“memento mori”（死を銘記せよ）、「常住死身」（『葉隠』の言葉）といった言い方があるように、古来、私たち人間の人生を方向づけ、倫理の根幹をなしてきたのは「死」という事象であった。それを教育の場で論じない、という選択肢はありえないのではなかろうか。私は、そうした観点から「死の教育（death education）」の必要性を訴え、できるならば「公共」にもなにがしか「死の教育」のフレイバーを加味してほしい、と望んでいたのである。いや、今回の「公共」では難しいとしても、将来的展開を見越して、そのような方向の発言をしてきたのである。

しかし、実際は、事態はさほど悲観するものでもない。「死の教育」に関心をもち、それを高校教育の現場で実践する先生方も少なからずいるのである。大いに結構なことだと思う。私としては、こうしたいわば草の根的な活動によって、将来的に、指導要領などのような公的な指針の中で「死の教育」が触れられるようになることを願っている。それが、やや大げさに言えば、私たち全体の道徳的浄化につながると信じる。それは、ひるがえって、日本の国土に少しずつ真の意味での哲学的思考の習慣が馴染んでいく道程となるのではなかろうか。人は死ぬ。生き物はやがて死ぬ。まったくの平等だ。「いのちは切ない」のである。このことを目の前に置くことで、この瞬間の尊さが浮き上がってくる。「いのちは大切」ということの意味もリアリティをもつ。

逆に、「いのちは切ない」ことを忘却して、あたかも「いのち」がずっと続くかのような表象にとらわれると、私たちは迷走してしまう。「いのちは大切」を空文のように唱えて、かえって害をまき散らすということになりかねない。もともと、全面的な仕方で「いのちは大切」という方針など、貫きようがないし、貫くべきだとも思われていないという、これまた平明な事実を(わざと?)見ようとせず、欺瞞に陥ってしまうのである。[9] 第1章を振り返ってほしい。

おそらく、「死」の問題のタブー視は、「生」、つまりは誕生の問題の捉え方へのゆがみにも結びつく恐れなしとはしない、と言えるのではないか。誕生と死は、ひとつの事態の表と裏だからである。とりわけ、誕生のリアリティとして問題にすべきは「性教育」および「生殖医療」であろう。しかし、「死」の問題とほぼ対称的に「性」や「生殖医療」の問題も、教育の現場では扱いにくい雰囲気がどうしても残る。まして、今日、LGBTの問題もクローズアップされてきて、なおさら、女性/男性という切り分け方に依拠せざるをえない「性教育」や「生殖医療」の問題は難しい主題である。この点にここで深入りはしないが、私がここで一言触れたいのは、人工授精と体外受精の違い、卵子や精子の老化、についてである。私が大学で初年度の学生に対して生命倫理について語るとき驚くことのひとつは、こうした、人工授精と体外受精の違い、卵子や精子の老化、といった基本的事柄について案外に周知されていない、ということである。高校生ならばなおさらではなかろうか。けれども、こうした現状は、今日の社会において今後生きていく上で実に不都合なことであり、また無用な差別的意識を生みかねない、重大な知識欠損である。このようなことは「公共」において触れてよいと、私は感じている。

人工授精と体外受精の違いについては、いまもって一定の年代以上の方々で、不妊などといった問題と無関係な人生を送ってきた人々の中に、(驚くべきことに)「試験管ベイビー」といった古色蒼然とした表現によって二つを一緒くたにして理解している方々がいるようなのである(私自身が実際にそのように理解している人と話したことがある)。しかし、不妊治療経験者や、生命倫理について勉強したことのある人ならば、人工授精と体外受精の違いはあまりに明らかであろう。人工授精は女性の卵子を体外に出すことなく精液を体内に入れるだけ(その意味で自然妊娠に大変に近い)なのに対して、体外受精は卵子を女性の体外に取り出して受精させるという方法であり、決定的に異なっている。この辺り、体外受精児が十八人に一人、[10]と言われる時代に私たちは生きているのだから、もはや常識として知っている必要がある。「公共」においてとは限らないとしても、高校生にもこのことを学ばせる時期に近づいているのではなかろうか。それが、健全な市民生活を送る必要条件になりつつあるからである。

同様なことは、卵子や精子の老化についても言える。実際、精子や卵子が年齢とともに老化する、という事実について知らない人がいるようだからである。このことについて説明する場合、しばしば典拠となる統計データや図表をずさんに利用することがあることが批判されたりしているようだが、老化と言う現象が事実としてあることは否定しえない。しかるに、子どもを得たいと希望する方が、「精子・卵子の老化」という現象を年齢を重ねた後で知って、子どもを得るタイミングを逸してしまうという事態は、ある種の悲劇であると言ってよいが、そうした事態を招くことには、やはり教育にも一端の責任があると私には思われるのである。このことも、「公共」においてとは限らないとしても、高校生の段階できちんと知識として知っておく必要があるのではないか。この点については、優生思想の教育になる懸念があるのではないか、という疑問をいただいて、その疑問の趣旨はいろいろに解釈できそうなのだが、ここでは踏み込むことは避けよう。私の指摘したいことは、ただ、生物学的な事実として「精子・卵子の老化」という現象について教育の場で教えておくことには意義があるのではないかということ、すなわち、あくまでも、生物学的な事実について教えるという次元に留まる。

8　義務論／功利（大福）主義

さて、高等学校における倫理の教育と言えば、規範倫理の代表的な二つの立場と一般に想定される、「義務論」（歴史的には「直観主義」と称した方がよい場合もある）と「功利主義」の対比が象徴的なトピックとして思い描かれる。私自身は、先にも触れたように、「功利主義」の「功利」という表現が、日常的には「打算的」という含意をもつ言葉として使用されることが多く、「利己主義」との混同を招く恐れがあるので、「最大多数の最大幸福」という古典的なスローガンに即して「大福主義」という呼び名の方がよいのではないかという提案をかねてよりしている。むろん、「功利主義」という表現はすでにして人口に膾炙しているので、それを変えてほしいとまでは思っていない。そうではなく、「功利主義」と表現し続けたとしても、「大福主義」という呼び名の提案もあるという程度に知っていただければ、意味の誤解は避けられるのではないか、というくらいの主張なのである。いずれにせよ、哲学の研究者でさえ、ときどき功利主義と利己主義の区別がつかない人がいるという驚愕すべき事実を前にしたとき、やはり何か啓蒙活動は必要だと思う次第である。利己主義はあくまで自分自身の利益を追求することを基本とする考え方であり、それに対して、功利主義は、たとえある個人にとっては利益に反することがあったとしても、社会全体の幸福の度合いを上昇させることを規範的に指令する倫理的学説である。[11]

しかし、本当に問題なのは「功利主義」の呼称問題ではない。むしろ、義務論と功利（大福）主義という対比があたかも明確に成立しているかのように導入され、教えられる、という点こそが実は問題として深刻なのである。一般に、行為の正邪の判定根拠を行為に先立つ動機の善し悪しに求めるのが義務論、行為の結果の成果に求めるのが功利主義である、と教えられる。けれども、私たちは日常的に、どちらかだけに頼って善悪を判断していることはほとんどないのではないか。電車内で善意で席を譲ってくれた方がいたならば、純粋に有り難いとは思うが、そんなに年寄りに見えるのかと、ちょっとムッとしたりもする。自分が何かの仕事に抜擢されそうになったとき、ライバルが何か理由を付けてそれを邪魔した場合、いやな気持ちがするが、もともとその仕事に気が進まないときには、ライバルの横やりを有り難いと思ったりもする。動機も、そして結果も、行為の評価にとってどちらも参考になるのである。むしろ、たとえば結果に一切こだわらない評価というのは、想像不能のように私には思える。刑法システムがその例証になるだろう。過失であれ、未遂であれ、何か行動を起こして（あるいは意図的な不作為でも）、その結果が何らか発生したときにはじめて判断の対象になるのであって、心の中で悪意を抱いただけで、行為や行為者の在り方に一切影響がない場合は、そうした心の中の想いはその人物に対する評価材料にはならない。むろん逆に、心の中の想いが行為や行為者のあり方に反映される場合は、心の中の想いも倫理的評価の対象になるわけではあるが。この点は、第6章末で触れた「信念の倫理」に関わる。一ノ瀬（2021）を参照してほしい。

それに、動機といっても、その動機に従った行為を完遂することでその動機が満たされるわけだから、結果に関わっているし、逆に、行為の結果だって、仮に道徳的義務とは関わらない動機だとしても、そうした結果を志向する動機があるものである。上でも同様な例に言及したが、電車で高齢者に席を譲る、という素朴な例を使ってみよう。誤解を恐れず極度に簡略化すると、義務論的には、高齢者には席を譲るべきだ、という義務感に従うことが善しとされ、功利主義的には、たとえ義務感なしで、単に他人に格好よく思われたいといった虚栄心から席を譲っても、結果的には全体の幸福度を上げることになるので善しとされる、というように説明できる。けれども、この例からも分かるように、義務感に従う動機をもったからといっても、実際に席を譲るという結果が生じなければ動機としての意義を完遂できないし、虚栄心から席を譲るのだとしても、席を譲るという動機が働いていることは間違いない。むろん、義務論と功利主義との間には意味的相違は厳然と存在するし、動機や結果の特定化の仕方にもいろいろな次元差があるが、私たちの道徳的理解からすると、どちらか一方だけによって道徳的評価をしていることは事実としてまずない、ということを指摘したいのである。むしろ両方の視点は協働的に作用し、その意味で結びついているのではないか。

いや、義務論と功利主義は互いに協働的に作用する、というだけではなく、むしろ実際は同質化している、とさえ考えることができる。たとえばJ・S・ミルは「功利主義論」の中で、義務論的考え方を、道徳的原理についての直観的認識に基づく説だと理解した上で、そうした直観的認識についてこう述べている。

もし直観的に義務的なものがあるとするなら、他者の快苦に対する顧慮こそそれに違いないと私は言いたい。もしそうならば、直観的倫理学［義務論のこと］は　功利主義と合致するであろう（Mill 1987, p.302）。

こうしたミルの見方は、義務論の代表者たるカントの、そしてその倫理学の集約たる「定言命法」についての理解に基づいている。

カントが、道徳の基本原理として「汝の行為の格率がすべての理性的存在者によって法則として採用されるように、そのように行為せよ」と提案したとき、カントは実際には次のことを認めている。すなわち、ある行為の道徳性について良心的に決定する際には、その行為者が、人類全体の利益、あるいは少なくとも差別することなく公平に人類の利益を考慮に入れていなければならない、と〔…〕カントの原理に有意味性を与えるためには、私たちは、理性的存在者の全員が全員の利益に有効な格率に従って行為を進めていかなければならない、と言うべきである」（Mill 1987, p.326）。

とりわけ、義務論的な論立てのもとでは、個人の「権利」ということが重んじられる。これに対してもミルは、こう記す。

私の考えでは、権利をもつということは、それを所有しているときに社会が私を保護してくれるべき何かをもっているということである。なぜ社会が保護しなければならないのかと反対者から問われたならば、私は、一般的功利という以外の理由を与えることができない（Mill 1987, p.327）。

実は、このように義務論的発想が功利主義的発想へと融合していく、少なくとも功利主義的な方針のひとつとして理解可能になっていく、というのは、当初から自明であったと言えるだろう。義務論的な倫理を展開する人は、それに従って人々が行為して、社会が運営されていくことを願っているわけであり、実際その通りになれば、社会的な次元での倫理的満足が得られると考えているわけである。言い方を変えれば、義務論的な倫理を提唱する人々は、実際にそうした倫理が実践されるという結果によって、私たちの社会が倫理的に満足いくものになるという目的達成を目指しているわけである。これは、構造としては、まさしく功利主義的な倫理体系そのものではないか。

むろん、ここでの結果は、倫理的満足であって、功利主義がもともと示していた快楽としての幸福とは異なるのではないか、という疑問が出るかもしれない。けれども、二十世紀になって功利主義は飛躍的進展を遂げた。R・M・ヘアの展開した「選好功利主義」にその一端が現れている。「選好（preference）」とは、いくつかの選択肢の中でどれを選ぶか、という状況の中でどれか特定のものを選ぼうとする傾き・好みのことである。ヘアは、人々の選好充足を最大にする行為が倫理的に正しい、とする考え方を提起して、快苦を軸にした古典的な功利主義とは異なる視点を導入した。「われわれがその状況に関する道徳判断に到達しようとするなら〔…〕個人個人の選好をわれわれの間で公平なひとつの全体的選好へと調整して統合することが要請される。わたしの主張は、この公平な選好がすべての人にとって同じであり功利主義的であるということである」(Hare 1981, p.227)。だとすると、選好功利主義を採る限り、社会の多くの人々がカント的な義務論的道徳法則を「選好」するならば、まさしく功利主義的に、義務論的規範が採用されなければならないことになる。

このような簡単な確認をしただけでも、功利主義に対するステレオタイプ的な反論の無意味さが理解できる。功利主義に対しては、社会全体のことばかり考えて、個人の尊厳がないがしろにされてしまうのではないか、という疑問が繰り返し投げかけられてきた。健康な一人の人の身体を裂いてその臓器を取り出し、五人の臓器提供を待つ患者に分配する、といったやり方が功利主義的には正当化されてしまうのではないか、といった類いの疑問・批判である。しかし、こうした批判は、快苦を軸にした古典的な功利主義のレベルにおいてしてすでに論駁可能である。このような、個人の尊厳をないがしろにする社会が、「最大多数の最大幸福」を実現する社会になるとは到底思えないからである。それは、幸福な社会どころか、恐怖社会であろう。したがって、功利主義的な観点に立って、到底正当化できる社会ではない。この辺り、ちょっと考えれば、自明な帰結として出てくるはずである。まして、選好功利主義を採用するならば、個人の尊厳を重視する規範を多くの人々が選好するなら、そうした道徳規範を取り入れることが功利主義的に正当化されることになる。(ただし、「あとがき」で触れるように、コロナウイルス問題などに関する感染症倫理の文脈では、功利主義の説得性は再び揺さぶりを掛けられるかもしれない。)

こうして、実際は、義務論と功利(大福)主義という対比は今日的にはほぼ消滅していて、すでに議論は次のステージへと入っている。倫理に関して、次のステージで問題となるキーワードは、「民族」、「動物」などであろう。ここでは、その示唆にとどめておくしかないが、いずれにせよ、こうした状況を踏まえると、「公共」の中で、たとえ導入的な意味だとしても、義務論と功利主義という対比を自明のものとして伝えるということには、かなりの慎重さが要求されるはずである。一研究者として、その点強調しておきたい。

9 「公共」教育の原点へ

最後に、「公共」導入の意味について、その原点をなす本来の趣旨に即して確認して結びとしたい。この点は、実際に提起された質問を引き合いに出すと、分かりやすいと思う。その質問とは、自由に様々に異なる立場を提示し合う、という狙いとは逆に、「公共」という言葉が無理に社会的合意を得させるように響くのではないか、という問いである。こういう質問が出てくるというのは、かなり根源的かつ基本的な部分で、自由な社会というものに対する歪曲があることを暗示している。すでに確認してあるように、もともと「公共」は、主権者教育を行うという文脈で導入されてきた科目である。では、主権者とは何か。言うまでもない、国家運営のイニシアティブをもつ者のことであり、国家や社会の政策やあり方を決定していく責任を担う者のことである。つまり、主権者教育をもともとの趣旨とする「公共」とは、様々な意見を述べ合い、ぶつけ合った上で、最終的には、社会全体として政策を確定していく、ということを目標として見越している科目である。当たり前のことだが、社会を運営していく際には、多様な意見がある、というところで終わってしまっては物事が進まない。何かを決めなければならない。そういう現実的な場面を想定した科目、それが「公共」なのである。

「公共」とは、このように、多様な立場や意見をぶつけ合った上で、最適解を見つけて確定していく、という手順を学ぶ場なのではないか、と私は理解している。議論を踏まえて意思決定していく、という社会の基本的あり方を学ぶ場である、ということである。自由な社会とは、自由に意見を述べ合って、それで終わり、ということであってはならない。それでは、各人の自由は結局実現される可能性が閉ざされ、自由な社会でなくなってしまう。意見や希望を実現するには、社会的な連携が必要なのである。いささか青臭い言い方で恐縮だが、現実に先のような疑問が出るということは、こうした青臭い確認が依然として必要だということを示唆しているのである。

実際のところ、多様な意見がある、というところで終わってしまってよいならば、社会のシステムとして「教育」があることの意義が失われかねない。ロンドンの「スピーカーズ・コーナー」のようなものさえあればよい、ということになってしまう。もちろん、これに対しては、もっとラディカルな意見、すなわち、国家のシステムとして「教育」があるという現実を変えるべきだ、という少々アナーキーな意見も理論的にはありうるだろう。たしかに、そうした意見は、虚心坦懐に、それこそ哲学的に議論していく価値はある。ただ、私個人は、自身の子育ての経験からして、「教育」システムの重要性と有り難さを実感している。社会というのはバラバラでよい、とは到底思えないのである。

一般に、つねにではないけれども、ある主題について論じるとき、ひとつの問題点に注意が注がれて、それを改善・修正しようというところに過度に力点が置かれるあまり、そういう修正・改善の帰結がどのようになるかについて無反省、という事態が発生する場合がある。けれども、事実として、ものごとというのは多面的に構成されていくものなので、ひとつの修正は別の影響をもたらす。足し算とその答え、のような単純かつ独立な仕方で真偽や正邪を確定できるような場合は、人間の関わる事象についてはほとんどないのではなかろうか。リスク論で言うところの「リスク・トレードオフ」的な考慮がどうしても必要なのである。本書のいくつかの箇所で「予防原則」について論じたことを振り返ってほしい。ひとつのやり方がもたらす別の影響可能性も考慮に入れて、一極(ひとつの視点・ひとつの価値観)集中的な考察ではなく、総合的かつホリスティックに判断・決断していくことが、社会が成熟するためには求められる。むしろ、こうした、いわば高階の次元で(つまり、様々なやり方を単に主張し合うのではなく、ひとつのやり方の帰結を他のやり方との比較のもとでいろいろな側面から検討していく文脈で)、多様な視点や帰結を想定し合い、最適解を総合的に確定していくという手順こそが、「公共」の目指すところに合致するのではないだろうか。

むろん、そうした手順を的確に実践していくことは容易ではないだろう。先に指摘した「両義的なゆらぎ」に似た状況に面し、その中で私たちは逡巡し、ときには結果として間違うこともあるかもしれない。しかし、それが私たちのリアリティであり、その条件の中で前に進んでいくしかない。私は、こうしたリアリティを自覚することが大切だと考えるのである。そのような意味で、もし、「両義的なゆらぎ」の可能性などすっ飛ばして、帰結に無頓着な一極集中的な議論が頻繁に提示され、人々に影響を与え、その結果、社会に混乱と害を及ぼすということがしばしばであるならば（そうでないことを願っているが）、そのこと自体、教育システムの不足点を暗示しているように私には思われるのである。実際の新科目「公共」にどこまで期待できるか、いまのところ未知数ではあるが、「公共」の導入が、日本が一層成熟した自由な市民社会に成長していく一歩となることを期待したい。

あとがき「物体性を伴う倫理」と宇宙視線

中学、高校とバレーボール部に所属していた。ミュンヘン・オリンピックで日本男子バレーが金メダルを取った時期と重なっていて、花形競技になりつつあるときだった。当たり前だが、バレーボールというのはセンスが要求される。スパイクを打つ角度やタイミング、サーブを打つときの力のバランス、サーブを受けるときの手の引き具合、トスのしなやかさ、ブロックの際の予測。私の感覚では、やはり才能のようなものが大きな割合を占めるような気がしていた。私の場合、ブロックはあまり得意ではなかった。相手が打つ瞬間の、角度や強さの読みが勝負だ。早いトス回しで相手が打ってくるときには、本当に一瞬の判断というか、とっさの対応になる。ぴしゃりと読みが当たって、ブロックポイントになったときの快感は大きい。人によるだろうが、バレーボール最大の喜びはブロックポイントを決めたときだ、とひそかに思っていた。しかし、実際はなかなかうまくいかない。後から考えると、なぜあのときもっと外側の手を内側に向けなかったのかなどと悔やむことも度々であった。センスないな、と落ち込む。

正直、とっさにどういう判断をしてどう動くか、必ずしも意識的ではない。練習の成果か、自分なりの感覚か、体が動いてしまうのである。けれども、確かに一回目はそうかもしれないが、試合の中で何度か同じ相手選手のスパイクを受けるうち、何となしにその癖が分かってくる。そして、いくらか工夫をして対応できるようにもなる。むろん、実力差がある場合、対応できる範囲もおのずと限られているが、対応することで少しは違ってくる。もちろん、こうしたことはスポーツをする目的に依存する。単に、体を動かして楽しみたい、ということならば特段工夫をする必要もないだろう。けれども、向上したい・改善したい、という競技としてのスポーツの場合は、工夫して対応を調整していく必要がある。というより、改善や向上を目指す競技スポーツならば、いろいろと考えて工夫しようとしないのは、選手として失格なのである。

こうしたことは、なにもスポーツに限らないと思う。初めて体験する出来事で、とっさの判断や対応をしなければならないときには、考える余裕がなく、反射的な行動をすることになる。結果がどのようであっても重要でない場合は何も問題はないが、結果に実際上の意味がある場合は、そうもいかない。そしてそうした場合、とっさの判断や対応が幸運にもよい結果となることもあるだろうが、ときには、ネガティブな結果をもたらしてしまうこともある。これはいわば人間の自然である。けれども、同様なことが続いたり、あるいは後で振り返ったりする余裕があるときには、同じ轍を踏み続けるわけにはいかない。まして、ネガティブな結果というのが、「いのち」に関わる深刻な事態の場合は、きちんと事態を認識し、よりよい対応を模索していかなければならない。このとき、私の感覚では、「よりよい」というところがポイントであると思われる。バレーボールの例でも分かるように、少し事態を理解する余裕があったとしても、万全になるとは限らない。試合に負けることはある。けれども、少しでも「よりよい」反応をしようとするところに、スポーツマンシップがあるのではなかろうか。「いのち」に関する深刻な事態についても、この点は同様であろう。自然災害や感染症など、経験的データを重ねれば「よりよい」対応は可能になるだろう。そうすることが私たちの責務である。しかし、被害をゼロにする、というのはなかなか難しい。それでも、「よりよい」結果を出せるよう、やはり事態のメカニズムの理解や、それの周知徹底、そして私たち各人の意識向上が求められる。「いのち」に関わるときには、どうせ完璧は無理なのだから仕方ないと諦めたり、完璧にできなかった当事者をただ断罪したり、といった態勢は「よりよい」結果を求めるという責任ある姿勢とは相容れないのではなかろうか。

二〇一〇年から二〇二〇年にわたるおよそ十年間は、公私ともに、本当に激動の時代であった。まず私は、二〇一〇年十一月に英国オックスフォード大学にて"Modes of Responsibility"と題した集中講義を行った。かなり緊張したが、収穫は非常に大きかった。帰国後、『死の所有』初版を上梓し、その後『確率と曖昧性の哲学』を刊行しようとしていた矢先、東日本大震災に見舞われた。茨城の自宅に一人でいたときのことで、生まれて初めて、もしかしたら死ぬかもしれない、と感じて足がガクガクしたことをまざまざと思い出す。停電と断水の生活となり、愛犬しずかの散歩をするため真っ暗な町の中に出たとき、しずかがひどくおびえていたことを想起する。愛猫みやは、しばらく和室の椅子の下で身じろぎもしなかった。そして直後に、福島第一原子力発電所の事故を知る。ここからが、長いトンネルの始まりだった。哲学研究者という、一見原子力や放射線とは関わりない立ち位置にいたはずの私が、あれよあれよという間に福島問題に首を突っ込むことになってしまった。私のルーツが福島であったということももちろん作用はしたが、国難の際には哲学が関わるべきだという同僚達の強い押しもあったのである。

私は、まずは研究者として、放射線というもの、福島の被災地の実測データや現状、などについて可能な限り調べた。福島の被災地にも何度も訪れた。フィールドワークには縁遠い研究者だったが、もはや使命感のようなものに突き動かされていたのかもしれない。データや放射線についての知見に基づく、私のさしあたりの理解は「不幸な自然災害と原発事故だったが、原発事故による追加の放射線被曝については、線量は多くなく、それによる健康影響が出る心配はほぼないので、あわてず冷静に行動してください」というものだった。しかし、それを発表すると、応援や共感も多くいただいたが、激しいバッシングや誹謗中傷にも生まれて初めてあい、私の理解とは反対に、恐怖や不安を煽る言説が強い影響力をもち、社会の混乱が助長されていった。これはまずいのではないか、という研究者としての責務感のようなものが募り、二〇一三年初頭に『放射能問題に立ち向かう哲学』を刊行したのである。いまでも私への批判は続いている。なぜ人は、他の多くの危険性やリスクをさておいても（私は高所から転落したり重くて巨大な物に押しつぶされたりするのがことのほか怖い）、放射線被曝にこれほど特化して思い詰め恐怖感を抱くのだろうか。今日まで続く私の根本的な疑問である。

それでも、十年をかけて事態は少しずつ沈静化していった。特段の被害が出ないことは分かっていたのだから、沈静化してゆくのは当たり前なのである。そして、私個人にもいくらかの変化があった。震災前に亡くした愛犬牛若に続いて、愛犬しずかを二〇一五年に亡くした。本当に、痛恨の出来事であった。そして、二〇一八年に二十三年間勤めた東京大学を早期退職し、現在の武蔵野大学に移籍した。「しあわせ研究所」に所属して、新しい研究生活を始動させた。しかるに、二〇二〇年、新型コロナウイルス感染症問題が発生して、また再び私たちの社会が新しいトンネルに入ってしまった感を深くする状況に立ち至ってしまったのである。

こうした経緯の十年間を顧みるに、放射線被曝問題と新型コロナウイルス問題とに共通するひとつの特徴があることが浮かび上がってきた。本文では詳しく触れなかった実例を少し挙げて、私の気づきについて明示しよう。一つは、二〇一一年の秋に大阪で発生した「葬列デモ」である。原発事故が発生した福島で子どもを育てていると子どもを殺してしまうことになるので、いまのうちから先回りして子どもの葬式をしてあげよう、という趣旨のデモである。僧まで参加していた。なんということなのだろうか。おそらくデモの参加者は、早く避難した方がいい、というメッセージを伝えるためにそのような振る舞いをするに至ったのだと想像されるが、福島での被曝線量について福島県の方々の多くはよく勉強して納得して暮らしている(福島県民のおよそ九七パーセントの方々は、津波震災・原発事故前からずっと福島県に暮らしている。県外に避難した方々は三パーセント程度にすぎない。開沼 2015, p.39)。葬列デモのことを聞いて、福島に暮らす方々はどのように思っただろうか。

第二に挙げたい事例は、関西の某私立大学での外国人非常勤講師の言葉である。二〇一四年の秋のこと、講義に出席していた一人の女子学生が福島出身であることが分かったとき、その外国人講師は教室の照明を消して、こう言った。「あなたは福島出身だから、放射能を浴びているので明かりを消すと光ると思った」。絶句してしまう出来事である。しかし、こうしたことが本当に起こったのである。当の外国人教師は、その後大学から処分を受けた模様である。

第三に挙げたいのは、新型コロナウイルス問題における看護師の事例である。二〇二〇年十二月九日の『讀賣新聞』社会面によると、北日本の総合病院に勤務するその看護師の「病院では同僚の看護師がコロナに感染。ゴーグルやマスクを着け、休憩室でも会話を控えるなど対策を徹底したが、感染の不安は拭えなかった。病院側にはPCR検査を希望したが断られた。極度の緊張の中、待合室では患者から「コロナがうつるから近づくな」と心ない言葉をぶつけられ、落ち込むことも度々あった」。これもまた胸が潰れるような出来事である。

福島原発事故と新型コロナウイルス感染症という、この十年間の二つの重大出来事に関する、以上の三つの、きわめて残念な実例に関して、明らかに共通していることがある。それは、事実をよく知らずに、よく調べもせずに、軽々しく思い込み、その思い込みに従った行動をしてしまっているという点である。葬列デモの参加者については、そもそも福島県での放射線被曝線量がどれくらいのもので、どのような健康影響がありうるか、そして事故後も福島に留まり暮らし続けている大多数の県民の方々がどのように状況を理解し、どのような気持ちで毎日を過ごしておられるか、そうした最も基本的な事実についての調査や確認が決定的に欠如している。同じことは、関西某大学での福島差別発言についても当然言える。この事例も、放射線という現象について知るという努力があまりにも徹底的に欠けているにもかかわらず、そうした根拠なしの思い込みに基づいて行動してしまうという点で、まことに痛恨の、ありうべからざる出来事であった。この二つの事例において、福島に暮らす方々や福島出身の方々に明白な害が発生して、それらの出来事と発生した害との（刑法で言うところの「条件的」のみならず「相当的」な）因果関係が認められるならば、「過失犯」としての立件可能性すら理論的にはありえる（実際の法適用の文脈では難しいかもしれないが）。極端に言えば、たとえ害が認められなくても、(もしそうした概念が有意味に承認されるなら)「過失犯の未遂」という罪責をやはり理論的には帰しうるかもしれない(一ノ瀬 2021)。

では、コロナ騒動の中での看護師への暴言の事例はどうだろうか。これもまた、過酷なコロナ医療現場での医療従事者の状況、そうした医療従事者のコロナ問題への貢献具合、そして社会のために尽くしている方々が受けている苦痛、それらをきちんと知って、たとえ自身の感じる恐怖心が大きなものだったとしても、発する言葉に注意を払い、医療従事者へ相応の敬意を払わねばならないという現在の社会的条件の自覚、それへの明白な欠如があるという点で、放射線被曝問題の二つの事例とやはり同様である。もし暴言を浴びせられた看護師が深刻で持続的な心的ダメージを被ったならば、理論的には(実際的には難しいかもしれないが)、暴言主に何らかの刑事責任が帰せられる構造にあると言えるだろう。それほど、実は、病災害が顕在化しているときには状況は緊迫しており、知ることの根本的かつ緊急的な倫理的要請が発生しているのである。ただし、誤解を避けるため強調的に付け加えるならば、知ろうと努めることをせず、軽々な発言や態度を実際にしてしまう人に関しても、そうした方々が現に存在していて、おそらくはいろいろな仕方で苦しんでいるという事実、それを冷静に認識するいう、逆の方向からの知るという要請もあると言うべきだろう。

このように、「知ろうとすること」、可能な限り正確な根拠や証拠に基づいて「知ること」、それはとりわけ病災害のような緊急時には絶対不可欠であり、倫理にも適い、そして私たちの「いのち」を守ることにもつながると思われる。このことを肝に銘じていきたい。こうした論点は、「まえがき」で触れた「知は力なり」という箴言、そして第6章で触れた「信念の倫理」の発想、にもつながる。

それらをぜひ振り返っていただきたい（早野・糸井 2014）。いずれにせよ、病災害時には、多様なレベルでの知るという責務性が行き交い、同時に多種の被害性も交錯し、罪責の帰属可能性も複層的に交差している。この複雑性にたじろぐことなく、それから目を背けることなく、直視していかなければならないのではなかろうか。現実は複雑であることを、一方向だけからの正義は通用しないことを、良識をもって受け入れていきたい。

加えて言えば、実は、コロナ騒動の中での医療従事者への暴言に関しては、病災害時の問題性から浮かび上がるもうひとつの特徴が抜き出せる。それは、私たちは自由な責任主体としての倫理的「パーソン」であると同時に、感染症を引き起こすウイルスの「運び器」でもあるという、なんともあっけなく冷厳なる見方である。私はこうしたありようを私たちの有する「物体性（corporeality）」として理解したいと思っている。そうなのである、私たちは倫理的な主体となる「パーソン」でありつつ、世界に存在する物体、何かを運んだりもたらしたりする物体、なのである。

もちろん、こうした人間存在の多様相については元より自明のことであり、哲学でもいろいろな仕方で語られてきた。たとえば私は、P・Fストローソンの有名な論文「自由と怒り」における、他者に対する「反応的態度（reactive attitude）」と「客体的態度（objective attitude）」といった対比を思い浮かべる。反応的態度とは、怒りや感謝といった直接的に倫理的判断や評価につながる人間理解の仕方であり、客体的態度とは、処置、治療、管理などの対象として人間を理解する目線のことである。反応的態度が私の言う「パーソン」という捉え方に対応し、客体的態度は「パーソン」とはやや異なる仕方で人間を捉える目線である。あるいは、もっと古典的には、ジョン・ロックの「人間」と「パーソン」との区別も同種の議論であろう（Locke 1975, 2.27.7）。ロックの議論では、人間は生物としての私たちのことであり、パーソンは善悪や賞罰を帰しうる社会的・倫理的存在としての私たちのことである。こうした対比は、医師が患者を診るときのことを思い浮かべると分かりやすい。聴診器を当てているときや脈を測っているとき、患者は生物としての人間と見なされている。しかし、診療の間、医師が患者に「お疲れですね、お仕事忙しいのですか」などと語りかけるとき、ケアの対象となりうるパーソンとして患者は見られている。このように、私たちには、パーソンと生き物という、二つの存在様相がある。

この二つの存在様相については、今回のコロナ騒動にも直結する感染症倫理の文脈でも跡づけることができる。ゼロ年代のＳＡＲＳ騒動の際にホットな主題として立ち上がってきた感染症倫理の文脈でつとに指摘されてきたのは、私たちが感染症に罹り患者となったとき、倫理的・医療的配慮を受けるべき「被害者（victim）」となるわけだが、しかし、他の応用倫理的問題系と決定的に異なり、感染症問題に関しては、私たちは同時に「病毒媒介生物（vector）」ともなるという、この二重性であった。すなわち、感染症患者は、医療的ケアを受けるべき権利を有する被害者であると同時に、他者と隔離され権利を制限されねばならない存在となるのである。この点を明確に提示したバッティンらによると、こうした被害者と病毒媒介生物という二重性は、ウィトゲンシュタインの「ウサギ＝アヒル図」のような反転図形にたとえられ、二つの視点の緊張関係のもとで捉えられた（Battin *et al.* 2009, Chap. 21）。たしかに、コロナ感染症のような場合、患者は、たとえ無症状でも、公共の福祉のため自由に活動する権利を著しく制限されるのである。それは、被害者への処遇とは到底思えないような扱いである。患者個人の視点に立った場合、こうした権利制限を倫理的に是とするなら、果たしてどのような正当化が提起できるのだろうか。そういう疑問が頭をもたげてくる。

けれども、以上のような二重性においては、パーソンという存在様相に対応する反応的態度や被害者といった捉え方はそのまま額面どおりに受け取れるので問題ないとしても、客体的反応や病毒媒介生物といった捉え方は、あくまで生物としての人間という範疇の中での存在様相であると思われる。私は、しかし、ここで生物としてではなく「物体」としての存在様相を導入した方が正確な理解になると述べたいのである。ひとつには、コロナウイルスは亡くなられた遺体にも残存することが分かっており、[1]遺体を処理するときにも感染予防対策が求められているのであり、その点を正確に捉えるならば、私たち人間は感染症を媒介する生物というよりむしろ、もっと広い含意をもつ「物体」と捉えたほうが適切だと思えるからである。それに、感染症予防対策に、ドアノブやテーブルの消毒などの、明らかに物体に対する消毒が含まれており、遺体への注意もその延長線上にあると考えられる。

そのように考えてみると、実は放射線被曝問題の際にも、物体としての人間が問題となる局面があったことに思い当たる。すなわち、放射能がうつる、とされて福島県からの避難者に対する差別が発生した場面である。[2]むろん、放射性物質はウイルスでも細菌でもなく、感染することは理論的にありえない。なので、そういう意味で「うつる」と捉えていたことは完璧なる誤りであり、それによる差別は決して許容されない。けれども、放射性物質は、花粉がそうであるように、事物に付着して運ばれる、ということはありえる。生物学的に「感染(うつ)る」ことはありえないが物理的・物体的に「移(うつ)る」

ことは理論上ありえるのである。それゆえ、放射性物質を外に運ぶことを避けるため、原発内部に立ち入るときには「タイベック」という防護服を着るわけである。してみると、やはり、放射線被曝問題の際にも、私たち人間は一種の物体として放射性物質の「運び器」になっているという局面があって、理論的にはそれが問題とされうる余地はなくはなかったのである（とはいえ、そうした可能性は原発内部を視察したときのようなかなりの線量の被曝に関してのみありうるのであって、一般の福島県民に関してはまったく妥当しない）。

もっとも、私たちが物体として扱われることは、実際は日常的にも頻繁にある。狭い通路に人が密集して動けないとき、映画館で前の席の人に視界を遮られるとき、人は物体として表象されている。「私たち」の中に人間以外の動物も含めるならば、スーパーや食卓に並ぶ「お肉」は、まぎれもなく物体である。私は、こうした（実は元から成立している）私たちの物体としての存在様相、これがこの十年の病災害において倫理的問題として表面に現れてきたのではないかと、そう述べたいのである。実は、先に引用したロックは、人間とパーソンを区別した際、「実体」というもうひとつのカテゴリーも導入していた。実体とは、要するに物体のことである。このロックの用語法を借りれば、私たちは、物体かつ生物かつパーソンという三様相にわたる存在者なのである。さらに言えば、私が本書で触れた「パーソン」は「声主」の意であり、そうした把握は、人間以外の動物を含めた私たちを「声・音を出す」存在として表象するということである。声や音が物体的な事象である以上、実はパーソンという存在様相の中に本質的要素として物体性が包摂されているとも言えそうである。

やや大げさに言うならば、こうした改めての気づきは、伝統的な倫理学に対して（論駁とは言えないにしても）ある種の揺さぶりをかけることになるのではなかろうか。伝統的な規範倫理学、たとえば義務論的な文脈では、私たちの自律性とか尊厳とかに軸が置かれ、人権や自由や責任が論じられてきたが、病災害において立ち上がる問題系に対してはもはやそれでは立ちゆかない。「運び器」という物体としての私たちが倫理的問題に絡んでくるのであり、そこでの事実上の人権への制限が何らか肯定的な意味で取り込まれなければならないからである。さらには、功利主義すなわち大福主義もここで揺さぶりを掛けられる。功利主義に対しては、全体の幸福を重んじるあまり、個人の尊厳を踏みにじる可能性がある、という批判が伝統的に投げかけられてきた。そうした個人を軽んじる行為や政策は人々の選好するものではないとして、選好功利主義の観点からそうした批判をかわすことができたかもしれないが、病災害の問題系の中で再び、個人を踏みにじるのではないかという伝統的な批判がゾンビのように甦ってしまうように思われる。

ここで思い出されるのは、「腸チフスのメアリー（Typhoid Mary）」の逸話だろうか。アイルランド出身で米国にて働いていた料理人であるメアリー・マローンは、腸チフスの無症状キャリアつまり健康保菌者であり、雇い主の家族など多くの人々に腸チフスを感染させ、死亡させた。そのことが判明した後、彼女は長期に拘束され、邪悪で危険な者として非難されたりして、一生を過ごした（金森2006）[3]。こうした人を社会としてどのように扱うか、果たして既存の倫理学は、人権思想や最大幸福の思想は、説得性のある理論を提示できるだろうか。私はやや疑わしく思っている。

むろん、伝統的規範倫理学は無効になる、と言いたいのではない。伝統的規範倫理が妥当する状況では、それに沿った思考展開で一定程度の説得力ある議論が構築できることは確かであろう。しかし、一皮むくと、すなわち思いがけない病災害に直面すると、私たちの物体性が露わとなる。そのことにも射程を伸ばすような、いまの時代だからこそ構築できるような、新しい倫理を模索していく必要があるのではなかろうか。私はそれをさしあたり「物体性を伴う倫理（corporeality-involving ethics）」と称しておきたい。

ここで、ようやく最後になって「まえがき」で述べたことに帰還してくる。私たちは一面において言葉も心も帰すことのできない物体であるという思想は、要するに、私たちが森羅万象の自然現象の中に融和していくということでもある。そう、全宇宙を貫徹する、物体世界の一部に、たぶん原始に回帰するような仕方で、溶け込み合っていくということでもある。とすれば、私たちは全宇宙の悠久なる自然の営みという眼差しのもとで、位置づけられ観念されることになる。そして実際、私たちを構成する物体は、私たちの死後も宇宙の中を永遠の相のもとで漂うはずなのである。すなわち、私たちは物体である、という捉え方は私の言う「宇宙視線」をまっしぐらに志向するのである。自分が母なる自然の中にたゆたうただの物体である。こう思念するとき私たちは、少なくとも刹那的には、日常の喧噪を雑念する「人生視線」から遊離して、無我無心の境地へといざなわれていくのではなかろうか。病災害の世界ににゅっと立ち現れた私たちの物体性は、そのままひるがえって病災害の世界をしなやかに生き抜く力となるのではないだろうか。

むろん、「物体性を伴う倫理」が具体的にどのような姿をなすのか、いまだ明らかにはしえない。私のかすかな見込みを記せば、「まえがき」でも少し示唆したように、倫理の言説の中に「高潔」とか、あるいは日本的な意味での「無常」とか、あるいは「万物流転」とか「無為自然」とか、そうした近代の倫理がやや軽んじてきたように思われる伝統的な価値観を再び蘇生させることになるやもしれない。逆説的かもしれないが、「リスク」に曝された現実の中で「いのち」を語る思考は、「いのちは切なし」という冷厳なる事実を経由して、私たちの物体性というシンプルな真実に至り、結局は、この宇宙の壮大かつ無辺の領野へと視野を解放してゆくのであろう。今後の展開を期したい。

本書の多くは既発表の論文に基づいている。基となった論文の初出情報を示しておく。第4章は二つの論文を合体したものである。

まえがき　書き下ろし

第1章　「「いのちは大切」、そして「いのちは切なし」――放射能問題に潜む欺瞞をめぐる哲学的再考」、東京大学哲学研究室『論集』第三三号、二〇一五年三月、一～四七頁。

第2章　「被害・リスク・予防、そして合理性」、哲学会編『哲学雑誌（情報とリスク――ポスト3.11の哲学）』有斐閣、第一二八巻八〇〇号、二〇一三年十月、七五～一〇五頁。

第3章　「震災関連死の原因について」、ミツヨ・ワダ・マルシアーノ編著『〈ポスト3.11〉メディア言説再考』法政大学出版局、二〇一九年三月、第四章、八一～一一二頁。

第4章　「断章　いのちは切なし――人と動物のはざま」、哲学会編『哲学雑誌（「いのち」再考）』有斐閣、第一三〇巻八〇二号、二〇一五年十月、四六～七四頁。

「被災動物、そして動物倫理の暗闇」、一ノ瀬正樹・早野龍五・中川恵一編『福島はあなた自身――災害と復興を見つめて』福島民報社出版部、二〇一八年二月、第四部、一六四〜一八二頁。
第5章　「合理性のほころび――リスクの哲学に向けて（一）」、東京大学哲学研究室『論集』第三五号、二〇一七年三月三十一日、一〜一九頁。
第6章　書き下ろし
補章　「高校新科目「公共」についての哲学的覚え書き」、『思想』岩波書店、第一一三九号、二〇一九年三月、一三九〜一六四頁。
あとがき　書き下ろし

本書をまとめるに当たって、元の論文をかなり大幅に書き換えたり補足したりした。利用を許可していただいた岩波書店、法政大学出版局、有斐閣、福島民報社出版部、そして東京大学哲学研究室には、ここに感謝の意を表したい。

本書がなるにあたって、多くの方々のご教示とご支援をいただいた。とりわけ、東京大学に関わって様々にご教示を受けた、早野龍五先生、中川恵一先生、鈴木寛先生、伊東乾先生、坪倉正治先生、高村昇先生、開沼博先生には深く感謝申し上げたい。また、武蔵野大学での研究生活にアカデミックな刺激を与えていただいた西本照真先生、小川桂一郎先生、菅原克也先生、石上和敬先生、小西聖子先生、渡部博志先生にも、厚くお礼申し上げたい。さらに、日本学術会議の放射線防護分科会にてさまざまに教えをいただいた佐々木康人先生、山下俊一先生、米倉義晴先生、神田玲子先生には、心より感謝申し上げたい。加えて、被災動物について真に迫る写真のご提供をいただいた眞並恭介氏には格別の謝意を表したい。そして、今回特別に帯文を執筆していただいた小室みつ子氏にも深くお礼申し上げたい。小室氏は、私の小学校から高校までの同級生であり、いわば幼馴染みである。久しぶりのご縁で、音楽の世界で活躍する彼女にこのようなお願いをする仕儀となったこと、大変に感慨深い。このあとがきを私の生徒時代の話から始める気になったのも、小室氏にちなんでのことであった。

むろん、本の刊行への動力は、出版社の編集の力が九〇パーセント以上を占める。株式会社ミューさんは、この種の日本語による研究書の出版は初めてということで、出版をお引き受けいただいたこと、この上なく幸運なことと理解している。社長さんの櫨山雄二氏、編集の田邉智子氏、坂野美紗子氏には、その丁寧かつ手際のよい編集作業へも含めて、本当に心から感謝申し上げたい。株式会社ミューさんとは、*Review of Analytic Philosophy* という哲学の国際雑誌の編集もご一緒させていただいている。今後もぜひ日本の哲学研究の発展に共同で少しでも貢献していきたいと願っている。また、本書の編集過程で、私の教え子の三人、野上志学氏、谷田雄毅氏、飯塚舜氏、にはゲラを読んでもらって貴重な助言をいただいた。のみならず、索引作成の労までとっていただいた。頼りない指導教員で心苦しく感じたが、正直、彼らからのコメントは実に有益であり、間違いを事前に避けることもできた。心よりお礼申し上げたい。

最後に私事ながら、妻りつ子、娘さりい、愛猫みや、にも感謝したい。彼女たちの支えなくしては、私の研究生活はまったく成り立たないのである。

病災害の中で苦悶されている方々が依然として多数いらっしゃる。軽々な発言は厳に慎むべきであるとわきまえている。本書一冊でそうした現場の問題性に何ごとかをなしえるなどと考えるのはあまりに不遜である。私が願うのは、本書に触れていただいた方々が、少しでも、一瞬でも、心安らかに感じていただければ、そしてしなやかに生き抜く可能性をかすかにでも感じていただければ、ということだけである。光りは、あるはずだ。

大震災やコロナ感染症などの病災害にて亡くなられた方々の御霊に、衷心より哀悼の意を表しつつ

令和三年一月　土浦の自宅にて

一ノ瀬正樹

註

まえがき

1 「公立はこだて未来大学 二〇一六年度 システム情報科学実習グループ報告書 ジュノ・ウォッチプロジェクト」、p.6. http://www.fun.ac.jp/~sisp/old_report/2016/20/document20_B.pdf（二〇二一年一月二十六日閲覧）

2 人生視線のもたらす優しさは、今日の文脈では、ＳＤＧｓに体現されていると考えることもできるだろう。環境や福祉を保持しつつ、産業振興やイノベーションの推進などによって、私たちの安寧で幸福な生存を実現しようという、あのプロジェクトである。しかし、これは同時に、災害や事故や疾病という負性に不可避的に巻き込まれざるをえないという私たちの宿命をこそ深く踏まえたものであると捉えることもできる。人生視線の眼差しは、実際は、私たちが引き受けざるをえない負性へと本質的に向けられているのではなかろうか。むしろ、安寧や幸福というのは、そうした負性の対極にあるのではなく、そうした負性とともに成立してくる何かである、と理解しなければならないように思われる。

3 原発をどうすべきかという問題は実に難しい。その問いに直接答えるのは私の能力を越えているが、一点だけ記しておく。原発が政治課題となるのは、エネルギーとして有望であると同時に、事故の際の被害についての懸念があるからである。懸念に焦点を合わせると反原発あるいは原発廃止の思想が出てくる。おそらく、日本において原発廃止をするというのは、たぶん不可能ではないだろう。ただし、人類全体で考えた場合、原発を廃止するというのは、ほとんど現実的に無理である。米国、中国、ロシア、インドといった国々で原発を廃止するという方針が採用されることは、ほとんど想像できない。つまり、ここ百年くらいは私たち人類は原発と共生していかなければならないのである。だとしたら、原発の管理についてのもろもろの困難があること、そして原発事故に私たちが巻き込まれる可能性もゼロにならないということを、既存の考慮要素として組み込んでおくのが合理的である。その場合、するべきことは何かと言えば、原発技術の安全性の向上であり、放射性廃棄物処理問題の解決、である。これは、原発についてどういうスタンスを取ろうと、避けて通れないミッションであろう。私は、こうした現実を直視することが結局は「いのち」を守るヒューマンな姿勢に結びつくと考えている。

なお、エネルギー問題一般について一言するなら、私自身は「人力発電」こそ優先的に取り組むべき方法だと考えている。人間自身が電気を使うのだから、自己責任でまかなう、という思想である。これに沿うひとつのアイディアは、街中に電話ボックスならぬ「発電ボックス」を設置して、その中で人々が自転車漕ぎをして発電する、というやり方である。国民全員に発電カードを配って、発電ボックスで自転車を漕いで発電すれば、発電カードにお金がチャージされる、というやり方である。むろん、人力で発電される電気の量など微小なので、社会福祉の考え方を適用して補助金を投入し、一時間漕げばせめて50円ぐらいになるようにしてはどうだろうか。発電ボックスのおかげで、国民の健康が増進され、医療費が縮減されうるので、決して不可能なやり方ではないのではなかろうか。それに、ホームレスの方にも、たとえわずかでも現金を得る窓口となるだろう。加えて、私は、人力発電のシステムを刑罰の懲役刑に導入して、「懲役何年」ではなく「懲役何ワット」というようにするのはどうか、とも考えている。科せられたワット数まで発電すれば釈放である。こうすれば、服役者は社会に対して実的な形で償いをすることになるし、刑務所自体もダイレクトに社会に貢献する施設になりうるのではなかろうか。

4 とはいえ、「認知バイアス」という概念で私たちのものの捉え方を総括してしまい、非合理性をあてがってしまうというのも、もしかしたらそれ自体、個々の状況を素通りしてしまった安易な一般化というバイアスかもしれない。ここは、慎重でありたい。鈴木（2020, 第9章）参照。

5 「繰り返し」というのは、論理的には一度述べるだけと変わらないのだが（「AかつA」は「A」と同値である）、読者に何かを伝えるという効果の面では大きく異なる。かつてネルソン・グッドマンは『世界制作の方法』の「まえがき」において次のように述べた。「七つの章は七年ほどにわたり執筆されたり、改訂されたりしたものなので、連続した段取りを踏んだ議論というより、むしろしばしば、繰り返されるテーマについての変奏である。それゆえ繰り返しは避けられず、その点ご容赦願いたいと思う。私の学生や私の議論を批評する人々との交流の経験からしても、私は繰り返しが不要であると確信するには至っていない」(Goodman 1978, pp.ix–x)。まさしく、変奏やリフレインは、音楽や韻文での有効技法の一つなのである。私もこうしたグッドマンのひそみに倣い、繰り返しへの申し開きをあらかじめしておきたい。それも必要なのだ、と。

第1章

1 「殺人者精神病」という表現は福島（2005）による。

2 一ノ瀬（2019a, 第5章）および補章を参照されたい。私は、エピクロスの死無害説について、そこで詳しく検討した。

3 放射線被曝によらずに、むしろ逆に放射線被曝を避けることによって惹起されてしまったという被害のうち、最も顕在的で、最も悔やまれるのは、本書で繰り返し言及することになるが、いわゆる「双葉病院の悲劇」であろう。福島県大熊町にある双葉病院と、隣接する介護老人保健施設「ドーヴィル双葉」に入所していた高齢の患者たち（入院患者三十四人と同施設の入所者九十八人）が、二〇一一年三月十四日に、政府の緊急避難指示に従ってバスで避難しようとしたが、通行禁止になっていた道路があるため、そして放射線被曝への懸念のため、南相馬市まで行って、迂回して、医療設備のないいわき市のいわき光洋高にまでおよそ十時間をかけて避難した。その結果、到着後に八人の死亡が確認され、さらに患者ら五十人が同三月末までに命を落とした（二〇一四年三月十一日　福島民友ニュース http://www.minyu-net.com/osusume/daisinsai/serial/140311-4/news3.html 二〇二一年一月二十六日閲覧）。いまさら言っても仕方ないことだが、もともと移動が困難な高齢の患者や入所者に対して、避難施設が整備されるまでしばらく屋内退避をしていれば、これほどの悲劇にはならなかったのではないか（死亡者はもっと少なくてすんだのではないか）と、痛恨の極みである。いろいろと要因は指摘できよう。まずは、どのくらいの線量の放射線が漏れ出したのか、その線量の放射線被曝はどういう結果をもたらすのかなどについて、専門家が直ちに現地に入って調べ、指示を出すべきだった。これをすれば、数日間の屋内退避をしても、放射線被曝による特段の影響が出ることはなく、十分に対応できることが分かったはずである（たとえば毎時十マイクロシーベルトぐらいの実効線量の放射線被曝ならば、二、三日被っても、積算で一ミリシーベルトいくかいかないかであり、いのちに別状はない）。こうした対応がなかったために、どのくらいの線量なのか不明であり、避難するしかない、という判断に至ったのである。当時の情報の状態を考えれば、やむをえなかったと言えるかもしれないが、悔やまれることこの上ない。

むろん、高齢の患者や入所者と、医療スタッフの比較的若い方々では、放射線への感受性が異なるのだから、放射線被曝の影響を受けやすいスタッフの方々のことを考えたら、やはり避難しかなかったのではないか、という議論はありえるだろう。本当にそうなのかどうかは、やはり、線量による。直ちに避難しなければならないという高線量のときは、適切な仕方で（この点は重要である）可及的速やかに避難行動を取るべきであり、そうでもないときは、冷静に、全体として（事故が起きたという状況の中で）最善の対応をすべきなのである。ＡＬＡＲＡの原則、すなわち「合理的に達成可能な限りにおいてできるだけ低線量に（as low as reasonably achievable）」という考え方は、やはり大事なのである。放射性物質が漏れた、すわ避難だ、ということで一律にルール化することはしてはならない。必要な不安と、不必要な不安とがあり、不必要な不安はかえっていのちの危険をもたらすのである。一律に、不安をもつのは当然だ、などという乱暴な議論をする方もいるが、そうした言い方がいのちを奪うことに結びついてしまったこと・しまうことを肝に銘ずべきである。実際、避難した方がいいと感じるのは、もともといのちを守ろうとしているがゆえだろう。ならば、不必要な不安によっていのちを落としてしまったら元も子もない、という議論は納得できるはずである。こうした意味で、初期の緊急的調査が絶対必要だったのである。さらに、いまさら言ってもさらに仕方ないという点を、今後の備えという意味合いで、あえて付け加えれば、若い年齢からの放射線教育が全国的にぜひとも求められる。小中学校からの放射線教育が、結局は、いのちを守ることにつながることは、いま振り返れば、あまりに明白である。冷静に対応できる素地となるからである。放射線についての専門家の皆さんは、ぜひ、この点についての教育システムの整備に尽力していただきたい。さらには、原発周辺の住民のための避難訓練、これも本質的に必要な要件である。そして、そうした住民に対しては、まさかのときのための、個人個人が被曝した実効線量を測定できる積算線量計を用意しておくことも求めたい（ガラスバッヂだと本人がその場で線量を確認できないので、具体的に積算線量数値がその場で表示される線量計でなければならない）。事が起きたときには、それをすぐに身に着け、自分の実際の被曝線量を明確に知る。そうすれば、適切な対応が可能になる。こうした点で、福島原発事故、とりわけ双葉病院の事件に悲劇的に象徴される側面については、あきらかに原発を管理する側（電力会社、行政府、そして幾分かはそれを受容した私たち国民）に大きな過失があったと認識しなければならない。避難関連の被害という痛恨の事実から目をそらすことなく、今後に備えていくこと、それが生き延びた私たちの道徳的責務である。

4　「東日本大震災・避難情報&支援情報サイト」（https://hinansyameibo.katata.info/article/after20110311-japan-20200110.html 二〇二一年一月二十六日閲覧）

5　http://www.bousai.go.jp/2011daishinsai/pdf/torimatome20140911.pdf（二〇二一年一月二十六日閲覧）

6　Ibid.

7　https://www.city.fukushima.fukushima.jp/hoken-hoshasen-kikakukanri/bosai/bosaikiki/shinsai/hoshano/hosha/documents/gb.pdf（二〇二一年一月二十六日閲覧）

8　放射性ヨウ素による初期被曝については、二〇一二年三月九日の『朝日新聞』朝刊一面に、弘前大学の床次眞司らの調査結果が報じられていて、原発事故直後の放射性ヨウ素によって甲状腺に九十ミリシーベルト近い被曝をしていた人がいる、と述べられていた。しかし、これは甲状腺に対する等価線量値であって、放射線防護で使用される実効線量とは異なることに注意しなければならない。ヨウ素がほぼすべて甲状腺に集まることを考慮すると、甲状腺への等価線量をそのまま実効線量に換算することで、初期被曝の推定値が分かる。甲状腺への等価線量を実効線量に直すには、甲状腺の組織荷重係数〇・〇四を乗じればよい。すると、実効線量は三・六ミリシーベルトとなる。これが、『朝日新聞』で報じられた、初期被曝の最大推計値にほかならない。事故直後は、このように、等価線量のシーベルトと、実効線量のシーベルトが混同されて報道されることがしばしばあって、混乱に拍車を掛けていた。むろん、空間線量をそのまま生身の身体への実効線量と等しいと見なしていたことも、混乱要因であった。通常、実効線量は、空間線量の五分の一ぐらいになることが多い。具体的に言えば、被災地で活躍される医師坪倉正治は次のように述べている。「空間線量毎時〇・二三マイクロシーベルト」という数値があります。国は追加被曝が長期的には年間一ミリシーベルト以下となることを目標としていますが、その「年間追加一ミリシーベルト」を時間当たりに換算した値がこの「〇・二三」です〔…〕二〇一二年九月～十一月に行われたガラスバッジの検査結果から、ガラスバッジをしっかり着用してくれていた五二〇人の児童の結果のみを用いました。ガラスバッジの示す値は、実際に体が受けるダメージ量(実効線量)と非常に近いことが知られていますが、ガラスバッジの値と、それぞれの自宅前での空間線量から国のやり方で推定される被曝量を比較したことになります。結果は〔…〕国のやり方で推定される被曝量はガラスバッジの値の約三倍になっている、言い換えると空間線量毎時〇・六マイクロシーベルトぐらいの場所に住んで初めて、年間追加一ミリシーベルトになることが分かりました」(http://medg.jp/mt/?p=3081 二〇二一年一月二十六日閲覧)。どうにも、ボタンの掛け違いが発生していたようである。こうした経験は、ぜひ世界に、そして後世へと、伝えていかなければならない。

9 たとえば、二〇一五年一月九日『讀賣新聞』朝刊によれば、福島県で、福島原発事故後誕生した二万人の新生児を調べた結果、先天異常新生児の発生率は全国の発生率と差がなかった、と報道されている。これは、福島県立医科大学による大規模な調査の結果である。また、放射性ヨウ素による初期被曝によって発症が懸念される小児の甲状腺がんについても、二〇一四年三月二十八日付けの『朝日新聞 digital』によれば、「結果が判明した約二十五万四千人のうち七十四人に甲状腺がんや疑いがあると診断されている。福島県と被曝の影響のない他県で、見つかる頻度はほぼ同じだった」ということである。線量データから予想されることではあったが、データによるよい予想が事実として次々と裏書きされていくのは、不幸中の幸いとして、喜ばしいことである。逆に、こうした情報に接しても、それでも危険だ、確実とは言えない、という批判を続ける人がいるとしたら、そうした人々は、ぜひ福島県に暮らす方々の心持ちを思い量ってほしい。人はいま生きている。被災地でもそれは同様である。生きている以上、少しでも安寧の下で暮らしたい。データが重なっても不安を促すというのは、仮にもともとは正義感に発する行為なのだとしても、はっきり申し上げて、それ自体非人道的で、道徳的に厳重な非難に値する行為である。のみならず、結果的に、帰還する気になりつつある方に帰還をためらわせたり、ストレスを与えたりして、さらに被害を助長するという点で、他者に対するフィジカルな危害行為でもある。どうか止めてほしい。

10 https://www.news-postseven.com/archives/20111028_66981.html?DETAIL（二〇二一年一月二十六日閲覧）

11 https://www.pref.fukushima.lg.jp/sec_file/monitoring/m-1/7houbu2020-0701-0731.pdf（二〇二一年一月二十六日閲覧）

12 原発の是非については、反対論にも推進論にも、よい点と悪い点があることは間違いない。反対論の根拠は、事故の場合の被害に対する懸念であり、放射性廃棄物の処理の困難性である。事故が起きて甚大な被害が起きたら、どうするのか。一体誰が責任を取るのか、ということである。福島原発事故を振り返っても、原発事故後の放射能問題は、放射線被曝の健康影響という物理的側面を越えて、大きく広がりうる。それが不可避なら、原因を除去してしまうべきではないか。それに対して、推進論の根拠は、おそらく、エネルギー安全保障である。原発を廃止した場合、自然エネルギー・再生可能エネルギーでは需要をまかなうことは到底叶わないので、当分は、液化天然ガスや石油・石炭などの化石燃料に依存せざるをえない。しかし、そうした化石燃料は国内では産出できず、輸入に頼ることになる。では、オイルショックのように、政治的理由で輸入に支障が生じた場合、私たちの生活はどうなってしまうのか。誰がそれを支えてくれるのか。また、化石燃料の輸入に頼ることで、これまでより購入費用がかさみ（足下を見られるということもある）、結果として電気代値上げとなり、とりわけ中小・零細企業の経営がダイレクトに打撃を受ける。倒産・廃業が増え、雇用問題や貧困問題が発生し、犯罪が増加する。一体誰が責任を取るのか。こうした互いの問題点は、他方の利点ともなる。こうした反対・推進の議論とは別に、原発の安全性に対する技術革新や、トリウム原発のような危険性の少ない原発の開発、あるいは、日本近海に眠っているとされるメタンハイドレートの活用実現、水素燃料の汎用性拡大、あるいはそもそもエネルギー消費量の劇的削減など、いくつかほかの選択肢もありうる。地球以外のほかの天体からの資源調達という道も、必ずしも夢物語ではないかもしれない。そして、「まえがき」の註でも述べたように、人力発電の活用もあるかもしれない。いずれにせよ、エネルギー問題は、視野を広くもって、慎重に取り組むべき課題である。一時的なムードで決することは、間違いなく禍根を残す。私は、もし哲学倫理学が実践的意味をもつべきだとするなら、この主題もまた、そうした場になると確信している。

13 とはいえ、補章で論じるように、こうした意味での「大福主義」は、結局、倫理的語りのすべてに及ぶ普遍的なものとなるがゆえに、特定の倫理学説としての固有性はきわめて薄いものになってしまう。「すべての出来事は自然的である」と言った言説での「自然的」が空虚な述語であるように、すべてを述定することのできる述語には情報力がない。それゆえ、「大福主義」について論じるには、当然ながら、細分化して、それぞれの問題点を検証し、詳細にかつ具体的に吟味していかなければならない。それは大々的な別の課題である。

14 以下の引用は、二〇一四年九月公開の http://agora-web.jp/archives/1611061.html(二〇二一年一月二十六日閲覧)による。

15 米国の医師ウェルチらによれば、「甲状腺がんで死ぬ人はほとんどいない」(ウェルチほか 2014, p.110)、「診断された甲状腺がんの多くは治療を必要とせず、結果的にものすごい数の過剰診断が行われているのだ。前立腺がんと同じように、ふつうの人にも甲状腺がんがたくさんある(見つかっていないだけ)ことが分かっている」(ウェルチほか 2014, p.111)。

16 http://jbds.jp/guideline1997.html(二〇二一年一月二十六日閲覧)

17 http://jbpress.ismedia.jp/articles/-/42651?page=2(二〇二一年一月二十六日閲覧)

18 https://www.pref.kanagawa.jp/docs/ga4/cnt/saigairyou/triage.html(二〇二一年一月二十六日閲覧)

19 「トリアージ」については、補章二九〇頁も参照してほしい。「生存の可能性のない患者」として黒タグを付けられ。死亡に至った方について、その遺族が、本当に死に至るしかない状態だったのか、大切ないのちを守る手立てはなかったのか、という気持ちを抱くことが実際あるのである。

20 一ノ瀬(2019a, pp.412–413, 第7章註16)でも触れたことだが、クローン技術やiPS細胞技術を用いて、培養臓器や培養肉を作製し、それに対して動物実験を行ったり、食用にしたりする場合は、動物実験や肉食にまつわる倫理的問題は発生しないかもしれない。これは、今後の検討課題であるどころか、すでに実現が目指されている計画でもある。ただ、遺伝子組み換え食品に対する、一般の方々の漠然とした忌避感を考えると、培養肉も同様に感じられる恐れがあり、一般化し定着するにはやや時間がかかるだろうと思われる。

21　たとえば、国際医療センター研究所の溝上哲也は、カルシウム摂取により大腸がんのリスクが確実に減少すること、そしてビタミンDはカルシウムの吸収を促進すること、カルシウムを摂取してしかも日光によく当たる人は大腸がんのリスクが大きく下がることなど、データに基づいて繰り返し説明している。https://www.iza.ne.jp/kiji/life/news/190214/lif19021403360001-n1.html（二〇二一年一月二十六日閲覧）など参照。

22　私は、一ノ瀬（2015c）において、人間を犬より劣等的な存在として物語るという可能性について論じた。参照してほしい。

第2章

1　宇宙視線と人生視線という対比については、一ノ瀬(2019b)を参照。

2　実際のところ、オプティミズムは、本文で触れた意味とは異なる様相においてだが、形而上学と親和性がある。たとえば、ドイツの哲学者ライプニッツは、「弁神論」という名のもと、この世界に悪があるように見えても、それは、長い期間においては善へと結実するよう予定調和の中に置かれている、という壮大な形而上学的・オプティミズム的宇宙観を提示した。

3　「ソライティーズ・パラドックス」とは、たとえば、「そんな先」を（a）五十億年後としたとき、それと（a_1）五十億年マイナス一秒とはほとんど相違がないので、（a_1）も「そんな先」になるが、だとすると（a_2）五十億年マイナス二秒も同様となり、ずっとそうした論法が連鎖的に続いて、結局（a_n）いまから一秒後も「そんな先」になってしまうという、古代ギリシア以来知られている逆理のことである。「連鎖式のパラドックス」とも呼ばれる。

4　私は、二〇一三年七月十二日に、福島県立福島高校に招かれ、「生と死、そして道徳のディレンマについて考える」と題して、講演を行った。講演後、十数人の生徒さんたちとテーブルディスカッションも行った。そこで気づいたことは、多くの福島の高校生は、あまり放射能問題について議論したがらない、ということである。何か論じたいことはありますか、と水を向けても、何もない、と答えるのである。彼らは、すでにいろいろな情報を得て、自分自身で考えて、福島の現地に居残ることを決断した人々である。蒸し返されたくない、という想いがあるのだろうと私は理解したし、十分に共感できる状態であった。ところが、ディスカッションを担当していただいた高橋先生から伺った後日譚によると、プログラム終了後に、「議論したいことは何もない」と答えた生徒さんが、泣きながら、本当は発言したいことがあった、と言ったそうである。事柄のデリケートさがひしひしと伝わってくる。こうした被災地に暮らす若者に対して、外部の人が、「早く避難すべきである」とか「不安に思うのは当然である」と述べるとしたら、そうした発言は、たとえ善意に発するのだとしても、よほど配慮をしないと、実は被災地の若者にかなりダメージを与える。将来への不安を与える。したがって、そうした発言を行う者には、自分の発言が本当にしっかりした根拠に基づくかどうかを、心して確認する義務がある。むろん、本当に危ないならば絶対に逃げなければならないし、不安に思うべきだが、必ずしもそうでないならば、危ないから逃げろ、不安に思え、といった発言はゆめゆめしてはならない。危険性やリスクは、過少に見積もっても、過大に見積もっても、いけない。難しいことだが、そのままネットの値を伝えなければならない。そうした配慮なしに、軽々に語ることは、多くの人々を傷つけることになってしまうことに、ぜひ思い至ってほしい。これはまことに繊細な問題で、いま日本人の道徳性が問われているのである。

5 人々の最も根源的な利益に対する妨げを生じさせる、という意味で、リスクに暴露されることそれ自体が「被害」である、と考える論者もいる。たとえば、フィンケルシュタインは、通常のフィジカルな次元で生じる「結果被害(outcome harm)」だけでなく、「リスク被害（risk harm）」という概念を導入しているが、その根拠は、通常の、自殺念慮のない人で、がん発症のチャンスを高めることを選ぶ人はいないので、がん発症リスクを増大させることは自身の基本的利益に対する妨げになる、という点だとされている(Finkelstein 2003, p.974)。ペリーは、フィンケルシュタインの見方に対して、利益の妨げがすなわち被害になるとは言えない、として、自分がボリショイバレエの公演を楽しみにしていたときに、公演がキャンセルになった場合、残念には思うが、被害を受けたことにはならないだろうと論じている (Perry 2007, p.201)。私自身は、「結果被害」と「リスク被害」とを区別している時点で、すでに「被害」と「リスク」の内包的相違が承認されているのではないか、とまずは論じたい。加えて、本論で述べたように、がん発症リスクの増大などという事態は、量的多寡を問題にしなければ、放射線被曝や活性酸素の発生という意味も含めて、日常的に四六時中生じているので、「リスク被害」という概念は空転していく、という論点も再確認したい。

6 中山竜一は、統計的な費用便益分析あるいは期待効用最大化原理に基づく意思決定や法体系は予測可能なリスクに基づいているのに対して、「予防原則」の眼目は、「計算不可能なリスク」というものが出現したことによる認識論的枠組みに対応した新たなアプローチを提起しているところにある、として、「予防原則」の意義をポジティブに評価している（中山 2004）。趣旨は理解できるが、「計算不可能なリスク」という概念が理解しにくい。中山の言葉によれば、それは、「ひとたびそれが現実化すれば一つの社会全体、あるいは地球全体に壊滅的損害をもたらしかねないような甚大な規模となる恐れがあるもの」（中山 2004, p.271）と規定されているように読める。しかしでは、三・一一の津波震災は「計算不可能なリスク」だったのか。福島原発事故はどうなのか。あるいは、携帯電話の電磁波は、将来的に見て、「計算不可能なリスク」をもたらすと言うべきなのか。iPS細胞の実用化はどうなのか。正直に言えば、こうした「計算不可能なリスク」という、いわばカタストロフィー的な概念を導入することは、事実上止めどもないような過剰なリスク評価をもたらし、現実離れしていってしまうことにならないか、と危惧する。論理的には瑕疵はないのだが、あまりに理想主義的な「形而上学的アプローチ」に入り込みすぎて、現実に対する「認識論的アプローチ」への目線が弱く、ついには潔癖症的なゼロリスク観念に至り、結局のところ、具体的施策には使用できない、という結末になってしまうように思われるのである。私は、かえって、日本文化の基礎をなす「無常」の観念や「常住死身」の思想に立ち返り、人々はいずれ死ぬ、人類はいずれ滅びる、という覚悟のもとで、最善の安全策・改善策を（たぶん伝統的な費用便益分析を最大限に精緻に駆使して）全力で講じる、という態度の方が誠実であるように感じる。

7　ここで引用した Nomura *et al.* (2013) には、福島原発事故後の避難関連死についての、はじめての、最も信頼できると思われる、詳細な報告がなされている。おもな要点は、以下のようである。

・避難後の高齢者の死亡率は、避難前の二・七倍に増大した。
・ただし、死亡率には避難先の施設によってばらつきがあり、避難プロセスや、避難先のケアや食事介護への配慮が必要である。
・初回の避難によるリスクは二回目以降の避難行動より高い。
・そして総括的には、高齢者の避難は生死に関わる問題であり、事故直後の避難は必ずしも最善の選択ではなかった。
・「とにかく避難」というよりは、まず住み慣れた環境に留まることを優先し状況を見極め、避難が必要と判断した場合には避難先のケアの充実を図る。
・今後の災害時には避難のリスクについても検討する必要がある。

8　私は、二〇一三年三月はじめに、福島県伊達市にて開催された「福島原発事故による長期影響地域の生活回復のためのダイアログセミナー」に出席してきた。そこで、福島にて医療活動に携わる小早川義貴氏の報告により、問題の中心は、放射線被曝というよりもむしろ、避難した人々の避難生活に起因する肥満や高脂血症の増加であり、それに対応する行政保健師の充実が求められている、という実情を知るに至った。

9 二〇一二年十一月二日『朝日新聞』朝刊「私の視点」欄に掲載された、相馬中央病院医師の石井武彰のレポートに基づく。

10 ただし、私個人は、図1に示された事態を冷静に見るとき、全体としては、(福島第一原発直近地域を除く地域に暮らす)福島県の人々がそのまま留まる、あるいは避難した方々に関しては、時間切れになる前に自宅に戻る、という選択の方が被害を少なく押さえることのできるベターな行動である、と評価している。ただ、そうした意思決定には、年齢、家族構成、職業、教育などの多様な要因が関わり、個人個人において事情は千差万別なので、最終的には個人の判断によるしかない。研究者は、そうした各個人の判断に対して、できる限り良心的な判断材料を誠実に提示することに努めるべきだと考える。いずれにせよ、私自身、微力ながら、被災者の方々に対して支援の気持ちを少しでも伝えることができれば、とても嬉しい。私は、福島そして東北の地が必ずや復興すると強く信じている。

11 「事実」と「規範」については、私自身は、決して排反的に峻別されているわけではなく、ゆるく結合し合っているという理解をしている。一ノ瀬(2018)および一ノ瀬(2020a)を参照されたい。

第3章

1 ただし、当然ながら、毒性の様相は、このパラケルススの格言だけでシンプルに理解することはできない。年齢や身体状態などの個人差、当該物質への暴露期間など、考慮すべき要素は量だけではなく多様であり、その意味で毒性にまつわる不確実性を消去することはできないからである。宮地(2017)を参照。それゆえ、私たちの社会では、安全を期して、化学物質や食品添加物などの毒性に関して、相当に厳しい規制を設けているわけである。松永和紀の言い方を引用するならば、「動物実験で求められる基準の数値は〔…〕死んでしまう量ではなく、用いられる動物が一生涯毎日その量を食べても影響がまったく出ない「無毒性量」なのです。この数値に百分の一をかけ算して、人間の一日摂取許容量とします」(松永 2007, p.113)。

2 http://www.drugsinfo.jp/2007/08/17-163800 (二〇二一年一月二十六日閲覧)

3 UNSCEAR (2014, 2016). なお、こうした報告に対して依然として異論を提起する方々も少数ながらいる。多分そうした異論の根底には、「完全に問題なし」とは言えないだろう、そして、原子力産業にまつわる政治的思惑が働いているのではないか、という見方があるように思われる。これに対して、私はこう応じておきたい。福島原発事故による放射線被曝は「完全に問題なし」と言えないというのは確かである、しかしそれは、データに基づく自然科学的知見は、論理や数学などのような絶対に例外のない演繹的帰結をそもそも導くものではなく、確率や確からしさを問題にする帰納的・蓋然的なものであることを看過した物言いではなかろうか。データに基づく経験科学的知見、そしてそれに基づく実用的技術に「百パーセント確実」といった要件を求めても意味はない。問題は量的・統計的なものだからである。橋を建造したり、飛行機を飛ばしたり、といった社会的に認知された活動を思い起こしてほしい。それらは百パーセント安全とは言えない。けれど、きわめて安全である蓋然性が高い、ということで社会的に容認されている作業なのである。放射線被曝の健康影響についての知見もまったく同様である。線量に応じた健康影響に関して統計的な知見が積み上げられていて、それに照らして、福島原発事故による放射線被曝について、健康影響はほとんど心配ないという評価が導かれている。これに抗して、百パーセント確実に安全とは言えない、「ゼロリスク」でないといけない、としてしまうことは、とどのつまり、私たちの社会的な合意のあり方を全否定することにもつながりかねない。放射線は、医療利用（それはそれで問題はあるが）以外にも、ジャガイモの芽の発生抑制や、自動車タイヤの強化、胡椒など香辛料の殺菌など、私たちの社会で実用化されている。なかでも、放射線利用の驚くべき効用は、放射線が火力発電所からの大気汚染物質を肥料に変えたり、ダイオキシンや有害揮発性化合物を分解できたりすることであろう（児玉 2020, pp.220–221）。だとすれば、放射線は地球温暖化問題（そういう問題が本当にあるならば）への解決に貢献しうることになるかもしれない。加えて、この世界には、自然な状態として、放射線が遍在もしている。しかも、福島原発事故による人々の放射線被曝線量は、一九五〇〜六〇年代の核兵器実験時代に日本人が浴びてしまった被曝線量に比して決して多くはなく（たとえば、放射性物質の大気中フォールアウトについての、井上・山口 (2013, p.104) の図1を参照)、そのときに被曝した子ども、すなわち現在六十代以上の方々の寿命の延びを考えると、福島原発事故による被曝には健康影響の懸念などないと合理的に強く結論づけることができる。そういう事実を踏まえて、そして過去の放射線被曝についての分厚いデータや統計による知見に基づいて、被曝問題に対応していく必要があるのである。放射線被曝に関して「ゼロリスク」を求めるという発想には、非現実的な偏りがあることにぜひ気づいてほしい。しかも、単に偏りがあるだけでなく、本章の後半で述べるように、そうした偏りが別の重大な被害を誘引してしまうのである。「いのちの保全」をめざし、被害を少なくする、という目的にとって、放射線被曝の悪影響を過度に強調する言説は、倫理的に問題があると言わなければならない状況にすでに達している。また、政治的思惑についてだが、科学社会学やパラダイム論などが明らかにしているように、自然科学的研究に政治的・権力的要素がなんらか働くというのは、たぶん間違いない。しかし、それは一般的にそうなのである。放射線被曝について危険性を強調する見方にも、背後に特定の政治的思惑やイデオロギー（?）があるだろうという推定は確からしいだろう。いずれにせよ、真の問題は、繰り返すが、「いのちの保全」を果たすにはどうすべきかであって、背後にどういう政治的思惑があるかは関係ない。どういう思惑があろうと、「いのちの保全」を目指すという目標は揺るがないし、揺らいではならない。

4 こういう言い方をすると、もしかしたら、原発事故を起こした電力会社の責任を免責する、原発推進の御用学者の物言いだ、という反応が出るやもしれない。いまとなってはあきれてしまうような反応だが、一言しておきたい。原発をどうするのかという問題と、放射線被曝の健康影響の問題は、まったく独立で別物である。前者は政治的なエネルギー政策の問題で、決着を見るには時間と議論が求められる。実際、廃炉にするにも、相当な時間がかかるし、放射性廃棄物処理の問題も解決には長期間の調整と準備が必要である。それに対して放射線被曝の健康影響の問題は、原発事故がなくとも、医療被曝や宇宙飛行士の被曝問題など、別文脈でも発生しうる問題であり、そして、原発問題をたとえ決着させたとしても依然として残り続ける、喫緊の健康問題である。冷静に考えれば分かることだが、たとえば、いま直ちに原発廃止を決定しても、原発事故にまつわる放射線被曝の問題性はなくならない。すでに原発事故が起こってしまって、事実としてなにがしかの放射性物質が漏出してしまっている以上、原発を停止しても放射線被曝の問題は解決されない。この現実の事実のもとで、なんとか最善の仕方でサバイバルするために、被曝量とか健康問題についてどう考えるのか、ということが主題として求められてきたのである。一ノ瀬（2013a）でも述べたたとえを繰り返しておこう。校内暴力が発生して怪我をした生徒を診た医師が、怪我の様子を診察して、たとえば、大したことはないので一週間もすれば治るよ、と診断したとしても、そのことは校内暴力を容認するかどうかとは関わりない。別の例も挙げてみよう。アスベストで肺がんになった人に対して施した放射線治療が功を奏して経過がよかったとき、「いまはよい状態ですよ」、と医師が患者に事実を伝えることが、アスベストを放置してよいという主張につながると考える人はいないのではないか。むしろ、そうした改善が見られるにもかかわらず、アスベストはいけないのだからという理由で、「依然として危険な状態です」と伝えることは、虚偽を述べることであり、道徳的に許されないだろう。このように、健康問題を論じることは、その健康問題のきっかけとなった政治的・社会的な仕組みの賛否とは独立である。いや、独立であるべきである。こんな当たり前のことを受け入れず、放射線の「量」を論じる専門家に御用学者云々の罵倒を加えることは、いい加減うんざりである。本当に止めてほしいと思う。日本人の良識が問われているのである。いずれにせよ、原発は、一定の必要性がありつつも、危険性を胚胎する施設であることも確かなのだから、多様な視点から原発の安全性や是非の問題をよく吟味することにして、まずは喫緊の健康問題を優先して考える、という論の立て方には十分な合理性があると私は考えている。

5　二〇一四年三月十一日　福島民友ニュース http://www.minyu-net.com/osusume/daisinsai/serial/140311-4/news3.html（二〇二一年一月二十六日閲覧）

6　以下の因果関係に関する私の議論は、一ノ瀬（2018）において展開した因果論を、東日本大震災と福島原発事故に応用したものである。理論的な詳細は、ぜひ拙著を参照してほしい。

7　Ohira *et al.* (2016) には、福島の被災地での甲状腺検査による甲状腺がん発見率は、ほかの地域との地域差が見られないことが報告されている。甲状腺がん発見の多さが「スクリーニング効果」であることが示唆される。また、福島県の方々の甲状腺への被曝については、床次眞司が早い段階から調査検討をしていて、床次によると、福島県の方々で、甲状腺の等価線量で最大に被曝した方が三十三ミリシーベルトということである。甲状腺の組織加重係数は〇・〇四なので、実効線量は一・三二ミリシーベルトである。最大でこの程度であるなら、健康影響はないと断定してよい。まして、大勢の方々はもっとずっと低線量なわけで、何をか言わんやである。次のサイトの床次のインタビュー記事を参照されたい。https://www.ene100.jp/fukushima/7065（二〇二一年一月二十六日閲覧）

8　環境省「放射線による健康影響等に関する統一的な基礎資料（平成二十九年度版）」、第3章「放射線による健康影響」、第7節「がん・白血病」、https://www.env.go.jp/chemi/rhm/h29kisoshiryo/h29kiso-03-07-18.html（二〇二一年一月二十六日閲覧）、および学術会議報告 pp.10–11 なども参照。

9 一ノ瀬・早野・中川（2018）における私の担当章「福島問題は私たちの内在的問題である」において用いたたとえ話である。

第4章

1 むろん、ペット飼育それ自体が果たして倫理的に是認しうる行為なのか、という根本的な問いに対しては、自覚的でなければならない。ペット飼育そのものが、動物の拘束そして玩具化であり、彼らの本性に反した、あるいは彼らの本性を人為的に改変する、悪徳なのではないか、とする見解がつとに提起されてきたからである。この場合、ペット飼育が「囚われの身（captivity）」なのか「監禁（confinement）」なのかという区別、動物の生存条件を福祉的に適切にしておくことでペット飼育は正当化されるのかどうか、絶滅危惧種を動物園で保護したりペットとして保護したりすることも悪徳として否認されるべきか、といった問題が検討されなければならないだろう（DeGrazia 2002, pp.81–97）。あるいは、ペット飼育は動物を「文明の手回り品（civilized paraphernia）」のように扱うことであり、その結果、本性的な「他なるもの」である「自然」に対する無理解・傲慢をもたらし、よってもって人類の自己理解を阻害する、とするシェパードのような「ディープ・エコロジー」の立場からする根本的な批判も視野に入れなければならないだろう（Shepard 2008, pp.551–553）。自分の立場をあえて前倒しで概括すれば、つまりこれは本論の基本論調なのであるが、こうした根本的な問いに対して、そして「いのち」に関する問い全体に対して、私は、確定的な答えを導こうとする態度そのものがむしろ害悪をもたらすと考えている。事前と事後の区別、程度やグラデーションへの考慮が私の依拠する二つの論点である。こうした私の考えは、倫理的怠慢、倫理的無責任、あるいは欺瞞だと思われるかもしれない。けれども、強調しておくが、私の考えは、決して、倫理的な判断や決断をしない、ということではない。決断をするためにこそ、その決断によって失われてしまう別の何かへの目線が必要だということ、いわば、泥を被る覚悟がつねに必要だ、という点をハイライトすること、むしろそれが趣旨なのである。

2 https://www.env.go.jp/nature/dobutsu/aigo/2_data/statistics/dog-cat.html（二〇二一年一月二十六日閲覧）

3 https://www.env.go.jp/nature/dobutsu/aigo/2_data/arikata/h16_05/mat04.pdf（二〇二一年一月二十六日閲覧）, p.13.

4 ibid., p.14

5 https://arcj.org/issues/partner-animals/cat6/（二〇二一年一月二十六日閲覧）

6 動物実験と肉食の問題については、一ノ瀬（2019a）で主題的に論じたので、ここでは詳述しない。拙著を参照してほしい。

7 「殺人の被害者」とここで表現したが、厳密には、そもそも殺人の被害者など存在するのか、という「死の形而上学」の問いが考慮されなければならない。これについては、一ノ瀬（2019a）にて詳しく論じた。ぜひ参照してほしい。

8 http://www.tepco.co.jp/cc/press/betu11_j/images/110528d.pdf（二〇二一年一月二十六日閲覧）

9 私は、二〇一五年六月一日に、緑美しい飯舘村を訪れた。その日の役場前の空間線量は毎時〇・四四マイクロシーベルトであった。「ふくしま再生の会」理事の菅野宗夫氏のご紹介で「いいたてホーム」にも足を伸ばし、施設長の三瓶政美氏にもお目にかかった。相川祐里奈の『避難弱者』を知るに至ったのも三瓶氏の示唆による。三瓶氏は、「いいたてホーム」は死亡者の増加はなかったけれど、若い職員は去り、職員の平均年齢は事故前よりも高くなった、と語ってくれた。ここから窺われるように、高齢者施設入所者のお年寄りの場合と、そこでの職員の場合とでは、条件が異なる。そうした繊細な相違を考慮に入れないと、緊急避難時の問題についての十全な議論は構築できないだろう。ちなみに、飯舘村を去るとき、除染作業中の場所を車で通りかかったが、空間線量は毎時〇・七七マイクロシーベルトであった。復興するにはもう一踏ん張りだが、希望は十分に見えていると実感したものである。

10 もっとも、事故がなかったとしても、多くの牛たちは肉牛として生後三十ヶ月ぐらいで屠殺されていく。安楽死とどこが違うのか、という疑問が出るのも不思議ではない。この辺りは、問題の肝であろう。実際に牛を飼っている人の感覚は、そうでない人の感覚とはだいぶ異なるのである。眞並のレポートから引いておこう。「おれは、屠畜場に行く牛をかわいそうだと思ったことはない。母牛から生まれた子牛が育って一人前になり、普通の肉牛なら三〇ヶ月の命を全うする。やあ、おめえら、無事まともに仕上がって、牛の一生を全うできて幸せだな、と思いながら送り出してやりますよ。屠畜場で、死は一瞬。あれは痛くもかゆくもない」（眞並 2015, p.59）。私自身は肉食に倫理的抵抗があるが、牛を実際に飼っている方々の言い分にも心を動かされないわけではない。果たして私たちは「一生を全うする」というように自分の死を受け取れるだろうか。そのことを考えると、牛たちが、自覚はないかもしれないとしても、「一生を全うする」と記述されるような死に方をしていることに、非常に屈折した嫉妬心のようなものさえ感じなくはない。いずれにせよ、事態のこのように交絡した複層性に思い至らなければ、人と動物の関係についての倫理は到底構築されることはないだろう。

11 以後ロックのこの書からの引用は、巻数・章数・節数を示す。

12 こうした「パーソン＝声主」説を首尾一貫して展開すると、動物のみならず、昆虫、植物、樹木、そして川や山のような自然物までも「音」を発する以上、「パーソン＝声主」となりうる。実際、私はそう考えている。ただし、そこに「パーソン度（the degree of personhood）」という考え方を導入する、というのが私のスキームである。一ノ瀬（2019a, 第7章）参照。

13 「パーソン主義（personalism）」という名前で呼ばれる考え方には、歴史的に多様なものがある。私は、ここで、私なりの「パーソン主義」を導入している。

14 事実と規範の関係については、一ノ瀬（2018）および一ノ瀬（2020a）も参照されたい。

15 動物に対する倫理ということに言及すると、必ずといってよいほど出される疑問がある。動物は人間と違うんだから、本来人間に関しての言説として発展してきた倫理を適用する必要性はないのではないか、動物倫理など悪しき擬人化ではないか、といった趣旨の疑問である。もしこうした感覚を抱く方がおられるとしたなら、少しだけ冷静に考えてほしい。あなたは、公園にいる野良猫をわざわざ捕まえて蹴っ飛ばしたり、棒で殴ったりしている人を見て、石垣を蹴っ飛ばしている人を見るのと同じような感覚で眺められるだろうか。そうは見ないのではないか。そうは見ない、残酷なので止めてほしい、と感じるのであれば、実際上あなたは猫を苦痛を感じる主体、したがって倫理的配慮をなされるべき主体として、見ていることになる。加えて、人間中心主義的に考えたとしても、動物の虐待というのは犯罪傾向と結びついていることが知られており（福島 2005, p.17）、動物への態度は人間の倫理とも間接的に関わっている。

それでもやはり、動物には人間のような理性的理解能力・言語使用能力はないのだから、人間に関するような倫理的配慮は必要ないのではないか、という反発が出てくるかもしれない。けれども、この種の反発はブーメランのように発言者に突き刺さる。理性的理解能力がない者には倫理は適用されないのだったら、新生児や重度の認知症患者なども同様に倫理的考慮の対象にはならないということを含意してしまうからである。こうした含意は、人間にのみ倫理的考慮を当てはめるべきだという主張をする方も受け入れたくないだろう。この論点は動物倫理では基本的なもので「マージナルケースの問題」と呼ばれている。かくして、動物への倫理的配慮という議論を受け入れたくないという人たちは、結局、人間と動物は違う、という断定を根拠にもち出すことになる。これは、しかし、ピーター・シンガーによって「種差別（speciesism）」として糾弾された、差別的態度の一種だと捉えられている。「差別」が好ましいものでない限り、種差別も道徳的には問題含みの態度だ、ということになるだろう。以上述べたことなどは、今日の動物倫理でのスタンダードな論の運びである。

もっとも、進化認知学の推進者であるドゥ・ヴァールによれば、タコなどの軟体動物も含めて、多くの動物たちには理性的な推論能力・認知能力があることが判明しているという。たとえば、タコに対して、一貫して餌を与える人間と、棒でタコをつつく人間との、二人の人間に続けて会わせると、やがて、いやな人間には水を噴射し、好ましい人間には近寄っていき、相手をびしょ濡れにするようなことはしなかった、という（ドゥ・ヴァール 2017, p.324）。驚くべきことである。理性的能力によって人間とそのほかの動物とを区別することは、将来的には時代遅れの遺物のような議論になるのではなかろうか。

16 「返礼モデル」については、一ノ瀬（2015c）を参照。この点についてひとつ注記すれば、犬を主軸にした見方を真に貫くことは、本当の意味で「高潔」な態度を取ることになるので、現実的には多くの人々に疎まれることになるはずである。この点、犬儒派を代表するディオゲネスについての次の伝承は示唆的である。「彼は自分のことを、誰からも賞賛されているような種類の犬だと言っていた。だが、そのような称賛者の誰ひとり、自分を連れて狩猟に出かけようとするものはいないのだと」（ディオゲネス・ラエルティオス 1989, p.137）。人間の道徳と、人間の現実との間には、懸隔がある。それを皮肉によって揶揄することで、たとえ時間がかかろうと、一歩ずつの改善を図っていくこと、それが犬を主軸にする立場の真骨頂である。

17 https://www.city.kobe.lg.jp/a99375/shise/kekaku/kezaikankokyoku/yugaichoju/boar/index.html（二〇二一年一月二十六日閲覧）

18 環境省HPより作成。二〇一五年度は十二月までの暫定値。https://www.env.go.jp/nature/choju/conf/conf_wp/conf04-04/mat01.pdf（二〇二一年一月二十六日閲覧）

19 環境省調べ。シカは北海道のエゾシカを含む数値。二〇一八年捕獲数は二〇一九年十月三日時点の速報値。

20 農林水産省調べ。https://www.maff.go.jp/j/wpaper/w_maff/h25/h25_h/trend/part1/chap3/c3_1_02.html（二〇二一年一月二十六日閲覧）

21 https://mainichi.jp/articles/20170505/k00/00m/040/125000c（二〇二一年一月二十六日閲覧）

22 http://blog.livedoor.jp/liablog/archives/1883319.html（二〇二一年一月二十六日閲覧）

第5章

1 ここでの「トートロジカル」という言い方は、進化理論における「最適者生存（the survival of the fittest）」のスローガンに関するトートロジー問題のそれと似ている。そこでの「トートロジー問題」とは、誰が生存するのかと問うと、最適者であると答えることになり、誰が最適者なのかと問うと、生存している者であると答えることになり、無内容なスローガンになっているのではないか、という問題である（Sober 2000, pp.70–74）。私は、人間は幸福を追求する、という述べ方も、自殺や自傷も含めて、つねに妥当する主張として提起されているとするなら、人間の営みとは幸福追求のことである、と定義しているようなもので、やはり幸福概念が空転していることになりはしないか、という問いかけをここで一旦提起しているのである。進化理論での「適者」を規定する「適応度（fitness）」は、つまるところ個体生存と繁殖であり、それはつまり長寿と子孫繁栄のことであり、そうした二つの様相は幸福概念のおそらく核心に位置するものであることを考えると、進化理論に関するトートロジー問題と、幸福概念に対するトートロジーの疑念とは、実は本来的に結びつくべきアナロジーであるとも言えるのではなかろうか。いずれにせよ、合理性や幸福概念を進化理論と照らし合わせて考察することは、すでに進化心理学や道徳心理学において関連する知見が重なっており、哲学もまたそうした論争領域にもっと深く分け入るべきだと思われる。

2　http://www2.ttcn.ne.jp/honkawa/1615.html（二〇二一年一月二十六日閲覧）

3　朝日新聞デジタル https://www.asahi.com/articles/ASN705HBN70UTFL009.html（二〇二一年一月二十六日閲覧）

4　先に3節でも触れたことからも分かるように、私は功利主義（大福主義）を前提して語っている。それは偏向なのではないか、という疑問もありえるだろう。ここではこの疑問については深く追わない。ただ、政治経済という、社会の根幹の構造に関して、功利主義が事実として機能していることは疑いない。多くの政治家は「国益」という言葉を使っており、そのことを私たち市民も特別に奇異に思わないという事実が、その証左のひとつである。あるいは、大学の教授会でも、いろいろな決め事の際に「学生の利益に」という視点がしばしば打ち出される。それを道徳的に悪であると思う人はいないだろう。この場合の「益」は、満足とか納得とか充足とか、そうした意義が込められていることに注意してほしい。功利主義は、（悪意から？）往々にして金儲けをよしとする思想のように扱われることがあるが、とんでもない誤解である。人々の幸福を、社会の幸福を追求する倫理学説、それが功利主義（大福主義）である。そして、私たちは、実生活、経済活動、学術活動、のほぼすべてにおいて、自覚はないとしても、そしてそう自覚したくないとしても、功利主義に事実として従っている。そうした意味で、私の前提は決して的外れにはならないはずである。

5 「令和元年における少年非行、児童虐待及び子供の性被害の状況」警察庁生活安全局少年課 https://www.npa.go.jp/safetylife/syonen/hikou_gyakutai_sakusyu/R1.pdf（二〇二一年一月二十六日閲覧）

6 http://blogos.com/article/44016/（二〇二一年一月二十六日閲覧）参照。

7 http://www.u-tokyo.ac.jp/ja/utokyo-research/editors-choice/straight-from-the-pages-of-science-fiction.html（二〇二一年一月二十六日閲覧）

8 私は「起こった後で振り返る」と記したが、こうした振り返る時点はいつなのか、という問題がある。ひとつには、すでに何か損害などが現に起こってしまった現在の時点で振り返る、という状況がある。これももちろん遡及志向性なのだが、第8節で触れるように、こうした状況はむしろ未来志向性の文脈に吸収できるような状況である。もうひとつには、振り返るのは、何か損害が発生する（と予測される）未来の時点である、とする解釈可能性がある。実は、本文で私が触れた遡及志向性はこうした解釈のもとでの遡及である。これは、考えてみると奇妙な形の遡及なのだが、しばしば私たちはこうした遡及を志向する。これがどのような意義をもち、どのように評価されるべきかについて、私は第6章で「予防原則（precautionary principle）」の問題と関連させて論究する。その際、「予防原則」を、「前進原則（proactionary principle）」という日本ではあまり紹介の進んでいない原則との対比を射程に入れつつ、「反事実的条件文(counterfactual conditionals)」と「直説法条件文(indicative conditionals)」との相違を射程に入れながら、詳細に検討していく。

第6章

1 https://www.unscear.org/docs/reports/2013/14-02678_Report_2013_MainText_JP.pdf#search=%27UNSCEAR+%E6%9D%B1%E6%97%A5%E6%9C%AC%E5%A4%A7%E9%9C%87%E7%81%BD+%E5%A0%B1%E5%91%8A%27 および https://www.unscear.org/docs/Fukushima_WP2015_web_jp_rev_V1600133.pdf を参照（ともに二〇二一年一月二十六日閲覧）。とくに前者の p.29、および後者の p.14 を参照すると、福島県の一般住民の被曝線量は外部・内部被曝ともにきわめて低く抑えられていたことが分かる。

2 https://www-pub.iaea.org/MTCD/Publications/PDF/SupplementaryMaterials/P1710/Languages/Japanese.pdf#search=%27IAEA+%E6%9D%B1%E6%97%A5%E6%9C%AC%E5%A4%A7%E9%9C%87%E7%81%BD+%E5%A0%B1%E5%91%8A%27（二〇二一年一月二十六日閲覧）。この報告書の「四・三　放射線被ばく」を見ると、福島市の様々な地域での被曝線量値が記されてお

り、また、子どもの放射性ヨウ素の内部被曝についても記されていて、それは十分に低く抑えられていて、チェルノブイリ原発事故の千分の一から百分の一の線量で、健康影響はまずありえないことが報告されている。

3 https://www.cbd.int/doc/ref/rio-declaration.shtml（二〇二一年一月二十六日閲覧）, Principle 15

4 「弱い予防原則」と「費用便益分析」とが結局は近似してしまうのではないか、という疑問に対して、高津融男は「否」と論じている。高津によれば、「費用便益分析」は社会の合意形成が目的であって、社会のあり方についての批判的考慮や将来世代への配慮は排除されているのに対して、「弱い予防原則」はそうした考慮や配慮を行い、どのような社会に生きたいのか、新技術の導入はどれだけの価値があるのか、という問いを立てる、とされる（高津 2004）。たしかに、高津の指摘するとおり、社会のあり方への反省や将来世代への配慮は、社会的な政策決定にとって絶対に無視できない要素である。なんでもかんでも、その場だけの利害だけで盲目的に意思決定してよいわけがない。けれど、こうした「弱い予防原則」と「費用便益分析」の対比的特徴づけは、私には、「費用便益分析」での「便益（benefit）」というものに対する無意識的な矮小化によるものではないかと感じられる。「便益」を、ごく有体的な物理的有益性として捉えるならば、たしかに「費用便益分析」は広い視野からの考慮を欠いているように聞こえる。けれども、ごく普通に考えて「便益」というのは、有体的なものだけでなく無体的なものを含むのではないか。たとえば、景観の美しさとか、環境自然音による安らぎとか、宗教的信仰の保護とか、そして、子孫のための適切な環境の保全とか、そうしたものも「便益」と考えられるのではなかろうか。事実、それらの無体的な価値もまた、流通マーケットや財政システムの中で変成され、経済的価値さえもちうるのである。景観の写真、自然音CD、お守り、環境税、などとしてである。こうした「便益」概念は、サンデルが「この功利主義の論理は、「費用便益分析」という名で、いつも企業や政府がよく使ってきたものだ」（サンデル 2012, p.61）というように、いわゆる功利主義（私は大福主義と呼ぶ）と直結した文脈で語られる概念であり、そこでの「功利（utility）」概念の言い換えであると考えられる。つまり、「費用便益分析」は間違いなく伝統的な功利主義（大福主義）を継承する思考法なのである。しかるに、大福主義者の右代表の一人であるJ・S・ミルが、「最大多数の最大幸福」を謳うベンサムの当初の功利主義（大福主義）を継承するときに、質的な快楽を「功利（utility）」として導入したことは哲学史の中でよく知られている。加えて言えば、そうした功利主義（大福主義）は、二十世紀になってR・M・ヘアによって「選好（preference）」の概念によってさらに刷新されていった。ヘアは、どれを価値的に好むか、という点に功利性判断の基準を据え直したのである。こうなると、社会のあり方や将来世代への配慮などを含む、広い視野からの価値判断はすべて「功利」や「便益」の概念の中に包摂されうることになる。「便益」や「功利」という概念を理解するとき、こうした歴史的経緯は無視されてはならないし、性急な矮小化は避けるべきだろう。

5 https://www.env.go.jp/policy/tax/about.html（二〇二一年一月二十六日閲覧）

6 むろん、だからといって「費用便益分析」が完璧な説得性と明断性をもつとは言えない。「費用」つまりコストをどう計算するか、「便益」を測る基準をどうするか、益の分配をどうするかなど、「弱い予防原則」の問題点とさほど違わない原理的な問題がすぐに湧出してしまう。前頁の註4でも記したように、「便益」を表層的に金銭的利益として限定して理解してしまうと、まことに奇妙な議論が生まれてしまう。たとえば、サンデルは、タバコ会社がタバコ販売の便益を計算するときに、多くの国民が早死にするのでその分医療費や年金が削減される、だから大きな便益がある、と考えて、大いに批判された、という例を「費用便益分析」批判の脈絡で挙げている（サンデル 2012, pp.61–63）。これは明らかに「便益」という概念を表層的な金銭価値として限定的に捉えた上での「費用便益分析」批判である。しかし、よく考えてみれば、多くの人が亡くなる帰結が、功利主義・大福主義の「最大多数の最大幸福」に合致するはずがない。しかし、往々にして、こうした「費用便益分析」批判が主張される傾向がある。だが、「便益」概念は、思われている以上に幅が広いのである。たとえば、学会での講演が有意義だったとき、「まことに有益(beneficial)だった」と称賛されるときがある。まさしくこれは「便益（benefit）」である。けれども、必ずしも金銭的価値で測られるわけでもない。とはいえ、では、どのように「便益」を量的に測るのか、と問われると、なかなか明確な答えは出しにくい。かつてリチャード・ジェフリーが展開したようなベイズ主義に基づく「望ましさ（desirability）」や「選好（preference）」規定が、「功利」概念の理論的規定候補としてありうるが、どこまで一般的説得性を獲得しているか、どれほど成功しているか、は定かではない（Jeffrey 1965）。また、「費用」についても、その場だけのことを考える場合と、通時的な視点を入れる場合とで、当然出てくる評価も違ってくるだろう。私は「費用便益分析」には考慮に値する意義が大いにあると捉えているが、詳細を詰めようとしたときに多様な問題が浮かんでくることは否定しようがない。しかし、ここでは「予防原則」を放射線被曝問題に適用することの是非が主題なので、「費用便益分析」それ自体の検討には立ち入らない。

7 東日本大震災後に、放射線被曝に対して「予防原則」を適用し、ともかく避難、という行動を促そうとした人が存在した。たとえば、自身の恐怖心のゆえか理解不足のゆえか、「予防原則」について「国際的な了解事項となりつつある」(影浦 2012, p.143) といった不注意な発言をした人も少なからず存在した。これはまことに痛恨の事態であった。こうした発言が人々の放射線被曝に対する恐怖感を煽り、避難行動がそれによって直接、間接に促され、関連死増加を招いてしまった。緊急時の行動指針につながるような発言は、めぐりめぐって人々の死をもたらしうるということに私たちは敏感であるべきだし、想像力を働かせるべきである。

8 https://www.gdrc.org/u-gov/precaution-3.html (二〇二一年一月二十六日閲覧)

9 https://lidea.today/articles/423 (二〇二一年一月二十六日閲覧)

10 このことは、逆に、意思決定原理あるいは方針決定原理として以外の仕方であるならば、「予防原則」は有意味に理解しうる、ということも含意する。実は、「予防原則」を支持する研究者の、読むに値する論考は、ほとんどこうした、意思決定原理として以外の審級で「予防原則」を扱おうとしているように私には感じられる。たとえば、スティールは、「メタ予防原則」という、どういう意思決定ルールを採用すべきかを決定する際の原理として、「予防原則」の意義を再構成しようという意図のもと、驚くべきことに、「整合性」や「一意性の定理」といった道具立てを駆使して、「予防原則」の論理的な定式化を試みたりして、「予防原則」のポジティブな側面を論じようとしている (Steel 2015)。ただ、私は「メタ予防原則」をもち出してまで「予防原則」を守ろうとしなくても、そこまでのレベルまで論を進めるつもりならば、なにも「予防原則」という考え方や呼称にこだわる必要はなく、素直に「価値判断」が意思決定には必要だというように論じればよいのではないかと、思わなくもない。いずれにせよ、どんなに批判を受けても、「予防原則」を死守しようとする一群の人々が存在することに、私は驚きを禁じえない。どこかに、何か魔法のような魅力を秘めているのだろうか。一研究者として、「予防原則」に人々を引き寄せる誘因力があるという事実は、事実として、重く受けとめたい。

11 私は、自身の研究の中心的主題として、因果性とは何か、という問いを立てている。私の基本的スタンスは、本書第3章に示されているように、因果関係の根底に予防概念が本質的に機能していると捉える点にある。そういう意味では、私自身の議論の核心部分に、まさしく予防概念があるのである。一ノ瀬 (2018) をぜひ参照していただきたい。ただし、そこでの「予防」は、予防原則での「予防」とは異なり、第6章第3節で触れた「防止原則」での「防止」と同義であり、確率込みの予見が可能な事象への予防である。

12 一ノ瀬（2006, pp.262–263）を参照してほしい。

13 ただし、注意しておくならば、反事実的条件文に確率概念を適用するという試みは、ルイスの議論の文脈とはやや異なる観点から、つとに展開されてはきた。Ramachandran (2004) や Schulz (2017) などがその例になるだろう。

14 本章では、「予防原則」に対立する考え方として「費用便益分析」を挙げたが、それは意思決定原理として論じるという文脈をさしあたり採用したからであった。しかし、「予防原則」を主として科学技術に対するある種の理念表明と捉えるという文脈で解するならば、「予防原則」に対して今日「前進原則（the Proactionary Principle）」という考え方が提唱されていることにも言及しておく必要があるだろう。これは、マックス・モアや、スティーブ・フラーが提起している立場で、「予防原則」が基本的傾向として「リスクを避ける」という考え方に拠るのに対して、「前進原則」は「リスクを取る」という基調に則っている。モアの「前進原則」に対する定式化を引いておこう。「イノベーションや発展に対する自由を擁護せよ、しかし同時に付帯的に発生する結果について思考し計画せよ」(More 2013, p.264)。「大胆かつ前進的なイノベーションを促進せよ。人類の便益を最大にするようなイノベーションをなんとか達成せよ。イノベーションについて、包括的かつ客観的かつバランスを考慮して、考えよ」(More 2013, p.264)。フラーはさらに進めて「前進命法（the Proactionary Imperative）」を提唱し、それは「リスクというものを人間的であるという意味を構成する要素として包含させることに関わる。過去にとらわれるよりも、運命の手に将来の成功を委ねる方をよしとせよ（Better to give hostage to future than be captive to the past）」(Fuller and Lipinska 2014, p.3) と、大胆な定式を提起している。いけいけどんどん、という脳天気な考え方にも聞こえるが、モアは、自身の提言の中で、「もし当該の活動の潜在的でネガティブな影響の発生確率が高く、それが深刻なものである場合には、そのときにのみ、制限的で予防的な方針について考慮しなければならない」(More 2013, p.266) という言い方で、技術革新を制限する場合についても述べることは述べている。いずれにせよ、私が前章で用いた言い方を使うならば、「予防原則」が遡及志向的であるのに対して、「前進原則」は未来志向的であると言えるだろう。ホルブルックとブリッグルは、「予防原則」と「前進原則」について、そのコントラストを強調して、あえて完全に対照的な特徴付けを与えている。それによれば、「予防原則」は、因果関係がよりよく理解されるまでは活動を禁止せよと命じ、科学技術について、無罪であると証明されるまでは有罪であると捉え、挙証責任は活動の提唱者にあるとするのに対して、「前進原則」は、因果関係についてさらによく学んで行きつつ活動を振興させよと命じ、科学技術について、有罪であると証明されるまでは無罪であると考え、挙証責任は活動に対する反対者にあるとする、とされる（Holbrook and Briggle 2013, p.17）。これほど戯画的なコントラストが本当に適切かは定かではないが、「予防原則」に対する「前進原則」という構図については、今後さらなる検討が必要であることは間違いないし、「予防原則」を真ん中においた場合の、「費用便益分析」と「前進原則」との関連についてもさらなる考究が求められていると言えるだろう。

15 死ぬと、「いのち」がなくなる。その通りである。けれども、生きている「いのち」がなくなったからと言って、無になった、と言えるかどうかはまた別の問題である。この点について私は、死者に対する謝罪や名誉回復といった営みに即して多少の議論を展開した。本書の「まえがき」および一ノ瀬（2019a, pp.383–389）を参照してほしい。

補章

1 同様なことは、「お金よりもいのち」とか「経済よりもいのち」とか「たかが電気」といった、二〇一一年の東日本大震災と福島第一原発事故の直後にしばしば提起された言説に関しても言えるだろう。ちょっと落ち着いて考えれば、「経済」と「いのち」とは相反するものではなく、経済的な安定によって「いのち」が守られている側面が多々あることに思い至る。実際、今日の哲学倫理の世界では経済的な意味での「貧困」は最大級の関心事であるし、日本に限っても「子どもの貧困」が重大問題として浮上してきているが、その理由は、貧困は「いのち」を危険にさらすからにほかならないからである。ＳＤＧｓの第一ゴールに、「貧困」をなくそう、とあるのはゆえなきことではない。「電気」も同様である。電気の供給が十分でないと、たとえば、病院での透析に支障が生じ透析患者の「いのち」が危険に曝されるし、食品工場における停電が食品の冷蔵を困難にさせ、結果として大量の食材廃棄につながり、死活問題となることは、少しの想像力があれば分かるはずである。経済的な基盤をなす電気や水道や道路などのインフラは、それだけさえあれば十分に幸福になれるというものではないとしても、幸福になるための必要条件であるとは言える。インフラの恩恵を絶えず受けながら安全で便利な生活を享受しつつ、それを軽視するということがあるとしたら、それはいささか子どもじみているのではないか。大きな人為的事故や、科学技術の弊害が顕在化したとき、自然と人工、いのちと経済、といった単純な二分法でものを考えたくなる心情は心理的には分からなくもないが、それはポピュリズムへの罠であり、人間や世界の事象が本質的に受け持っている複雑性・複層性を不注意にも見逃すことになる。いや、単なる見逃しではすまない。現実の根底に宿る「両義的なゆらぎ」を見過ごすことは、結果的に、私たちの生活を脅かし、「いのち」を危うくする要因になりうるという点で、まことに有害なのである（ここにも「社会生活に役立つ」という評価基準がひっそりと忍び込んでいる点、注意しておきたい）。学者や研究者と呼ばれる立場の人にさえ、こうした単純な二分法に取り込まれてしまう人が少なからずいる、というのは本当に驚きである。なぜ、このような幼稚にさえ見える思考様態へと流されてしまうのだろうか。「貧困」という世界的な問題について無知なのだろうか。教育のなせるわざなのだろうか。なんとも情けない。いずれにせよ、一旦深呼吸をして、ぜひとも冷静に事態を眺めてほしい。

2 がんの存在が人類という種の保存に貢献するかどうかという問題に直ちに関わらないとしても、がんが、生物の進化のプロセスの中で発生してきたという捉え方は珍しいものではなく、以前から提起されている。たとえば、日本の文献で言うと、古くは、近藤（1992）にそうした議論を見ることができる。近藤は、がん細胞という点からすれば、「がん変異は、細胞の生存に有益な変異である」（近藤 1992, p.1618）として、がんに対して進化理論的考察をしている。近年は、こうしたがんに対する進化理論的解明を、がん治療に活用しようという機運も一部高まっている。たとえば、Sprouffske *et al.* (2012) などにそうした動きを確認できる。別な視点からすると、こうしたがん治療研究が、がんのみならず疾病一般の治療に対する波及効果も含めて、人類の生存能力つまりは適応度の上昇に貢献することも考えられるので、そういう意味では、がんの存在は進化理論的に人類の種の保存に有効に作用しうると言えるかもしれない。

3 およそ六五〇〇万年前の、いわゆる「K-Pg 境界（Cretaceous-Paleogene boundary）」あるいは「K-T 境界（Cretaceous-Tertiary Boundary）」と呼ばれる時代に、巨大隕石が落ちて、恐竜を含む、地球上の多くの生物が死滅したとする「アルバレス仮説（Alvarez hypothesis）」などが、その例となるだろう。実際、そうした痕跡の証拠と考えられるクレーターがメキシコなどで発見されている。例えば、https://www.s.u-tokyo.ac.jp/ja/story/newsletter/keywords/03/02.html（二〇二一年一月二十六日閲覧）を参照。

4 こうした言い方に対して当然出てくる反応は、「契約説」や、ロールズの「無知のヴェール」のような、思考実験的に無所属中立を想定する議論はどう評価するのか、という疑問であろう。この疑問に対する最も簡便な応答は、国家そのものの根拠を問題にする文脈と、本論考が主題にしているような既存の国家内での具体的問題を扱う文脈とでは、おのずと思考法は異なる、というものであろう。さしあたり私は、ここではこうした応答に寄り添うことにしたい。ただ私は、根源的には、思考実験による議論の評価には、そこで使用される「条件文」の分析が欠かせないと理解している。この点については、一ノ瀬（2020b）を参照。

5 http://www.pref.kanagawa.jp/cnt/f7304/p26916.html（二〇二一年一月二十六日閲覧）

6 大分県立看護科学大学HPより。http://www.oita-nhs.ac.jp/news/detail/156（二〇二一年一月二十六日閲覧）

7 こうした問題提起は、動物倫理の文脈で、かつてドムブロウスキーが提唱した「マージナル・ケースからの論証（argument from marginal cases）」と同じである。これは第4章の註15でも触れた論点だが、ここではエリザベス・アンダーソンの明瞭な説明を引用しておこう。「大抵の人間は、自律的に行動できるなどの、道徳的に適切な能力を有しているが、動物にはそれはない。けれども、私たちは、そうした優れて人間的な能力を、権利を有するとか公平な配慮を受ける資格があるといったことの必須要件として捉えてはいない。なぜなら、幼児や深刻に認識能力が低下した認知症患者や、そのほかの、そうした優れて人間的な能力を有していないとか、そうした能力を発達させることや回復することができない人間もまた、権利を有し、公平な配慮を受ける資格があると明らかに承認しているからである〔…〕そうした権利は、感覚体であって意志をもっているという、道徳的に適切な能力の所持に基礎づけられているのであり、それらの能力は人間ではない動物たちも同様に所持している。それゆえ、道徳的に首尾一貫して論じるためには、私たちは、これらの同じ権利や道徳的配慮を、等しい能力をもつすべての被造物に拡張して適用しなければならない」（Anderson 2004, p.280）。

8 ここでの私の議論は、あくまで、指導要領の人間規定の表現がM文で表せる、ということを前提している。可能性としては、指導要領の人間規定を、M文ではなく、「様々な立場を理解できる存在であるならば、人間である」という意味の表現として理解する道もあるかもしれない。もしそうならば、私の議論は妥当しないだろう。しかし、指導要領の人間規定を、M文ではなく、このように理解するのは日常言語表現の理解としてはいかにも苦しいのではないか、というのが私の捉え方である。

9 「いのちは大切」と「いのちは切なし」については、第1章を振り返ってほしい。

10 二〇一八年九月十三日「日本経済新聞」参照。https://www.nikkei.com/article/DGXMZO35302860T10C18A9CR0000/（二〇二一年一月二十六日閲覧）

11 とはいえ、「利己主義」が倫理学の立場にならない、ということではない。この点も誤解されている向きがあるので、一言しておく。たとえば、ホッブズの「万人の万人に対する闘争」による契約説は、利己主義を貫くためには社会のルールを決めなければならなくなる、という議論であり、それは「倫理的利己主義（ethical egoism）」と呼ばれる考えの一種である。Frankena (1973, pp.15–20) を参照。

あとがき

1　ＣＮＮの次の記事を参照。https://www.cnn.co.jp/world/35164122.html（二〇二一年一月二十六日閲覧）

2　たとえば https://www.sankei.com/column/news/170207/clm1702070001-n1.html（二〇二一年一月二十六日閲覧）参照。

3　こうしたエピソードから、病気—治療という対が、犯罪—刑罰という対とアナロジーをなしてしまう場合がある、という（恐るべき！）理解可能性が連想的に浮かび上がるかもしれない。しかし、福島差別問題や、コロナ問題における自粛警察などを想起すると、そのようなアナロジーもあながち荒唐無稽なわけではなく、ありうるとも思われてくる。おそらく、コロナ対策に関して、入院を拒否した人々に刑事罰を加える、という案を日本政府が一時考慮していた、という事実も、病気—治療と犯罪—刑罰のアナロジーの成立可能性を暗示するのではないか。これらの事象は、放射線拡散予防対策や感染予防対策をしないことを、（かなりの誤解を混ぜながら）あたかも犯罪の未遂のようなものと類比的に見なし、それへの処分をしている、と解することが可能のように思われてしまうのである。似たことは、犯罪行為を病気に対応させるという、逆の方向からも類推可能かもしれない。実際、場合によっては、犯罪をなした者を病人として扱うというのは、必ずしも珍しいことではなく、そうした者への刑罰、すなわち処分は、一種の治療として表象されうる。こうした点、頭からタブー視することなく、虚心坦懐に検討していく必要があるだろう。

の放射線被ばくの影響と今後の課題——現在の科学的知見を福島で生かすために」, 2017.（URL: http://www.scj.go.jp/ja/info/kohyo/pdf/kohyo-23-h170901.pdf#search=%27%E5%AD%A6%E8%A1%93%E4%BC%9A%E8%AD%B0+%E6%94%BE%E5%B0%84%E7%B7%9A%27, 2020年12月5日閲覧）

早野龍五・糸井重里『知ろうとすること。』新潮社, 2014.

福島章『犯罪精神医学入門』中公新書, 2005.

藤岡典夫「予防原則の意義」, 農林水産省『農林水産政策研究』8: pp. 33–52, 2005.

松永和紀『メディア・バイアス——あやしい健康情報とニセ科学』光文社新書, 2007.

水谷哲也『新型コロナウイルス——脅威を制する正しい知識』東京化学同人, 2020.

宮地繁樹「化学物質のリスクアセスメント——その背景と基礎的な考え方」, 情報機構月刊化学物質管理編集部『月刊化学物質管理』情報機構, 2017.

村井実『人間の権利——あすの生き方を思索する』講談社現代新書, 1964.

文部科学省『高等学校学習指導要領』2018.（URL: https://www.mext.go.jp/sports/content/1384661_6_1_2.pdf, 2020年12月5日閲覧）

ダレル・P. ロウボトム, 佐竹祐介訳, 一ノ瀬正樹解説『現代哲学のキーコンセプト　確率』岩波書店, 2019.

1989.

児玉一八『図解身近にあふれる「放射線」が3時間でわかる本』明日香出版社, 2020.

小長谷正明『世界史を変えたパンデミック』, 幻冬舎新書, 2020.

近藤宗平「遺伝子は変わるべくして変わる —— がん化と進化の接点」,『蛋白質核酸酵素』共立出版, 37(10): pp. 1615–1627, 1992.

M. サンデル, NHK制作チーム・小林正弥・杉田晶子訳『ハーバード白熱教室講義録・上』早川書房, 2012.

白井駿『犯罪の現象学 —— 犯罪に関する法哲学的研究』白順社, 1984.

鈴木宏昭『認知バイアス —— 心に潜むふしぎな働き』講談社, 2020.

祖田修『鳥獣害 —— 動物たちと、どう向き合うか』岩波新書, 2016.

眞並恭介『牛と土 —— 福島、3.11その後。』集英社, 2015.

高津融男「予防原則は政策の指針として役立たないのか?」,『京都女子大学現代社会研究』7: pp. 163–175, 2004.

竹村和久「リスク認知の基盤 —— 不確実性下の判断と確率判断の基本特性」, 中谷内一也編『リスクの社会心理学 —— 人間の理解と信頼の構築に向けて』有斐閣, pp. 3–21, 2012.

舘野之男『放射線と健康』岩波新書, 2001.

ディオゲネス・ラエルティオス, 加来彰俊訳『ギリシア哲学者列伝(中)』岩波文庫, 1989.

ジャン=ピエール・デュプュイ, 嶋崎正樹訳『ツナミの小形而上学』岩波書店, 2011.

土居雅広・神田玲子・米原英典・吉永信治・島田義也, 独立行政法人放射線医学総合研究所編『低線量放射線と健康影響』医療科学社, 2007.

F. ドゥ・ヴァール, 松沢哲郎・柴田裕之訳『動物の賢さがわかるほど人間は賢いのか』紀伊國屋書店, 2017.

坪野吉孝『食べ物とがん予防 —— 健康情報をどう読むか』文藝春秋, 2002.

友野隆成・鹿内美冴「曖昧さに対するパーソナリティ特性と抑うつの関連性」,『宮城学院女子大学研究論文集(文化学会)』115: pp. 55–65, 2012.

中西準子『リスクと向きあう』中央公論新社, 2012.

中山竜一「リスク社会における法と自己決定」, 田中成明編『現代法の展望 —— 自己決定の諸相』有斐閣, pp. 253–280, 2004.

日本学術会議・臨床医学委員会・放射線防護・リスクマネジメント分科会報告「子ども

130(802): pp. 46–74, 2015b.

———「「ハチ」そして「犬との暮らし」をめぐる哲学断章」, 一ノ瀬正樹・正木春彦編『東大ハチ公物語 』東京大学出版会, 2015c.

———『英米哲学入門 ——「である」と「べき」の交差する世界』ちくま新書, 2018.

———『死の所有 増補新装版』, 東京大学出版会, 2019a.

———「イノベーションは何のために —— SDGsを見据えた哲学的一考察」, 事業構想大学院大学出版部編『人間会議：リスク社会を生きる知恵』株式会社日本ビジネス出版部, 2019b.

———「分析哲学の興亡」, 伊藤邦武・山内志朗・中島隆博・納富信留編『世界哲学史8 ——現代グローバル時代の知』筑摩新書, pp. 17–50, 2020a.

———「思考実験」から「知識の新因果説」へ ——ウィリアムソンの議論に即して」, 日本イギリス哲学会編『イギリス哲学研究』43: pp. 17–50, 2020b.

———「「信念の倫理」研究序説」, 武蔵野大学教養教育リサーチセンター編『The Basis : 武蔵野大学教養教育リサーチセンター紀要』2: pp. 25–42, 2021.

一ノ瀬正樹・早野龍五・中川恵一編『福島はあなた自身 ——災害と復興を見つめて』福島民報社, 2018.

一ノ瀬正樹・正木春彦編『東大ハチ公物語』東京大学出版会, 2015.

井上一彦・山口一郎「福島第一原発事故により放出された放射性核種（ストロンチウム、プルトニウム）のヒト乳歯への蓄積に関する研究」,『臨床環境医学』22(2): pp. 102–113, 2013.

H. ギルバート・ウェルチ, スティーヴン・ヴォロシン, リサ・M. シュワルツ, 北原京子訳『過剰診断：健康診断があなたを病気にする』筑摩書房, 2014.

遠藤真弘「諸外国における犬猫殺処分をめぐる状況：イギリス、ドイツ、アメリカ」, 国立国会図書館調査及び立法考査局編『調査と情報』830, pp. 1–10, 2014.

開沼博『はじめての福島学』イースト・プレス, 2015.

D. ガードナー, 田淵健太訳『リスクにあなたは騙される』早川書房, 2009.

影浦峡「安全の語りをめぐって」, 一ノ瀬正樹・伊東乾・影浦峡・児玉龍彦・島薗進・中川恵一編『低線量被曝のモラル』河出書房新社, 2012.

金森修『病魔という悪の物語 ——チフスのメアリー』ちくまプリマー新書, 2006.

鴈宏道『木星・土星ガイドブック』恒星社厚生閣, 2020.

金田一京助・山田明雄・柴田武・山田忠雄編『新明解国語辞典第四版』三省堂,

Volume I: Levels and effects of radiation exposure due to the nuclear accident after the 2011 great East-Japan earthquake and tsunami. (URL: https://www.unscear.org/docs/publications/2013/UNSCEAR_2013_Report_Vol.I.pdf, accessed 2020-12-05)

UNSCEAR, 2016, *Developments since the 2013 UNSCEAR Report on the levels and effects of radiation exposure due to the nuclear accident following the great east-Japan earthquake and tsunami: A 2016 White Paper to guide the Scientific Committee's future programme of work.* (URL: https://www.unscear.org/docs/publications/2016/UNSCEAR_WP_2016.pdf, accessed 2020-12-05)

Wiggins, D., 1980, *Sameness and Substance*, Basil Blackwell.

———, 1987, "The Person as Object of Science, as Subject of Experience, and as Locus of Value," in A. Peacocke and G. Gille (eds.), *Persons and Personality*, Blackwell, pp. 56–74.

邦語文献

相川祐里奈『避難弱者』東洋経済新報社, 2013.

石弘之『感染症の世界史』角川ソフィア文庫, 2018.

一ノ瀬正樹『人格知識論の生成 ——ジョン・ロックの瞬間』東京大学出版会, 1997.

———「「観念」再考 ——経験論の源泉へ」, 哲学史研究会編『西洋哲学史の再構築に向けて』昭和堂, pp. 278–338, 2000.

———『原因と理由の迷宮 ——「なぜならば」の哲学』勁草書房, 2006.

———『確率と曖昧性の哲学』岩波書店, 2011a.

———「放射能問題の被害性 ——哲学は復興に向けて何を語れるか」, 東洋大学国際哲学研究センター編『ポスト福島の哲学』pp. 19–47, 2011b.

———「期待効用の概念をめぐる覚え書き ——原発事故と低線量被曝問題に寄せて」, 東京大学哲学研究室『論集』30: pp. 1–33, 2012.

———『放射能問題に立ち向かう哲学』筑摩選書, 2013a.

———「被害・リスク・予防、そして合理性」, 哲学会編『哲学雑誌』有斐閣, 128(800): pp. 75–105, 2013b.

———「「いのちは大切」、そして「いのちは切なし」——放射能問題に潜む欺瞞をめぐる哲学的再考」, 東京大学哲学研究室『論集』33: pp.1–48, 2015a.

———「断章 いのちは切なし ——人と動物のはざま」, 哲学会編『哲学雑誌』有斐閣,

About Science, Routledge, pp. 617–628.

Schulz, M., 2017, *Counterfactuals and Probability*, Oxford University Press.

Shepard, P. 2008, "The Pet World," in S. J. Armstrong and R. G. Botzler (eds.), *The Animal Ethics Reader*, 2nd ed., Routledge, pp. 551–553.

Singer, P., 1993, *Practical Ethics*, 2nd ed., Cambridge University Press.（山内友三郎・塚崎智監訳『実践の倫理 新版』昭和堂, 1999）

———, 2002, *Animal Liberation*, HarperVollins Publishers.（戸田清訳『動物の解放 改訂版』人文書院, 2011）

Snowdon, P. F., 2014, *Persons, Animals, Ourselves*, Oxford University Press.

Sober, E., 2000, *Philosophy of Biology*, 2nd ed., Westview.（松本俊吉・網谷祐一・森元良太訳『進化論の射程 ――生物学の哲学入門』春秋社, 2009）

Sprouffske, K., Aktipis, C. A., Radich, J. P., Carroll, M., Nedelcu, A. M., and Maley, C. C., 2013, "An Evolutionary Explanation for the Presence of Cancer Nonstem Cells in Neoplasms," *Evolutionary Applications* 6(1): pp. 92–101.

Stalnaker, R. C., 1981, "Probability and Conditionals," in W. L. Harper, R. C. Stalnaker, and G. D. Pearce (eds.), *Ifs*, Reidel Publishing Company, pp. 107–128.

Steel, D., 2015, *Philosophy and the Precautionary Principle: Science, Evidence, and Environmental Policy*, Cambridge University Press.

Strawson, P. F., 1962, "Freedon and Resentment," *Proceedings of the British Academy* 48: pp. 1–25.（法野谷俊哉訳「自由と怒り」, 門脇俊介・野矢茂樹編・監訳『自由と行為の哲学』所収, 春秋社, pp. 31–80, 2010）

Sunstein, C., 2002, *Risk and Reason: Safety, Law, and the Environment*, Cambridge University Press.

———, 2005, *Law of Fear*, Cambridge University Press.（角松生史・内野美穂監訳, 神戸大学ELSプログラム訳『恐怖の法則』勁草書房, 2015）

———, 2007, *Worst-Case Scenarios*, Harvard University Press.（田沢恭子訳『最悪のシナリオ ―― 巨大リスクにどこまで備えるのか』みすず書房, 2012）

Tversky, A. and Kahneman, D., 1983, "Extensional versus Intuitive Reasoning: The Conjunction Fallacy in Probability Judgment," *Psychological Review* 90: pp. 293–315.

UNSCEAR, 2014, *Sources, Effects and Risks of Ionizing Radiation, United Nations Scientific Committee on the Effects of Atomic Radiation (UNSCEAR) 2013 Report,*

Möller, N., 2012, "The Concept of Risk and Safety," in S. Roeser, R. Hillerbrand, P. Syndin, and M. Peterson (eds.), *Hansbook of Risk Theory*, Springer, pp. 55–85.

More, M., 2013, "The Proactionary Principle: Optimizing Technological Outcomes," in M. More and N. Vita-More (eds.), *The Transhumanist Reader*, Wiley-Blackwell, pp. 258–267.

Morris, J., 2000, "Defining the Precautionary Principle," in J. Morris (ed.), *Rethinking Risk and the Precautionary Principle*, Butterworth-Heinemann, pp. 1–21.

Morton, A., 2004, "Indicative versus Subjunctive in Future Conditionals," *Analysis* 64(284): pp. 289–293.

Nomura, S., Gilmour S., Tsubokura, M., Yoneoka, D., Sugimoto, A., Oikawa, T., Kami, M., and Shibuya K., 2013, "Mortality Risk amongst Nursing Home Residents Evacuated after the Fukushima Nuclear Accident: A Retrospective Cohort Study," *PLOS ONE*, 2013.（日本語による要約 URL: www.m.n-tokyo.ac.jp/news/admin/release_20130327.pdf, 2020年12月5日閲覧）

Nozick, R., 1974, *Anarchy, State, and Utopia*, Basic Books.（島津格訳『アナーキー・国家・ユートピア』木鐸社, 1985）

Ohira, T., Takahashi, H., Yasumura, S., Ohtsuru, A., Midorikawa, S., Suzuki, S., Fukushima, T., Shimura, H., Ishikawa, T., Sakai, A., Yamashita, S., Tanigawa, K., Ohto, H., Abe, M., Suzuki, S., and Fukushima Health Management Survey Group, 2016, "Comparison of Childhood Thyroid Cancer Prevalence among 3 Areas Based on External Radiation Dose after the Fukushima Daiichi Nuclear Power Plant Accident: The Fukushima Health Management Survey," *Medicine*, 95(35): e4472.

Perry, S., 2007, "Risk, Harm, Interests, and Rights," in T. Lewens (ed.), *Risk: Philosophical Perspectives*, Routledge.

Putnam, H., 2002, *The Collapse of the Fact/Value Dichotomy and Other Essays*, Harvard University Press.（藤田晋吾・中村正利訳『事実／価値二分法の崩壊』法政大学出版局, 2006）

Ramachandran, M., 2004, "A Counterfactual Analysis of Indeterministic Causation," in J. Collins, N. Hall, and L. A. Paul (eds.), *Causation and Counterfactuals*, The MIT Press, pp. 387–402.

Regan, T., 1983, *The Case for Animal Rights*, University of California Press.

Sandin, P., Peterson, M., Hansson, S. V., Rudén, C., and Juthe, A., 2013, "Five Charges Against the Precautionary Principle," in A. Bird and J. Ladyman (eds.), *Arguing*

Extensive Whole-Body-Counter Surveys," *Proceedings of the Japan Academy Series B*, 89(4): pp. 157–163.

Hoeve, T. and Jacobson, M. Z., 2012, "Worldwide Health Effects of the Fukushima Daiichi Nuclear Accident," *Energy & Environmental Science* 5: 8743–8757.

Holbrook, J. B. and Briggle, A., 2013, "Knowing and Acting: The Precautionary and Proactionary Principle in Relation to Policy Making," *Social Epistemology Review and Reply Collective* 2(5): pp. 15–37.

ICRP Publication 103, 2007, J. Valentin (ed.), *Annals of the ICRP 37: The 2007 Recommendations of the International Commission on Radiation Protection*, Elsevier.

Jeffrey, R. C., 1965, *The Logic of Decision*, 2nd ed., University of Chicago Press.

Jonas, H., 1984, *The Imperative of Responsibility: In Search of an Ethics for the Technological Age*, The University of Chicago Press.（加藤尚武監訳『責任という原理――科学技術文明のための倫理学の試み 新装版』東信堂, 2010）

Lewis, C. T. and Short, C., 1975, *A Latin Dictionary: Founded on Andrew's Edition of Freund's Latin Dictionary*, Clarendon Press.

Lewis, D., 1986a, "Probabilities of Conditionals and Conditional Probabilities," *Philosophical Papers Volume II*, Oxford University Press, pp. 133–156.

———, 1986b, "Causation," *Philosophical Papers Volume II*, Oxford University Press, pp. 159–213.

———, 2004, "Causation as Influence," in J. Collins, N. Hall, and L. A. Paul (eds.), *Causation and Counterfactuals*, MIT Press, pp. 75–106.

Locke, J., 1960, *Two Treatises of Government*, P. Lasletted (ed.), Cambridge University Press.（伊藤宏之訳『全訳 統治論』柏書房, 1997／加藤節訳『完訳 統治二論』岩波文庫, 2010）

———, 1975, *An Essay concerning Human Understanding*, P. H. Nidditched (ed.), Clarendon Press.（大槻春彦訳『人間知性論（一）-（四）』岩波文庫, 1972–1977）

Manson, N. A., 2013, "Formulating the Precautionary Principle," in A. Bird and J. Ladyman (eds.), *Arguing About Science*, Routledge, pp. 607–616.

Mill, J. S., 1987, "Utilitarianism," in A. Ryan (ed.), *John Stuart Mill and Jeremy Bentham: Utilitarianism and Other Essays*, Penguin Classics, pp. 272–338.（伊原吉之助訳「功利主義論」,『中公バックス世界の名著49』中央公論社, pp. 459–528, 1979）

Conditionals, Oxford University Press, pp. 176–201.

Finkelstein, C., 2003, "Is Risk a Harm?" *University of Pennsylvania Law Reviews* 151: pp. 963–1001.

Fischhoff, B. and Kadvary, J., 2011, *Risk: A Very Short Introduction*, Oxford University Press.（中谷内一也訳『リスク』丸善出版, 2015）

Francione, G. L., 2008, *Animals as Persons: Essays on the Abolition of Animal Exploitation*, Columbia University Press.

Frankena, W. K., 1973, *Ethics,* 2nd ed., Prentice-Hall.（杖下隆英訳『倫理学 改訂版』培風館, 1975）

Fuller, S. and Lipinska, V., 2014, *The Proactionary Imperative: A Foundation for Transhumanism*, Palgrave Macmillan.

Gibbard, A. and Harper, W. L., 1981, "Counterfactuals and Two Kinds of Expected Utility," in W. L. Harper, R. C. Stalnaker, and G. D. PearceIfs (eds.), *Ifs*, Reidel Publishing Company, pp. 153–190.

Gillies, D., 2000, *Philosophical Theories of Probability*, Routledge.

Goodman, N., 1978, *Ways of World Making*, Harvester Press.（菅野盾樹訳『世界制作の方法』ちくま学芸文庫, 2008）

Graham, J. D. and Wiener, J. B., 1995, "Confronting Risk Tradeoffs," in J. D. Graham and J. B. Wiener (eds.), *Risk vs. Risk: Tradeoffs in Protecting Health and the Environment*, Harvard University Press, pp. 1–41.（菅原努訳「リスク・トレイドオフとはどういうことか」, 菅原努監訳『リスク対リスク ――環境と健康のリスクを減らすために』所収, 昭和堂, pp. 1–41, 1998）

Harris, J., 1999, "The Value of Life," in H. Kuhse and P. Singer (eds.), *Bioethics: An Anthology*, Blackwell, pp. 365–373.

Hare, R. M., 1981, *Moral Thinking: Its Levels, Method and Point*, Clarendon Press.（内井惣七・山内友三郎訳『道徳的に考える ――レベル・方法・要点』勁草書房, 1994）

Hart, H. L. A. and Honoré, T., 1985, *Causation in the Law*, Oxford University Press.（井上祐司・真鍋毅・植田博訳『法における因果性』九州大学出版会, 1991）

Hayano, R. S., Tsubokura, M., Miyazaki, M., Satou, H., Sato, K., Masaki, S., and Sakuma, Y., 2013, "Internal Radiocesium Contamination of Adults and Children in Fukushima 7 to 20 Months after the Fukushima NPP Accident as Measured by

参考文献

欧語文献

Adams, A. W., 1975, *The Logic of Conditionals*, Reidel.

Anderson, E., 2004, "Animal Rights and the Values of Nonhuman Life," in C. Sunstein and M. C. Nussbaum (eds.), *Animal Rights: Current Debates and New Directions*, Oxford University Press.

Battin M. P., Francis L. P., Jacobson J. A., and Smith C. B., 2009, *The Patient as Victim and Vector: Ethics and Infectious Disease*, Oxford University Press.

Bennett, J., 2003, *A Philosophical Guide to Conditionals*, Clarendon Press.

Bostrom, N., 2013, "Why I Want to be a Posthuman When I Grow Up," in M. More and N. Vita-More (eds.), *The Trans Humanist Reader*, Wiley-Blackwell, pp. 28–53.

Brooks, D., 1988, "Animal Rights and Vertebrate Pest Control," *Proceedings of the Thirteenth Vertebrate Pest Conference*, pp. 14–17.

Clifford, W. K., 1999, "The Ethics of Belief," in *The Ethics of Belief and Other Essays*, Prometheus Book, pp. 70–96.

Davidson, D., 1982, "Paradoxes of Irrationality," in R. Wollheim and J. Hopkins (eds.), *Philosophical Essays on Freud*, Cambridge University Press, pp. 289–305.（金杉武司訳「不合理性のパラドクス」,『合理性の諸問題』所収, 春秋社, pp. 276–305, 2007）

Davis, K., 2004, "When Murdering Animals Makes Sense," *United Poutry Concerns*. (URL: http://www.upc-online.org/avma/21304cuttler.htm, accessed 2020-12-5)

———, 2011, "What happened to Peter Singer?" *United Poutry Concerns*. (URL: https://upc-online.org/thinking/peter_singer.html, accessed 2020-12-5)

DeGrazia, D., 2002, *Animal Rights: A Very Short Introduction*, Oxford University Press.（戸田清訳『動物の権利』岩波書店, 2003）

DeRose, K., 2010, "The Conditionals of Deliberation," *Mind* 119 (473): pp. 1–42.

Duff, A., 2003, "Restoration and Retribution," in A. V. Hirsch, J. Roberts, A. E. Bottoms, K. Roach, and M. Schiff (eds.), *Restorative Justice and Criminal Justice: Competing or Reconcilable Paradigmas*, Hart Publishing, pp. 43–59.

Edgington, D., 1991, "Do Conditionals Have Truth-Conditions?" in F. Jackson (ed.),

ら

ま

や

さ

た

か

索引

凡例
人名項目は太字のゴシック体とした。
「→」は「を見よ」を、「⇒」は「をも見よ」を示している。
「：」は参照先の主項目・副項目関係を、「；」は複数の参照項目があることを示している。

一ノ瀬正樹

1957年生まれ。土浦第一高等学校卒業。東京大学文学部卒業、東京大学大学院哲学専攻博士課程修了。博士（文学）。東京大学名誉教授・オックスフォード大学名誉フェロウ・武蔵野大学グローバル学部教授（哲学）。和辻哲郎文化賞、中村元賞など受賞。著書に、『死の所有』東京大学出版会、2011年、『確率と曖昧性の哲学』岩波書店、2011年、『放射能問題に立ち向かう哲学』筑摩選書、2013年、『英米哲学入門』ちくま新書、2018年などが、論文に、“Normativity, probability, and meta-vagueness” (*Synthese*, 194:10, 3879–3900, 2017)、“The Death Penalty Debate: Four Problems and New Philosophical Perspectives” (*Journal of Practical Ethics*, 5:1, 53–80, 2017)、「リズムの時間遡及的本性についての哲学ノート」、2019年、『フィルカル』4(1)（株式会社ミュー）などがある。

いのちとリスクの哲学 —— 病災害の世界をしなやかに生き抜くために

2021年3月11日　第1刷発行

著者	一ノ瀬正樹
発行者	艫山雄二
発行所	株式会社ミュー 〒113-0022 東京都文京区千駄木1-23-3 Tel 03-3822-7374
印刷	シナノ印刷株式会社
制作統括	田邉智子
編集・制作	谷田雄毅、野上志学、飯塚 舜
デザイン	相島大地
本文組	飯塚 舜

ISBN 978-4-943995-27-2 Printed in Japan
乱丁・落丁はお取り替えいたします。株式会社ミューまでご連絡ください。